Ryszard Kapuściński
Notizen eines Weltbürgers

PIPER

Zu diesem Buch

Auf unnachahmliche Weise spiegeln die gesammelten Beobachtungen, Tagebuchsplitter, Fragmente und Reflexionen Ryszard Kapuścińskis, des größten Reporters des 20. Jahrhunderts, sein besonderes Talent, aus dem berühmten Tropfen eine ganze Welt zu destillieren. Vom Kampf der Kulturen und den widerstreitenden Strömungen des islamischen Fundamentalismus, von der Migration der einzelnen und der Ungleichheit zwischen Arm und Reich, von einer korrumpierten Welt, der neuen Rolle der Intellektuellen und den gescheiterten Revolutionen des 20. Jahrhunderts reicht das Spektrum der Themen, die er berührt. Ryszard Kapuściński ist einer der meistübersetzten polnischen Autoren, seine Werke sind eine atemberaubende Mixtur aus Reportage und Poesie.

Ryszard Kapuściński, geboren 1932 in der ostpolnischen Stadt Pinsk, gestorben 2007 in Warschau, wurde in den fünfziger Jahren als Korrespondent nach Asien und in den Mittleren Osten, später auch nach Lateinamerika und nach Afrika entsandt. Er zählte zu den großen Journalisten seiner Zeit, seine Reportagen aus der Dritten Welt sind weltberühmt. 1994 war er der erste Preisträger des Leipziger Buchpreises zur Europäischen Verständigung, 1999 wurde er in Polen zum »Journalisten des Jahrhunderts« ernannt, 2004 erhielt er in Wien den »Bruno-Kreisky-Preis für das politische Buch« des Jahres 2003.

Ryszard Kapuściński

Notizen eines Weltbürgers

Aus dem Polnischen von
Martin Pollack

Piper München Zürich

Mehr über unsere Autoren und Bücher:
www.piper.de

Von Ryszard Kapuściński liegen bei Piper vor:
Afrikanisches Fieber
Die Welt im Notizbuch
Die Erde ist ein gewalttätiges Paradies
Meine Reisen mit Herodot
Notizen eines Weltbürgers

Ungekürzte Taschenbuchausgabe
Piper Verlag GmbH, München
1. Auflage September 2008
2. Auflage Februar 2011
© 2000 und 2002 Ryszard Kapuściński
Titel der polnischen Originalausgabe:
»Lapidarium IV« und »Lapidarium V«, Czytelnik,
Warschau 2000 und 2002
© der deutschsprachigen Ausgabe:
2007 Eichborn AG, Frankfurt am Main
Umschlagkonzeption: semper smile, München
Umschlaggestaltung: Birgit Kohlhaas, Egling
Umschlagabbildung: Bruno Barbey / Magnum / Agentur Focus
(vorne oben und hinten)
Satz: Fuldaer Verlagsanstalt, Fulda
Papier: Munken Print von Arctic Paper Munkedals AB, Schweden
Druck und Bindung: CPI – Clausen & Bosse, Leck
Printed in Germany   ISBN 978-3-492-25236-2

Was nun folgt, schöpft so viel wie möglich aus jenem porösen Schwamm, dem ein- und ausatmenden Fisch der Erinnerung, der unerwarteten Verbindung von Zeiten, Ländern und Materien, welche die allzu solenne Dame der Ernsthaftigkeit als unvereinbar betrachten würde.
   Julio Cortázar

Berichte aus dem Leben sind keine geordnete Erzählung von der Geburt bis zum Tod. Sie sind eher zufällig gesammelte Fragmente.
   William S. Burroughs

Henryk Zatoń erzählte mir einmal von einem Vorfall, den er in Ungarn erlebt hatte. Er war vom Polnischen Rundfunk hingeschickt worden, in dem er damals arbeitete. Das war Mitte der siebziger Jahre. Die Kollegen vom Ungarischen Rundfunk brachten ihn in einem Erholungsheim in der Nähe von Budapest unter. Das Gebäude – der alte Palast einer gräflichen Familie – stand in einem dichten Wald, etwa 15 Kilometer von der Stadt entfernt. Es war groß und leer. Zatoń wohnte in dem weitläufigen Palast mit seinen vielen Zimmern und langen, dunklen Gängen allein. Nie begegnete er einem anderen Bewohner, einer anderen Person, außer einer alten, schweigsamen, hageren Frau, die stets im Halbdunkel einer kaum beleuchteten Rezeption saß.

Zatońs Zimmer im ersten Stock war bequem und geräumig. Das dicht belaubte Geäst alter, weit ausladender Ahornbäume füllte die Fenster. Es waren auch keine Nachbarn zu sehen, und zur Landstraße war es weit.

Es war schon spät abends, und Zatoń machte sich fertig, um ins Bett zu gehen, als er plötzlich einen stechenden Schmerz in der Herzgegend verspürte, so stark und reißend, als hätte ihm jemand unvermutet ein Messer zwischen die Rippen gestoßen. Die Schmerzen wurden immer schlimmer, und wenig später spürte er sie bereits in der ganzen linken Seite. Der linke Arm war taub und gelähmt. Ich litt solche Schmerzen, erzählte er mir, daß ich wie besessen um den Tisch zu rennen begann, als wollte ich vor diesen Qualen davonlaufen, offenbar war ich mir nicht bewußt, daß die Schmerzen ja nicht von außen kamen, sondern aus meinem Inneren. Ich wand mich wie ein Mensch, den man mit Benzin übergossen und angezündet hatte. Verzweifelt versuchte ich die vermeintlichen Flammen zu löschen, doch die hektischen Armbewegungen schienen sie noch weiter anzufachen und zu verschlimmern. Die Schmerzen ließen nicht nach, ich hatte vielmehr den Eindruck, sie drückten mich wie mit glühenden Reifen immer stärker zusammen, so daß ich zu ersticken meinte und nach Atem rang. Schließlich raffte ich mich auf und schleppte mich zur Rezeption, um Hilfe zu rufen.

Zatoń ist ein ungeheuer bescheidener, schüchterner und taktvoller Mensch. Ziemlich klein gewachsen, mit sparsamen, vorsichtigen Bewegungen, ist er bemüht, möglichst wenig Platz einzunehmen und nur ja keine Aufmerksamkeit zu erregen. Dazu ist er schweigsam. Nur selten äußert er ein paar Worte, manchmal einen ganzen Satz, doch immer so leise, daß man ihn kaum hört. Es erscheint paradox, daß Zatoń ausgerechnet für den Rundfunk arbeitet, denn die freie, flüssige Rede ist wirklich nicht seine Stärke. Wenn er ein Programm mit mir aufnimmt, setzt er mich im Studio vors Mikrofon und sagt: »Und nun erzähl uns etwas über die Situation im Nahen Osten.«

Und damit Schluß. Er stammelt vielleicht noch ein paar Worte, um dann endgültig zu verstummen, und ich weiß, daß er nichts mehr sagen wird. Dann muß ich alle Kraft zusammennehmen und allein sprechen.

Nun also kroch Zatoń halbtot die Treppe hinunter. Jeder andere hätte in einer solchen Situation, ahnend, daß es sich um einen Herzinfarkt handelt, gejammert und laut um Hilfe geschrieen und um Rettung gefleht. Jeder, nur nicht der sensible, demütige und irgendwie stets verschämte Zatoń. Der geht hinunter, steht gekrümmt und angstgeschüttelt vor der Rezeptionistin und deutet mit der Hand auf sein Herz. Die Frau ist jedoch argwöhnisch, mißtrauisch und streng. Schließlich ist es spät nachts, und der Gast sollte längst schlafen. Sie blickt ihn daher durchdringend und mißbilligend an. Die beiden können sich nicht miteinander verständigen – sie kann nur ungarisch und er nur polnisch. Bleiben also nur Gesten. Zatońs Geste – die aufs Herz deutende Hand – ist in ihren Augen unmißverständlich. Zatońs Herz ist plötzlich in Begierde entflammt. Zatoń braucht eine Frau. Seine verzerrte Miene scheint das noch deutlicher auszudrücken. Zatoń sehnt sich nach einer Frau, er muß auf der Stelle eine haben! Die Rezeptionistin hat keine Zweifel – vor ihr steht ein erregtes Männchen, ein entfesselter Erotomane, der seine Gefühle nicht im Zaum halten will oder kann.

Empört droht sie ihm mit dem Finger.

Doch Zatoń läßt nicht locker, er kehrt nicht in sein Zimmer zurück. Immer eindringlicher deutet er mit dem Finger auf sein Herz, das im nächsten Moment zu zerspringen droht. Die Rezeptionistin pocht mit dem Finger gegen die Stirn. Sie sieht ihn verächtlich und angewidert an. Dann kommt ihr zu Bewußtsein, daß er offenbar sie zum Opfer seiner Begierde erwählt hat, sie fühlt sich also bedroht, um so mehr, als sie im leeren Palast, im einsamen Wald auf keine Hilfe zählen kann. Mit dem Mut der Verzweiflung erhebt sie sich, von Zorn und Angst gepackt, und weist ihm die Tür – sie gibt ihm zu verstehen, er möge sich davonmachen und anderswo sein Glück versuchen.

Und gehorsam zieht Zatoń ab. Wankend folgt er dem unbekannten Weg durch den menschenleeren, dunklen, schweigenden Wald. Immer wieder bleibt er stehen, um sich gegen einen Baum zu lehnen und nach Atem zu ringen. Jeder Atemzug bedeutet neue stechende Schmerzen, jeder Schritt bereitet ihm höllische Qualen. Er stöhnt, Tränen rinnen ihm übers Gesicht. Plötzlich scheint ihm die Dunkelheit, durch die er schreitet, in einer dichten Welle über die Augen zu fließen – klebrige Schwärze bedeckt alles.

Irgendwann erwacht er im Spital. Es stellt sich heraus, daß er im Moment der Ohnmacht schon nahe der Straße war. Im Morgengrauen kam ein Lastwagen vorbei. Der Fahrer sah im Graben den Körper eines Menschen. Und er sah, daß er noch lebte. Er schleppte ihn ins Führerhaus und brachte ihn ins Spital.

Ein Pfad führt über einen steilen Hang hinunter zum Fluß. Dann geht es mit einem Kahn zum anderen Ufer. Der Kahn, schmal und aus einem Baumstamm gehauen, ist voller Menschen, er liegt bis zur Bordkante im Wasser. Es braucht nur einer eine hastige Bewegung zu machen, und alle stürzen ins Wasser. Der Fluß strömt breit und reißend dahin und verschwindet rauschend hinter einer nahen Biegung. Ich berühre mit der Hand die Wellen. Es ist erstaunlich: bis hierher hat der Niger bereits 3000 Kilometer durch die Gluthölle der Sahara zurückgelegt, doch sein Wasser ist immer noch kühl. In der Hitze spürt man die Frische des Wassers, seine belebende Strömung. Auf der Bank mir gegenüber sitzt eine junge Frau mit einem Kind. Sie ist selber noch ein Kind. Ich lächle ihr zu. Sie weiß nicht, wie sie darauf reagieren soll. Vielleicht würde sie gern mit einem Lächeln antworten, doch das wäre unschicklich, weil der Mann schließlich ein Fremder ist. Also verdeckt sie bloß den Mund mit dem Ende des Baumwolltuches und richtet ihren Blick in die Ferne, auf das sandige Ufer.

Im Süden Tansanias lernte ich einmal Pastor Karl Hinz kennen. Er hatte in der Nähe von Liwale ein kleines Kirchlein, nicht viel mehr als eine Baracke, deren hölzerne Wände schon so von Würmern und Ameisen durchlöchert waren, daß jeder Windstoß frische Kühle ins Innere trug. Pastor Hinz war ein Greis, und seine Herde auf dem besten Weg, auszusterben. Es waren Afrikaner, einfache Soldaten, die von den Deutschen noch vor dem Ersten Weltkrieg zum Militärdienst angeworben worden waren. Damals war Tansania eine deutsche Kolonie und hieß Deutsch-Ostafrika.

Ich kam gerade in dem Moment, als auf dem ärmlichen Friedhof neben der Kirche ein Begräbnis stattfand. Ich blieb in einiger Entfernung stehen, um das Ende der Zeremonie abzuwarten. Der Pastor, ein zarter, gebeugter Mann mit einem kahlen, hin und her wackelnden Kopf, stand auf dem Hügel der ausgehobenen sandigen Erde und sprach zu den Versammelten. Ich trat näher, um zu hören, was er sagte.

»Neigen wir uns vor Gott, der uns diesen Tod geschickt hat«, sagte er zu der Handvoll Menschen, die sich auf dem kleinen Friedhof eng aneinanderdrängten, um im Schatten einer mickrigen Akazie Platz zu finden. »Wir wollen ihm dafür danken, ja, danken. Denn der Tod erlöst uns von unseren schädlichen Begierden, unseren lächerlichen Ambitionen, unserem ziellosen Streben. Wißt ihr, was diese Begierden sind, die uns treiben? Ich will es euch sagen, sie sind ein Nichts, ich wiederhole: ein Nichts. Der Tod trifft nicht nur die Verstorbenen, er verweist auch auf die Nichtigkeit der Lebenden, er erinnert uns daran, daß wir Staub sind. Der Tod ist groß, denn er ist Nachsicht und Vergebung. Er sieht unsere Schwächen, unsere Kurzsichtigkeit, unsere Sünden, und öffnet dennoch die Arme, um alle aufzunehmen. Er ist gnädig, und deshalb läßt er uns trotz unserer Sünden in sein Himmelreich ein, das ewig ist und nur eines will – daß wir dorthin gelangen!«

Ich musterte die Menschen. Begriff einer von ihnen die Worte des Pastors? Sie standen niedergeschlagen und stumm um die Grube und wischten von Zeit zu Zeit über ihre verschwitzten, alten Gesichter.

Einst bedeuteten Grenzen Kampf und Haß. Sie bedeuteten die Teilung von Territorien und die Trennung zwischen Menschen. Die Berliner Mauer war eine Grenze der Angst, sie stand für die Drohung eines ausbrechenden Krieges.

Heute nehmen wir die Grenzen oft anders wahr. In verschiedenen Regionen in Europa und Asien sind sie Orte des Austausches, des Handels, der Zusammenarbeit, Orte, wo die Menschen von dieser auf die andere Seite wechseln.

Heute bedeutet eine Grenze die Chance auf Frieden – sogar während des Krieges. Davon konnte ich mich vor nicht allzu langer Zeit mit eigenen Augen in Liberia überzeugen. Zwei Armeen von Kämpfern, eigentlich von bewaffneten Kindern, ließen ihre Waffen an der Grenze des eigenen Territoriums zurück und gingen auf die andere Seite, um vom Gegner Coca-Cola und Gemüse zu kaufen.

Paradoxerweise sind es oft gerade die Wächter von Grenzen – Soldaten und Zöllner – die diese liquidieren. Leider geht das meist mit Korruption einher. »Brauchen Sie ein Visum? Das kostet 20 Dollar.«

In gewisser Weise verbindet man den Begriff Territorium nicht länger mit dem Begriff der Macht.

Macht und Prestige waren früher gleichbedeutend mit dem Besitz riesiger Gebiete. Heute kümmert das keinen mehr. Der Sudan ist das größte afrikanische Land, doch gleichzeitig eines der ärmsten. Heute zählt nur, wie reich ein Staat, wie hoch seine Außenhandelsbilanz ist.

Die Menschen versuchen sich in den schwierigsten Situationen einzurichten. Sie leben. Sie eröffnen Geschäfte. Sie geben sich Mühe, ein normales Leben zu führen und das Dasein wieder auf dem aufzubauen, was es schon seit Jahrhunderten gibt. Sie organisieren von neuem, was seit jeher der Markt ist, sie halten sich an die alten Handels- und Reisewege, die meist den kürzesten Weg von einem Ort zum anderen darstellen und für deren Bewältigung es, früher wie heute, keiner besonderen Technologie bedarf. Dabei legen sie eine bemerkenswerte Disziplin, effiziente Organisation und Ordnung an den Tag.

Ein hervorragendes Beispiel dafür konnten wir im Jahre 1996 beobachten, als in Zaire Angehörige des Stammes der Tutsi Flüchtlinge vom Stamme der Hutu zur Rückkehr nach Ruanda zwangen. Ich erinnere mich an ein Pressefoto, auf dem der geordnete Zug von Zehntausenden Flüchtlingen in den traditionellen bunten Trachten zu sehen war, mit Körben auf dem Kopf, in denen sie ihre Habe trugen. Vor einem Horizont langgestreckter, dunkler Regenwolken erstreckte sich der Flüchtlingszug viele Meilen. Den Zug hatten weder lokale Behörden noch Hilfsorganisationen organisiert. Die Menschen hatten einfach ihren ganzen Mut zusammengenommen und beschlossen, sich ihrem Schicksal zu stellen, indem sie denselben Weg in die Heimat einschlugen, den ein paar Jahrhunderte zuvor vielleicht ihre Vorfahren gegangen waren. Trotz allem gibt es ein unglaubliches Gefühl der Gemeinschaft, gemeinsamer Ziele, das Menschen verbindet, die dieselbe Sprache sprechen, derselben Kultur angehören und an dieselben Götter glauben.

Der französische Anthropologe Marcel Mauss schlägt vor, das Gewebe, das verschiedene soziale Gruppen verbindet, unter dem Gesichtspunkt der »Theorie des Austausches« zu betrachten. Seiner Ansicht nach läßt diese ständige Bewegung von Dingen und Menschen gemeinsame Interessen entstehen, und in der Folge davon ein Gefühl gemeinsamer Identität. Heute sind wir Zeugen der Entwicklung dieser These in der Praxis – allerdings gilt das nicht nur für die Ereignisse im unmittelbaren Grenzgebiet eines bestimmten Territoriums, sondern auch für das Überschreiten der Grenzen selber.

Vieles deutet darauf hin, daß sich die Geschichte in diese Richtung bewegt. Wenn man europäische Zeitungen aus den frühen dreißiger Jahren des 20. Jahrhunderts liest, konzentriert sich die Aufmerksamkeit überwiegend auf den »herannahenden Krieg«. Niemand schien daran zu zweifeln, daß ein Weltkrieg kurz bevorstand. In der heutigen Presse finden wir nichts dergleichen. Obwohl wir hier und da mit Ausbrüchen von Konflikten oder Haß konfrontiert sind, scheint die allgemeine Stimmung eher der Errichtung einer Welt in Anlehnung an die »Theorie des Austausches« von Marcel Mauss zu entsprechen.

Ich kann nicht viele Anzeichen für jenen »Kampf der Kulturen« in der heutigen Welt feststellen, von dem Samuel Huntington spricht. Es handelt sich wohl eher um einen Kampf innerhalb der Kulturen.

Zum gegenwärtigen Zeitpunkt sieht es nicht so aus, als könne eine Kultur eine Gefahr für andere Kulturen darstellen. Ihrer Natur nach entstehen Kulturen aus Reflexionen, die sich nach innen richten, dank der Ausbildung der Fähigkeit, sich selber wahrzunehmen.

Der Islam hat seine Fundamentalisten, deren Ansichten jedoch auch in Konflikt mit den Hauptströmungen dieses Glaubens stehen, und deren Handlungen sich vor allem gegen die eigenen Regierungen, gegen die eigenen Gesellschaften richten. Die ägyptischen Fundamentalisten zum Beispiel bekämpfen nicht den Katholizismus, sondern ihre eigene Regierung. Darüber hinaus ist der Islam wenig homogen, sondern eher zersplittert, das beginnt mit der Spaltung in Sunniten und Schiiten. Die Moslems in den arabischen Ländern unterscheiden sich zudem von den Moslems in den afrikanischen Staaten, die sich wieder grundlegend von den Moslems etwa in Malaysia unterscheiden. Es gibt wichtige Gegensätze zwischen ihren Interpretationen des Koran.

Als ich die ersten Male nach Afrika reiste, in den fünfziger und sechziger Jahren, war die Anwesenheit der Europäer unübersehbar und wichtig. Heute gibt es dort nicht mehr so viele Europäer. Auch ihre Institutionen gibt es nicht mehr. Afrika ist erneut sehr afrikanisch geworden. Die alte Mentalität und die alten Sitten wurden wieder belebt. Manchmal treibt es uns in den Wahnsinn, daß dort keiner ein Zeitgefühl zu besitzen scheint, daß keiner auf die Uhr schaut. Wenn man sich mit jemand verabredet, dann kommt er, wann es ihm paßt. So ist Afrika.

Dasselbe kann man von manchen Regionen der ehemaligen Sowjetunion sagen, in denen die Vergangenheit ebenfalls zurückgekehrt ist. Wir ersehen daraus, daß sich der Mensch nicht grundlegend verändert, wenn er in einem McDonald's ißt, Coca-Cola trinkt oder auch Lenindenkmäler stürzt.

Die Welt, in der wir leben, ist eine Welt vieler Kulturen und Religionen. Die Menschen können nicht ohne Wurzeln leben. Doch sie brauchen ihre eigenen, keine fremden Wurzeln. In manchen Ländern ist ein Gebet wichtiger als die Arbeit, in anderen wieder steht der Materialismus an oberster Stelle. Die Zivilisationen werden miteinander koexistieren.

Es stellte sich heraus, daß die Kluft zwischen den Reichen und den Armen von Dauer ist und ständig größer wird – Mitte des vorigen Jahrhunderts hatten wir die Hoffnung, die Kluft werde sich verringern. Alle Wachstumstheorien, die in den fünfziger Jahren auftauchten und einen Durchbruch prophezeiten, der es den Entwicklungsländern gestatten würde, die reiche Welt einzuholen, haben sich nicht erfüllt.

Die wichtigste Erscheinung unserer Epoche ist nicht der Rüstungswettlauf und auch nicht der Konflikt der Kulturen, sondern die gigantische weltweite Ungleichheit. Was daran besonders erstaunlich ist: entgegen den Erwartungen der Marxisten hat diese Ungleichheit nicht zu gewaltsamen Aufständen jener Länder geführt, die wir gemeinhin zur Dritten Welt rechnen. Diese Ungleichheit wird heute allgemein als Teil der Realität akzeptiert.

In den fünfziger und sechziger Jahren des 20. Jahrhunderts herrschte eine Euphorie, ausgelöst durch die Entkolonialisierung. Die Führer der Dritten Welt und die Menschen ihrer Umgebung hegten die Hoffnung, sie könnten durch eine umfassende antiimperialistische Revolution die Kluft zwischen Armut und Reichtum, zwischen Norden und Süden schließen. Ein halbes Jahrhundert bitterer Erfahrungen hat uns gelehrt, daß das eine Sackgasse war. Die Führer wurden kompromittiert und die Menschen verloren ihre Illusionen.

Daher haben sie ihre Taktik geändert und versuchen es nun mit einem langsamen Einsickern mittels Migration. Ein Mensch nach dem anderen, eine Familie nach der anderen machen sich auf, um einen bescheidenen Platz in der entwickelten Welt zu suchen. Sie pflücken Erdbeeren oder putzen in Häusern in Kalifornien, sie verkaufen Flitterwerk vor dem Pantheon in Paris oder dem Schiefen Turm in Pisa.

Wenn diese Menschen die entwickelte Welt erreichen, bleiben sie zusammen. Sie organisieren sich nicht, um Einfluß in der neuen Gesellschaft zu erhalten. Die Polen in Kanada, die Türken in Deutschland oder die Koreaner in Amerika kümmern sich um ihre Läden und um ihre Posten. Sie sind fügsam, ruhig, zuverlässig und zufrieden mit den vielen kleinen Gaben, die ihnen das Leben an den fremden Orten beschert.

Diese Migration verändert das Antlitz Europas, so wie sie Amerika verändert hat. In einer heißen Sommernacht fuhr ich in Paris mit dem Autobus vom Flughafen ins Zentrum. Als ich durch die von Afrikanern bewohnten Viertel kam, hatte ich den Eindruck, mich in Dakar zu befinden. 1996 war ich einmal gegen 10 Uhr abends am Bahnhof in Rotterdam. Es gab dort zwei weiße Menschen – den Kassierer einer Wechselstube und mich. Alle anderen waren schwarz. Ich fühlte mich wie auf dem Bahnhof von Nairobi.

Das wird fundamentale Auswirkungen auf die Zukunft haben. Diese Menschen werden hierbleiben. Sie werden Kinder zur Welt bringen, die in die Schule gehen und dann zur Arbeit. Diese Migration wird fortdauern und Gesellschaften entstehen lassen, in denen sich unterschiedliche Kulturen miteinander verbinden.

Heute gibt es keine Solidarität mehr, die ganze Kontinente wie etwa Afrika oder Lateinamerika vereinen würde, oder eine Solidarität innerhalb der gesamten islamischen Welt. Überall herrschen die partikularen Interessen einzelner ethnischer oder kultureller Gruppen oder einzelner Menschen, die versuchen, sich durch Migration ein besseres Leben zu sichern.

Dort, wo das politische Leben korrumpiert ist, sich die Wirtschaft in einem fatalen Zustand befindet, unternehmen die Menschen alle erdenklichen Anstrengungen, um zu überleben. Alle werden zu Opportunisten, wie der mexikanische Schriftsteller Carlos Monsiváis feststellt. Die jeder Hoffnung beraubten Menschen haben gar keine andere Wahl.

Der Großteil der Welt hat heute keine Aussichten auf ein Leben in Reichtum. Diese Hoffnungslosigkeit – der Mangel an Chancen und Perspektiven –

ist untrennbar mit jener Kluft verbunden, die Arme und Reiche auf unserem Planeten voneinander trennt.

Manchmal könnte man glauben, es fehle uns an Phantasie, um das Problem der Armut zu lösen, das einen Großteil der Menschheit betrifft. Man hat schon alles versucht, doch ohne Ergebnis. Die asiatischen Tiger sind eine kleine Gruppe von Staaten, in denen die Bedingungen anders sind als anderswo. Tatsächlich hat man hier den Hunger in den Griff bekommen, den man in anderen Gebieten nur mit Hilfe humanitärer Organisationen lindern kann.

Doch alle Computer der Welt, mit allen Informationen, die wir dank ihrer besitzen, tragen kein Jota dazu bei, die Armut aus der Welt zu schaffen.

Vor ein paar Jahren entwickelte man am Massachusetts Institute of Technology und in Paris Pläne, Computer nach Afrika zu schicken, um damit die großen Unterschiede ausgleichen zu helfen, die das Informationszeitalter zwischen Reichen und Armen entstehen ließ. Die Pläne versandeten im Nichts. Doch dann kamen die Chinesen mit ihren Kugelschreibern, mit Kugelschreibern für drei oder fünf Cent.

Die Chinesen nahmen ganze Dörfer »im Sturm«, vor allem mit Hilfe dieser billigen Gebrauchsartikel, erzeugt für Arme. Vor kurzem besuchte ich in Senegal Bekannte, denen ich etwas mitbringen wollte. Ich beschloß, ihnen eine Lampe zu schenken, weil sie keinen elektrischen Strom hatten und täglich nach Einbruch der Dunkelheit im Finstern sitzen mußten. Ich ging auf den Markt, den größten in der Stadt, wo ich eine kleine chinesische Lampe fand, mit Batterie.

Sie kostete fast nichts. Dieser Abend wurde zu einem Festtag für alle Dorfbewohner, die sich unbändig darüber freuten, daß das Licht nun auch zu ihnen gekommen war.

Ein Kugelschreiber, eine Lampe, ein Hemd, ein Paar Plastiksandalen für 50 Cent – das ist alles, was diese Menschen sich leisten können. Die Armen in Afrika haben eigentlich überhaupt kein Geld. Sie besitzen ein kleines Stück Land, auf dem sie ein wenig Mais anbauen, ein wenig Maniok. Den bringen sie auf den Markt und verkaufen ihn für 50 Cent. Und für dieses Geld kaufen sie dann irgendeine unerläßliche Kleinigkeit, hergestellt in China.

Ich besuchte einmal einen Stamm von Halbnomaden im Norden Nigerias.

Vor Jahren hatten Beamte ihnen einen mit Akku betriebenen Fernseher gebracht. Sie sahen fern, bis sich der Akku entladen hatte. Dann warfen sie den Fernseher weg und kehrten zu ihrem früheren Nomadenleben zurück, zum Leben, wie es ihre Stammesgenossen seit Tausenden Jahren führten. Nichts hatte sich geändert.

Ähnliches findet man in den meisten Städten der Welt, in denen Armut herrscht. Das Leben wird für einen Moment von etwas Neuem, Interessantem, jedoch Künstlichem unterbrochen. Dann verschwindet es wieder. Und das Leben geht weiter wie eh und je.

Einmal besuchte ich in einem Dorf in Uganda, nicht weit vom Viktoriasee, eine Familie, die in einem aus zwei Gebäuden bestehenden Komplex wohnte. Alle schliefen in der ersten Hütte auf dem Boden. In der zweiten, daran angebauten Hütte war die Küche. Als ich das aus Holz gefertigte Besteck und die drei großen, in Dreiecksform ausgelegten Steine der Feuerstelle sah, meinte ich, das schon einmal gesehen zu haben.

Nach einigem Nachdenken kam ich drauf: das war während des Studiums, in einer Vorlesung über Archäologie. Ich hatte so eine Küche auf Illustrationen gesehen, die das Leben der Menschen vor fünftausend Jahren darstellten. Wer unter solchen Bedingungen lebt, hat ein völlig anderes Zeitgefühl. Zwischen der Welt dieser Menschen und unserer gibt es nicht viele Gemeinsamkeiten.

Wenn wir aus all den gescheiterten Revolutionen des 20. Jahrhunderts, dem Kommunismus, dem panafrikanischen oder panarabischen Sozialismus eine Lehre ziehen können, dann die, daß es keine Abkürzung in die Zukunft gibt. Ideologische Wege, die in eine Utopie führen, bleiben immer Illusionen. Ohne Chancen auf Erfolg. Sie können nicht in die Praxis umgesetzt werden.

Aus diesem Grund ist die Geschichte bei ihrem pragmatischen Moment angelangt. Die Menschen flüchten sich in das, was real ist, praktisch, was Erfolg verspricht. Sie versuchen das Mögliche.

Diese Leere der großen Ideen kann gefährlich werden, weil sie durch Mißtrauen und Haß ausgefüllt werden kann, durch Fanatismus und Nationalismus. Doch in der Regel lehnt die Welt, Reiche wie Arme, heutzutage die Ideologien ab. Es erscheint undenkbar, daß sich beim gegenwärtigen Fehlen von Illusionen eine Menschenmasse um eine kollektive Idee scharen könnte. Das ist positiv. Die Menschen wählen immer öfter pragmatische Lösungen und machen sich Gedanken, was Erfolg verspricht und was nicht.

Welche Rolle kommt daher in diesen pragmatischen Gesellschaften den Intellektuellen zu? Die Intellektuellen sind die Schöpfer der Kultur. Bei allen Enttäuschungen, die das 20. Jahrhundert mit sich gebracht hat, sind die Kulturen der einzelnen Nationen das, was gleich einem Fundament unter den Ruinen und Trümmern der Staaten und Ideologien noch Bestand hat.

Es wird auch die Aufgabe der Intellektuellen sein, den Medien genau auf die Finger zu schauen und auf alle Manipulationen zu achten. Es wird ihre zentrale Aufgabe sein, über Dinge zu sprechen, über die sonst nicht gesprochen wird, das hervorzuheben, was für gewöhnlich marginalisiert wird, auf jene Aspekte der Wirklichkeit hinzuweisen, die keine Chance haben, zu Kinohits zu werden, produziert mit dem Blick auf ein Massenpublikum, sich mit den Problemen auseinanderzusetzen. Die Intellektuellen haben die Aufgabe, sich mit den Problemen auseinanderzusetzen, die sich nicht in den engen Rahmen eines Fernsehers pressen lassen.

Jede Selektion der Information ist Zensur. Es kann sich um administrative oder autoritäre Zensur handeln, wie das früher in der Sowjetunion der Fall war oder heute noch in China geschieht. Doch die Zensur kann auch das Ergebnis einer Manipulation sein, für die Produzenten verantwortlich sind, die einzig und allein den Geschmack des Massenpublikums bedienen, weil sie an einem Kassenerfolg interessiert sind.

Beide Formen der Selektion verzerren die Sicht auf die Wirklichkeit. Es ist Aufgabe der Intellektuellen, den Zensurvorhang zu zerreißen, unabhängig davon, welche Form er hat.

(Aus einem Gespräch mit Nathan Gardels, Herausgeber des »New Perspective Quarterly«, Los Angeles 1997)

Hannover. Ich halte eine Vorlesung über die kulturelle Vielfalt der Welt. Organisiert wird sie vom Volkswagenkonzern. Die chronische Arbeitslosigkeit in Deutschland bewirkt, daß viele Geisteswissenschaftler, die keine Arbeit an den Hochschulen erhalten, eine Beschäftigung in Firmen finden, die nichts mit Kunst oder Literatur zu tun haben.

Hier ist es ähnlich. Die Mitarbeiter der Werbeabteilung von Volkswagen, die die Begegnung organisieren, sind ausgebildete Philosophen, Literaturwissenschaftler oder Historiker. Sie sind bestrebt, Philosophen, Schriftsteller und Politologen einzuladen, die über die Welt und die im Entstehen befindliche globale multikulturelle und multiethnische Gesellschaft sprechen sollen.

Volkswagen. An diesem Beispiel wird ersichtlich, wie große Firmen, Großkonzerne, bereits zu Staaten im Staat, ja Staaten über dem Staat geworden sind. VW beschäftigt 280.000 Mitarbeiter, die Hälfte davon im Ausland, auf allen Kontinenten. Wenn man die Verwandten einbezieht, versorgt die Firma über zwei Millionen Menschen, mehr als einige zur UNO gehörenden Länder Einwohner zählen.

Die Begegnung leitet Dr. Kock, einer der Direktoren von VW. Er war Professor für Literatur an der hiesigen Universität. Er wirkt dynamisch und kompetent. Er und seine Mitarbeiter verströmen Kraft, Sicherheit und Optimismus. Sie organisieren Symposien, Vorlesungen, Diskussionen. Sie wollen ihrer großen Firma ein Image verschaffen, das sich von dem von McDonald's oder Coca-Cola unterscheidet – die Mitarbeiter von VW sollen sich dessen bewußt sein, daß sie in einer multikulturellen Welt leben, sie sollen diese kennenlernen und verstehen, sollen lokale Sprachen lernen und die Sitten der einheimischen Bevölkerung achten.

Am folgenden Tag verbrachte ich ein paar Stunden in Berlin. Nachdem ich zweieinhalb Jahre nicht hier gewesen war, erkannte ich die Innenstadt kaum wieder. Damals waren das von Grün überwucherte öde Gegenden, durchschnitten von einer Betonmauer. Jetzt ist hier ein gigantisches neues Zentrum aus dem Boden gewachsen, errichtet aus Glas, Marmor, Stahl, Plastik und Aluminium. Es ist bemerkenswert, mit welcher Geschwindigkeit, in welch verblüffendem Tempo man heutzutage Häuser, Wolkenkratzer, ganze Viertel und Städte bauen kann. Es ist dieselbe Technik, mit der man LEGO-Bausteine zusammensetzt, nur in großem Stil: eine effektive, blitzschnelle Montage, ein paar Kräne, wenige Menschen.

Über dem Atlantik Wolken über Wolken, weiß, gekräuselt, dicht – das Flugzeug scheint über die Rükken einer großen Schafherde zu gleiten. Doch dann werden die Wolken lichter, treten zurück, verschwinden. Nach einer Weile sieht man im Himmel, in der Luft, im Raum so viele seltsame Lichterscheinungen, ein Schimmern, Blitzen und Strahlen, Zucken und Flimmern, so viele farbige Streifen und silbrige Strahlenkränze, daß man an fliegende Untertassen, außerirdische Geister und Signale, die von anderen Planeten und fernen Galaxien ausgesandt werden, glauben könnte.

Brooklyn. Harway Avenue. Ich kann nicht schlafen. Der Blick aus dem Fenster in der Nacht: niedrige Gebäude, im Hintergrund ein großer Wohnblock. Die Konturen flacher Dächer. Fernsehantennen. Kamine. Das könnte Mielec sein, Pabianice, Stalowa Wola. Erst der Tag, das Tageslicht klären die Situation – ich befinde mich doch in New York.

Eine Vorlesung an der New School of Social Research. Nach dem Vortrag fragt Jonathan Schelf: »Warum hat keiner diesen raschen Zerfall der Sowjetunion vorhergesehen?«
 Meine Antwort darauf: niemand habe die Kraft zweier Faktoren richtig eingeschätzt – des Nationalismus und des Geldes.

Im allgemeinen ging man davon aus, es gebe in der Sowjetunion eine einzige Elite, eine homogene herrschende Klasse (Moskauer Soziologen zufolge gehörten ihr etwa 24 Millionen Menschen an – 10 Prozent der Einwohner). Im Lauf der Zeit teilte sich diese Nomenklatura in zwei Gruppen, deren Interessen sich immer stärker voneinander unterschieden: da war die Gruppe des Apparates der Supermacht und die Gruppe der Apparate der Republiken. Als die letztgenannte Gruppe sah, daß der Prozeß der Perestroika durch eine Liberalisierung des Systems die zentrifugalen Kräfte und nationalistischen Bestrebungen stärkte, begann sie, um sich an der Macht zu halten, selber nationalistische Losungen zu verbreiten, und stellte sich an die Spitze der lokalen nationalen Bewegungen, statt weiterhin die Interessen Moskaus zu vertreten. Es war das Verdienst Gorbatschows, daß er Jelzin freie Hand ließ. Jelzin stand damals vor der Wahl, entweder die Rolle eines russischen Hegemonisten zu übernehmen und die Sowjetunion zu stärken – und damit zugleich auch Gorbatschow und dessen Reformstrategie, die nicht die Liquidierung der Sowjetunion zum Ziel hatte – oder aber die Karte des russischen Nationalismus auszuspielen. Jelzin wählte die zweite Option und sorgte dafür, daß sich Rußland aus der Sowjetunion »zurückzog«. Damit war die wichtigste Stütze der Supermacht weggebrochen und ihr Ende besiegelt.

Nun etwas über die Attraktion des Geldes. Im Westen herrschte die Überzeugung, die sowjetische Nomenklatura, die eine riesige Armee und nukleare Waffen besaß, werde ihre Positionen bis zum Schluß verteidigen, wenn nötig mit großem Blutvergießen. Stattdessen benutzten diese Menschen ihre privilegierte, monopolistische Stellung, um die Wirtschaft der UdSSR in ihr Privateigentum zu überführen. Der Komsomol übernahm die Devisenbank, die Generäle übernahmen Villen und die Einkünfte aus dem geheimen Verkauf von Waffen und Flugzeugen, der Wirtschaftsapparat übernahm die Profite aus dem Verkauf von Erdöl, Gas, Diamanten und anderen Rohstoffen.

So unterzeichneten die postkommunistischen Nationalisten im Dezember 1991 in Białowieża das Abkommen über die Auflösung der UdSSR – und blieben an der Macht. Das ist ein Beispiel für eine für unsere Zeit so typische verhandelte Revolution. Die bisher herrschende Elite gibt freiwillig die politische Macht ab (weil sie ohnehin nicht mehr stark genug ist, diese weiter auszuüben) und bekommt im Tausch dafür starke Positionen in der Wirtschaft. Das ist das Ende des Kommunismus.

Hier, in New York, erscheint die Natur viel dramatischer und radikaler, extremer und ungezügelter als in Warschau. Wenn die Sonne scheint, strahlt die Luft intensiv und ist kristallklar und hell wie in den Alpen. Die Gewitter brechen gewaltsam und plötzlich herein und ziehen schnell wieder weiter, verschwinden wie eine Schar schwarzer, ruheloser Vögel. Die Natur kennt kein Maß, sie erlegt sich keinerlei Zurückhaltung oder Beherrschung auf. Das Elementarereignis und die Kraft des Atlantiks, der machtvoll seine Launen spüren läßt, sind immer gegenwärtig.

Anders in Warschau. Hier erscheint die Natur für gewöhnlich seichter, irgendwie dünner, über lange Zeitabschnitte hinweg schwächlich und gleichförmig. Am Himmel türmen sich Wolken auf, die dann wochenlang bewegungslos dort hängen, als wären sie gestockt. Das ist die Schläfrigkeit und Monotonie der Ebene. Fieberhaft suchen wir nach einem Unterscheidungsmerkmal, an das wir unseren Blick, unsere Aufmerksamkeit heften könnten. Die Welt erscheint verlangsamt, unsicher, verschlafen.

Eine Frau auf der Harway Avenue (Brooklyn). Sie führt Kinder über die Straße, die in eine nahe gelegene Schule gehen. Sie trägt eine gut geschnittene

Uniform, einen weißen Gürtel, eine weiße Mütze mit Wappen, weiße Handschuhe. Ihr Ernst, das Bewußtsein der Bedeutung, eine Rolle zu erfüllen, einen Dienst zu versehen. Darin gleichen die Amerikaner den Russen. In ihrer Diensteifrigkeit. In Polen ist Diensteifrigkeit eine abwertender Begriff. Hier ist man jedoch stolz darauf, einer Sache zu dienen, einer Institution, dem Staat.

November, seit dem Morgen geht ein Wolkenbruch nieder, es stürmt, alles ist naß. Irgendwo draußen, ein paar Dutzend Kilometer außerhalb von New York, steht auf dem freien Feld, in der Einöde, ein gigantisches Bauwerk – die Roosevelt Mall. Hohe, helle, langgestreckte Hallen, Dutzende Geschäfte und Bars, ein Meer von Waren aller Art.

Die Malls sind die gigantischen, strahlend erleuchteten, bunten Kathedralen der amerikanischen Konsumgesellschaft. An den Wochenenden strömen Massen hierher, um sich Wünsche, Bedürfnisse, Hoffnungen zu erfüllen. Sie kommen, um zu schauen, zu kaufen, zu konsumieren, zu sein.

Eines der Dinge, das die Amerikaner von der übrigen Welt unterscheidet, ist die Unmenge von Waren. Nicht die Tatsache, daß es hier alle Waren gibt, daß man sie anschauen, berühren, in die Hand nehmen, kaufen kann. Hier gibt es die Waren nicht nur – sie bilden Gebirge, Pyramiden, Monumente und Lawinen, sie zerquetschen alles und jeden, versperren die Wege, stürzen von allen Seiten auf uns ein, bedrängen und attackieren uns. Diese aufgetürmten, angeschwollenen Mengen, die uns überall beggenen, versetzen uns in einen Zustand der Lähmung, Betäubung und Ratlosigkeit, weil wir außerstande sind, auch nur einen Bruchteil dessen zu kaufen, mitzunehmen und zu konsumieren, was es um uns herum gibt.

Die Malls gleichen in ihrem Charakter, ihren Ausmaßen und ihrer Atmosphäre am ehesten arabischen Märkten, so gigantischen Märkten wie jenen in Damaskus oder in Teheran. Hier gibt es dieselbe Anhäufung und Verschiedenartigkeit der Waren, denselben Lärm und die fieberhafte Erregung der Menge, dieselbe Neugierde, Faszination und Gier, dieselbe feiertägliche Stimmung.

Positive Zeichen am düsteren Himmel des Rassismus: »Newsweek« schreibt im Mai 1997, in den Vereinigten Staaten beginne sich die einst vom mexikanischen Philosophen José Vasconcelos herbeigesehnte *raza cósmica* zu entwickeln: immer mehr junge Menschen haben Probleme, präzis zu sagen, welcher Rasse sie angehören. Es wird immer schwieriger, die Grenzen der Rassen festzulegen. In verschiedenen Städten dominiert zunehmend eine gemischte Rasse.

Die Menschen und Institutionen, das ganze Leben wird hier von Sekretärinnen bestimmt. Wer es sich leisten kann und genug verdient – der nimmt sich eine Sekretärin. Er grenzt sich ab mit der Sekretärin. Versteckt sich hinter der Sekretärin. Sie schützt ihn, ist seine Rettung, sein Schutzschild, seine Barrikade. Ihre Antwort am Telefon lautet für gewöhnlich: »Leider ist er in einer Sitzung«, oder: »Leider ist er im Ausland.« Oder auch: »Er sollte jeden Moment kommen.« (Aber wann dieser Moment eintritt, kann niemand sagen.) Die Sekretärinnen schützen uns nicht nur. Sie beherrschen uns auch. Wenn der Chef eines großen Verlagshauses in sein Büro kommt, begrüßt er seine Sekretärin: »Guten Morgen, Jane – was mache ich heute?« Und Jane, den großen Kalender in der Hand, sagt: »Um 10 Uhr empfängst du Mister Cook. Um 13 Uhr ißt du mit Mrs. Robins zu Mittag«, usw.

Mitten in der Nacht geht jemand laut schreiend durch eine leere Straße in Brooklyn. Er schreit entsetzlich, schrecklich. Er droht und flucht. Die Laternen beleuchten seine erhobene Faust, seine krampfhaft zuckenden Schultern. Sonst ist da keiner, die Stadt schläft, nur dieser eine Mensch geht mutterseelenallein durch die Nacht, die gerade noch still war, und schreit aus voller Kehle, gellend, wie verrückt.

In Ann Arbor treffe ich John Woodford, Redakteur der Zeitschrift »Michigan Today«. Ein Afroamerikaner. Sensibel und intelligent.

Er sagt, es gebe heute keine Bewegung mehr, die an die *Black Panthers* erinnere. Es gibt kein Programm, keine Führer. Es gibt keine einigende Ideologie. Es herrscht eine allgemeine Atomisierung. Dabei fehlt es nicht an Bedrohungen. Es gibt zahllose Waffen im Land, es existieren rassistische und neofaschistische Organisationen, in diversen Kreisen kommt es zu ziellosen Frustrationen und Aggressionen. Da ist etwa das Phänomen, das man *road rage* nennt, ein Ausbruch von Wut, von blindem Zorn im Verkehr, auf der Straße, ein Zorn, gerichtet gegen zufällige Passanten oder Fahrer, die einem gerade entgegen kommen.

Offiziell herrscht jedoch in den Medien Triumphstimmung angesichts des Sieges im Kalten Krieg und der schon seit Jahren ungebrochen anhaltenden Wirtschaftskonjunktur, und diese Siegesgewißheit wird unterstützt und verstärkt durch die Reklame. Die herrschende Ideologie? Konsumismus, ein Fetischismus der Dinge, Sachen, Waren. Zum Beispiel der heute herrschende Kult der Schuhe. Von Schuhen, die immer kuriosere Formen und Ausmaße annehmen, je plumper und verrückter die Schuhe sind, um so witziger und besser ist es.

Abendessen im Kreis amerikanischer Professoren. Sie sagen, in den Vereinigten Staaten existierten die Behörden und die Universitäten unabhängig voneinander, übten keinen Einfluß aufeinander aus. Die akademischen Kreise sind groß, sie umfassen Millionen Menschen. Sie leben ihr eigenes Leben, abgeschlossen im Campus, sie haben ihre eigenen Hierarchien, ihre eigene Ordnung, ihren eigenen Verhaltenskodex, ihre eigenen Sitten. Die akademischen Kreise sind unabhängig, schwer zugänglich und mächtig.

Ein Problem für Amerika war immer die große räumliche Ausdehnung des Landes. Wie konnte man diesen Raum beherrschen, mit ihm zu Rande kommen? In ihrem Bemühen, dieses Problem zu lösen, entwickelten die Amerikaner drei Zweige der Technik zur Vollkommenheit: die Produktion von Autos, die Produktion von Flugzeugen und die Produktion aller erdenklichen Nachrichtentechnik.

Das amerikanische Fernsehen plätschert belanglos und fröhlich dahin. Es werden Witze erzählt, Preise verliehen, alle loben einander. Die Ansager lächeln ständig. Wenn sie über den Krieg im Persischen Golf oder eine drohende nukleare Katastrophe sprechen – lächeln sie auch. Alles wird zu einem leicht verdaulichen, kalorienarmen Brei gemacht, zu einem harmlosen Placebo. Die Geschichte hat keine Krallen, keine Ketten, sie ist nicht von Tollwut befallen, hat keine blutbesudelten Hände. Hier springt man unablässig, blitzartig und verwirrend von einem Thema zum nächsten, die Nachricht von der Geburt eines kleinen Panthers im Zoo von Kalifornien folgt auf einen kurzen Bericht vom Begräbnis dreier in Karatschi ermordeter Amerikaner, und dann kommt plötzlich eine Tabelle mit den Ergebnissen der jüngsten Basketballrunde in Arizona, das alles, dieser dahinjagende, neurotische Mischmasch, dieses Gedränge und Chaos, diese Flut von Bildern, dieses bunte, karnevaleske Durcheinander von Zeichen, Worten und Lichtern verfolgen genau dasselbe Ziel wie der Karneval selber – sie wollen die Menschen überzeugen, alles sei nur eine Maske, was wir um uns herum sehen, seien bloß Masken: die Welt ist real, gleichzeitig aber auch nicht, jedenfalls ist sie für uns nicht bedrohlich, alles ist nur eine Spiel, eine Illusion, *Sacrum* und *Profanum* wechseln in unablässigem Reigen ihre Rollen, Zeichen und Plätze.

An jedem Morgen sah ich das Frühstücksfernsehen. Anfangs gleichgültig, doch nach ein paar Tagen war da etwas, das mich so faszinierte, daß ich volle zwei Stunden vor dem Apparat verbrachte. Ich überlegte, was mich so frappierte? Nach zwei Stunden Fernsehen war mein Wissen von der Welt genauso groß wie zu dem Zeitpunkt, da ich den Fernseher eingeschaltet hatte. Zwischen dem Zeitpunkt des

Ein- und Ausschaltens des Fernsehers waren zwei Stunden vergangen. Und in diesen zwei Stunden war auf dem Bildschirm ständig etwas passiert. Aber was? Was? Ich kann es nicht sagen. Mir kam der Titel eines kürzlich gelesenen Buches von Danny Schlechter in den Sinn: *The More You Watch, The Less You Know*.

Detroit. An der Heidelberg Street hat jemand eine riesige Plastik aufgestellt, ein bildhauerisches Happening, eine monströse Schau Tausender und Abertausender Dinge, der kitschigsten, schundigsten, nutzlosesten Sachen, die wir jeden Tag auf die Straße, in den Abfalleimer, den Müll werfen, wie Plastikspielzeug, einzelne Schuhe, Hosen, Krawatten, Fracks, Teller, Möbel, Staubsauger, Wandlampen, Bilder, Hutschachteln, Fleischwölfe, Bettüberzüge, Kinderwagen, alte Uhren, Waagen, Barometer und unüberschaubare Mengen von Schnickschnack und dem absonderlichsten Trödel, so abstoßend häßlich, daß es einen wundernimmt, wie der Mensch sich je so etwas ausgedacht, es produziert, verkauft und verwendet haben kann. Und das alles hat ein mir unbekannter Hamsterer und Hobbykünstler zusammengeschleppt und in diesem Viertel leerstehender Häuser, in dieser verlassenen Geisterstadt, dieser versteinerten Ruine, diesem Mahnmal einer ausgestorbenen und zerfallenen Zivilisation, deren dynamisches Zentrum seit Jahren anderswo pulsiert, ausgelegt und aufgehängt.

14. Juni 97
    Auf einer Konferenz der Batory Stiftung über »Rußland der Regionen«.

Die Menschen interessieren sich dafür wenig. Der Saal, obwohl nicht groß, ist leer. Junge Menschen sehe ich überhaupt keine.

Ein wichtiger Auftritt von Professor Alexandr Achijeser von der Russischen Akademie der Wissenschaften:

Die Geschichte Rußlands spielte sich auf zwei verschiedenen Ebenen ab. Da gab es den Staat, das Imperium mit einem mächtigen Zentrum, den Zaren, dem Kreml, der Pläne für Expansionen, für Eroberungen usw. hatte. Doch gleichzeitig gab es auch die lokalen Gemeinschaften, kleine, in sich geschlossene Gesellschaften. Zwischen diesen beiden Welten gab es praktisch keine Kontakte. Daher gab es auch keine größeren Konflikte.

Die Geschichte Rußlands verläuft in Zyklen. Diese sind von der gegenseitigen Abhängigkeit zweier Kräfte bestimmt: des Zentrums und der Provinz. Wenn sich das Zentrum erschöpft und daher schwächer wird, bilden sich zur Abwechslung viele Zentren heraus. Diese Prozesse sind ständig in Bewegung, daher darf man Rußland nicht statisch betrachten.

In der Vergangenheit erinnerte Rußland stets an einen aufgehenden Teig – es wuchs, indem es sich ausdehnte. Damit ist nun Schluß, sagt der Professor. Die Möglichkeit, interne Probleme mit extensiven Methoden zu lösen, habe sich erschöpft. Darin liegt nach Meinung von Professor Achijeser die tiefgreifende Bedeutung der gegenwärtigen Situation in Rußland. Die Sowjetunion ist zerfallen, und deshalb schrumpft Rußland, dazu kommt, daß viele Russen von der Peripherie des ehemaligen Imperiums in den zentralen Teil des Landes gezogen sind.

Andere Teilnehmer:

Dr. Nikolaj Petrow aus Moskau: Oft regieren in der Provinz immer noch die alten Equipen aus der Zeit vor 1985. (Den Prozeß der Dezentralisierung hat eigentlich Breschnew eingeleitet, der die Gewohnheit hatte, die Sekretäre der einzelnen Republiken anzurufen und sich stundenlang mit ihnen zu unterhalten und über verschiedene Dinge zu »beraten«. Breschnew gab etappenweise in weiter entfernten Gebieten die Macht an lokale Cliquen, Klans und Mafien ab, R. K.)

Die Revolution von 1990 erwies sich als Konflikt innerhalb der Nomenklatura. Im Kampf zwischen den Kräften der Demokratie und der Partei-Nomenklatura, die Losungen lokaler Nationalismen auf ihre Fahnen schrieb, siegte die Nomenklatura, und die Leute des Parteiapparates gingen in die Verwaltung und Bürokratie. Heute findet sich Moskau mit jeder Gesetzesverletzung in den Gouvernements ab, solange die dortigen Machthaber dem Kreml gegenüber loyal bleiben.

Rußland, das sind jetzt 89 Regionen, regiert von einer starken und stabilen Regiokratie, von der die Hälfte aus dem Dorf stammt, das sich heute verlassen, arm und zerstört präsentiert. Das heißt, diesen Menschen ist der Rückweg abgeschnitten.

Galina Kowalska von der Wochenzeitschrift »Itogi«:

»In der Provinz herrscht die Überzeugung, alle arbeiteten für Moskau. Dabei sind von den 89 Teilrepubliken, Gouvernements und Kreisen nur zehn selbstversorgend. Die übrigen werden von Moskau subventioniert. Wieder einmal stellt sich die aus internen Konflikten nur allzu bekannte Frage: *Kto kogo kormit?* (Wer ernährt wen?) Der ganze Streit wird hier auf das Niveau der Mägen und Töpfe reduziert. Das ist bezeichnend für jede Mangelwirtschaft. Alle sind überzeugt, die anderen würden sie arm fressen. Daher das gegenseitige Mißtrauen, die gegenseitigen Verdächtigungen, die Abneigung.«

Zwischen Regionen, die innerhalb der Grenzen eines Staates existieren, kann es zu ernsten Konflikten kommen (und es kommt auch häufig dazu) – sagt der lateinamerikanische Ökonom Gunnar Frank. Er entwickelte die Theorie des sogenannten internen Kolonialismus. Reiche Regionen beuten ärmere aus. So betrachten die südlichen Provinzen Brasiliens die nördlichen Gebiete des Landes als ihre Kolonien. Diese liefern den reicheren Gebieten billige Arbeitskräfte, bieten ideale Absatzmärkte, sind Lieferanten leicht zugänglicher Rohstoffe usw.

Eine ähnliche Situation existiert in China (zwischen den am Meer gelegenen Provinzen und denen im schwer zugänglichen Landesinneren) und in Spanien (zwischen dem Baskenland und Galicien).

In unserem Land herrscht zwar angeblich Demokratie, doch was für eine Demokratie ist das? – fragen die Armen. Demokratie bedeutet nicht Gleichheit auf dem Markt, sondern vor dem Gesetz – antworten die Reichen. Vor dem Gesetz? – wenden die Armen ein. Vor Gericht wird ein Reicher immer gegen den Armen gewinnen. Er kann sich die besten Anwälte leisten, die Richter bestechen. Es gibt keine Gleichheit, schon gar keine Chancengleichheit!

30. Juni 1997

Vorgestern kehrte ich aus Pinsk zurück. Pinsk, das sind heute drei verschiedene Städte, nämlich:

– Das alte Pinsk. Ebenerdige oder einstöckige Häuser inmitten von Gemüse- und Obstgärten, hier und da Holzzäune, verkleidete Brunnen, gepflasterte Straßen, die einmal Bednarska, Franciszkańska oder Błotna hießen. Dieses Pinsk schrumpft langsam, doch obwohl es niedergerissen und zerstört wird, existiert es noch, kann man es noch sehen, seine kleinstädtische Romantik bewundern.
– Das sowjetische Pinsk, aus den Zeiten Chruschtschows und Breschnews, eine Stadt grauer oder ziegelfarbener Wohnblocks, errichtet aus schweren, primitiv und hastig zusammengefügten Platten; eine Stadt schmutziger, unbeleuchteter Siedlungen.
– Das Pinsk der neunziger Jahre, aus der Zeit nach der Perestrojka, neureich, mit Villen nur für Auserwählte, für Gewinnler, ein Paradies für die Neuen Weißrussen, die Neuen Russen.

In jeder dieser Städte wohnt eine andere Gesellschaft. Im alten Pinsk leben die verbliebenen Polen, ein paar russische Pensionäre, Leute, die vom Ural hierher gebracht wurden. Die zahlenmäßig stärkste Bevölkerungsgruppe dieser einstigen Stadt gibt es nicht mehr – die Juden. Sie sind im Getto umgekommen, die wenigen, die sich retten konnten, sind emigriert oder gestorben.

Im sowjetischen Pinsk wohnen heute Zehntausende Menschen, die nach dem Krieg aus dem Inneren Rußlands kamen, von den Sowjets hierher gebracht wurden. Das hier war ein Grenzgebiet der Sowjetunion, in dem Moskau Menschen ansiedeln wollte, denen es vertrauen konnte. Für sie wurde die ganze Industrie errichtet. Aus Pinsk, einst ein Städtchen von Gewerbetreibenden, Handwerkern und kleinen Ladenbesitzern, wurde eine Stadt von Fabriken, Montagehallen, Metallbetrieben. Das alles ist dem Geist dieser Stadt total fremd, die immer ein Ort tiefster Gläubigkeit war, mit Synagogen, orthodoxen und katholischen Kirchen, eine Stadt, die in der Geschichte bekannt wurde durch große theologische und philosophische Dispute.

Und schließlich das Pinsk der Neureichen – eine großflächige Siedlung, dort errichtet, wo man von der Überlandstraße Brest–Mazyr nach Pinsk abbiegt. Das Viertel wurde innerhalb von zwei, drei Jahren aufs freie Feld gestellt. Die Häuser sind im Besitz von Leuten, die gestern noch Beamte waren, mit Gehältern, die gewiß nicht ausreichen, um sich in so kurzer Zeit eine Luxusvilla zu bauen! Doch sie gehören zur Nomenklatura, zur Partei der Macht, sie sind die Besitzer des Landes. Ihren Reichtum verdanken sie nicht einer plötzlichen Entwicklung der Industrie, des Handels, der Touristik oder des Verkehrs. Keine Rede davon! Gleich nebenan sehen wir geschlossene, verlassene Fabriken, es gibt nur wenige Läden mit wertlosen Waren, der öffentliche Verkehr ist unterentwickelt, die Autobusse sind halbe Wracks, und von Fremdenverkehr hat noch nie jemand gehört. In Wahrheit ist es so: je ärmer die Wirtschaft, um so prächtiger die Villen der neuen Klasse. Die setzt sich zusammen aus der gestrigen kommunistischen Bürokratie, die sich die kommunistische Staatswirtschaft angeeignet hat. Wenn man jemandem sein Eigentum raubt, geht es für gewöhnlich recht heftig, sogar blutig zu. Doch hier gab es keinen privaten Eigentümer. Hier handelte es sich um Eigentum, das »niemand« gehörte, das bedeutet: dem Staat, der aufhörte zu existieren, Eigentum, das also kampflos in die Hände jener überging, die den Staat gestern noch geführt hatten.

Ein Streifzug durch die neuen Bars und Restaurants von Pinsk. Überall dasselbe Bild: neue, kitschige Einrichtungen. Plastiksessel und -tische. Am Buffet: verwelkte Salate hinter Glas, ein paar Scheiben einer kränklich bleichen Wurst, Stücke eines Huhns, das vor unbestimmter Zeit gebraten wurde. Keiner wird das essen – das ist Dekoration. Lärmende, grelle, ohrenbetäubende Musik, Heavy Metal. Die ist das einzige Geräusch in diesen Bars, sonst ist nichts zu hören. An kleinen Tischen sitzen blutjunge, grell bemalte Mädchen. Sie tragen kurze Röcke, aus denen lange, meist schlanke Beine ragen. Sie ragen irgendwie provozierend hervor, doch in Wahrheit wirken sie defensiv, passiv, ja tot. Mit dieser Zurschaustellung wollen die Mädchen etwas sagen, doch sie sagen das nicht direkt, nicht offen heraus. Etwas bleibt in der Schwebe, unklar, vernebelt.

An denselben Tischen oder direkt daneben sitzen junge Männer, kräftige, massige, wuchtige Typen; die Augen halb geschlossen, doch aufmerksam, wachsam, ihnen entgeht nichts. Sie sitzen in Gruppen zu dritt, zu viert, manchmal sogar zu sechst. Einer behält ständig die Tür im Auge. Wenn es ein Fenster gibt, beobachtet ein anderer das Fenster. Im Sommer krabbeln Fliegen über die Scheiben. Doch sommers wie winters kann sich im Fenster plötzlich ein Pistolenlauf zeigen.

Die Atmosphäre in den Lokalen ist gespannt, bedrohlich und bleiern. Die Männer an den Tischen sind unablässig an der Front – sie sind Soldaten in einem schmutzigen, heimtückischen, blutigen Krieg um Macht, Geld und Einfluß. Sie genießen das Leben hastig und gierig, weil sie nicht wissen, wie lange es währt. Daher die Mädchen, der Alkohol, schnelle Autos.

Krakau, Mai 1999, 40jähriges Jubiläum des Verlagshauses Znak. Während der Paneldiskussion spreche ich über sechs Themen:
1) Wenn wir die Grenzen Europas in Richtung Süden überqueren, stürzen wir sofort in einen technisch-organisatorischen Abgrund der Zivilisation. Plötzlich gibt es kein funktionierendes Verkehrswesen mehr. Es gibt zu wenig Flugzeuge, zu wenig gute Autobusse, Züge, Straßen, Brücken. Es gibt keine Information. Man weiß nicht, ob und wann etwas irgendwohin abfährt, und man kann es nicht erfragen. Überall begegnen wir Hindernissen, überall werden Visa, Genehmigungen, Passierscheine verlangt. Der Albtraum, auf alles in Ungewißheit, im Schwebezustand, blind warten zu müssen. Von diesen Sorgen wissen die Menschen in der westlichen Welt nichts, weil sie ihre Beobachtungen vor allem auf Erfahrungen als Touristen stützen. Der Massentourist bewegt sich heute in speziell für diesen Zweck errichteten, hygienischen und sicheren Tunnels durch die Welt, die ihn isolieren, abschotten und gegen die Gefahren der ihn umgebenden Welt schützen. Ein Charterflugzeug bringt ihn zu einer scharf bewachten Touristenenklave. Vom Flughafen zum Aufenthaltsort

bringt ihn ein scharf bewachter, klimatisierter Luxusbus. Und auch alles weitere wird scharf bewacht – sein Hotel, die Straßen, die Lokale, die Strände, das Meeresufer. Das Essen? Die Getränke? Meist wird alles importiert. Auch die Unterhaltung. Nach ein, zwei Wochen bringt ihn derselbe Autobus mit verdunkelten, kugelsicheren Scheiben zurück zum Flughafen, von wo er mit der nächsten Chartermaschine nach Europa, Amerika, Japan zurückkehrt, um zu berichten, wie es in Afrika oder Asien war. War er wirklich dort?

2) Die Armut in der Welt greift um sich und wird schlimmer. Es handelt sich um strukturelle Armut – eine Folge der ungerechten, ungleichen Verteilung der Güter und Reichtümer der Welt. Krankheiten, die auf Unterernährung zurückzuführen sind, verbreiten sich. Die Zahl der Analphabeten nimmt zu. Die Welt ist in der Lage, einzelne Hungerherde zu liquidieren, schafft es aber nicht, das Problem der massenhaften Armut, des Mangels zu lösen.

3) Der Staat befindet sich in einer paradoxen Situation. Einerseits gibt es den Trend, neue Staaten zu schaffen, zum Beispiel in Europa oder in Asien, andererseits zerfallen manche Staaten, oder die Rolle und Bedeutung des Staates wird geschwächt. Die Position der bestehenden Staaten wird von mindestens zwei Seiten in Frage gestellt. Einmal von unten, durch verschiedene Kräfte wie Regionalismus, Separatismus, Autonomiebestrebungen von Minderheiten usw. Und auf der anderen Seite von oben, durch diverse staatenübergreifende, finanzielle, monopolisti-

sche, marktwirtschaftliche Strukturen. Die Krise des Staates ist heute eines der wichtigsten Elemente der Destabilisierung der Welt, die obendrein von keinem bestimmten Zentrum regiert wird.

4) Die Krise des traditionellen Staates schafft einen leeren und schwachen Raum, in den immer mehr und mächtigere Institutionen und überstaatliche Organisationen drängen. Einige haben einen sozialen, karitativen Charakter und dienen dem Fortschritt, der internationalen Zusammenarbeit. Diese Organisationen nehmen heutzutage in der Welt schon eine solche Position ein, daß sie ihre eigenen Diplomaten, Beamten und Experten haben, die in manchen Ländern nicht neben, sondern über dem traditionellen diplomatischen Korps stehen. Doch es gibt auch andere Organisationen, die offen und brutal in die einst vom Staat beherrschten Räume drängen. Das sind allerlei kriminelle Organisationen, oft international vernetzte Mafien, Banden von Rauschgifthändlern, Händler, die mit Waffen und Diamanten, Frauen und Kindern Geschäfte machen, Schmuggler von Erdöl und Kunstwerken, Firmen, die private Armeen unterhalten, Geldwäscher – die Liste ist erschreckend lang und wird immer länger.

5) Die demographische Explosion. Meist wird sie als Gefahr angesehen. Ja, bei der gegenwärtigen ungerechten Aufteilung der Güter und des Kapitals stellt sie zweifellos eine Gefahr dar. Doch das wäre nicht der Fall bei einer gleichmäßigeren Verteilung der Investitionen, die gegenwärtig überwiegend für die Weiterentwicklung des reichen Teils der Welt aufgewendet werden. Denn man kann

diese Explosion auch als Chance betrachten. Sie bewirkt schließlich, daß ungeheure menschliche Energien, Initiativen, Talente und Begeisterung freigesetzt werden.
6) Es wächst die Zahl der marginalisierten, ausgestoßenen, ausgegrenzten, übergangenen, in ihren eigenen Gesellschaften und der Welt an den Rand gedrängten, vergessenen Menschen. Die mächtigen, dynamischen Menschen ziehen es vor, gar nicht an sie zu denken, sie nicht zu sehen und nicht in ihr Weltbild einzubeziehen.

Das 20. Jahrhundert stellt sich als ungemein komplex dar, voll widersprüchlicher Erscheinungen! Auf der einen Seite war es das Jahrhundert der schlimmsten Barbarei und des Verbrechens, der Gemeinheit und Lüge, auf der anderen Seite aber auch das Jahrhundert des größten Fortschrittes auf vielen Gebieten der Technik, der Kommunikation, der Medizin, das Jahrhundert wissenschaftlicher und künstlerischer Errungenschaften, die der gesamten Menschheit Flügel verliehen.

Das 20. Jahrhundert präsentierte sich den Menschen als tiefer Abgrund, dessen hohe Ufer die größten wissenschaftlichen und künstlerischen Errungenschaften darstellen, in dessen Tiefe jedoch ein Strom der Schande und des Blutes fließt.

Es ist ein Jahrhundert der Zäsur zwischen der Welt traditioneller Gesellschaften, die seit Jahrhunderten unverändert leben, und der modernen, betriebsamen Massengesellschaft, global und abgeschnitten von ihren Wurzeln, die in fiebrigen, unablässigen Veränderungen lebt.

Die wichtigste Frage im 21. Jahrhundert lautet nach meiner Ansicht: Was kann man mit den Menschen tun? Nicht, wie kann man sie ernähren, Schulen und Spitäler für sie bauen, sondern: was kann man mit ihnen tun? Vor allem, wie sie beschäftigen?

Es hat sich nämlich herausgestellt – und das ist ein unerklärliches Paradoxon –, daß es leichter ist, die Menschen zu ernähren, als eine Beschäftigung für sie zu finden!

Es gibt heute in der Welt einen gigantischen Überfluß an menschlicher Energie, die nicht freigesetzt, nicht genutzt wird. Obendrein werden diese ungenutzten Vorräte an Energie durch den raschen Fortschritt immer größer. Es gibt immer mehr untätige Menschen, immer mehr Schauspieler, die auf der Bühne der Welt keine Rolle finden.

10. Januar 1998

Der nächste asiatische Tigerstaat, Indonesien, wird von einer schweren finanziellen Krise heimgesucht. Vor den Läden bilden sich Schlangen, die Menschen drängen sich vor den Verkaufsbuden mit Lebensmitteln und Kleidung, sie kaufen Dollar, Reis, Öl, alles. Auf den Flughäfen Massen, die mit ihren Devisen zu entkommen suchen.

Die Krise einer jahrelang blühenden asiatischen Wirtschaft, ihr plötzlicher, unerwarteter Zusammenbruch, beweist einmal mehr die Brüchigkeit der herrschenden Weltordnung. Daß das scheinbar so feste und stabile Gebäude unserer Welt auf Fundamenten aus Sand steht. Jeden Moment kann etwas zu schwanken, zu stürzen, zu zerfallen beginnen. Heute können die Sieger nur für einen Augenblick triumphieren, die Besiegten erheben sich rasch wieder, wobei allerdings meist neue, gestern noch völlig unbekannte Personen an die Spitze gelangen. Doch auch sie beherrschen nicht lange die Bühne, weil hinter den Kulissen schon wieder neue, einstweilen noch unsichtbare Kandidaten auf ihren Auftritt warten.

Die Globalisierung als Chance aber auch als Bedrohung. Eine machtvolle Technik, verbunden mit aufgeblasener Ignoranz, verbissenem Fanatismus und blindem Egoismus. Und dazu kommen noch der Unwille, etwas zu lernen, die Gleichgültigkeit gegenüber dem Elend des Anderen, mangelnde Freundlichkeit und Güte.

Globalisierung – das bedeutet eine ständig wachsende Zahl von Daten, ein immer komplexeres Bild der Welt, voller Widersprüche, Kontraste und Absurditäten, ein Bild, das sich ständig verändert und keine verallgemeinernde Reflexion zuläßt.

Professor Piotr Sztompka über den Weltkongreß der Soziologen in Montreal im Jahre 1998. Der Kongreß beschäftigte sich hauptsächlich mit Prozessen der Globalisierung (von den 3.900 eingereichten Referaten behandelten die meisten diese Thematik). Die andere Seite der Globalisierung ist jedoch die defensive Betonung der eigenen Andersartigkeit: das Problem der Identität war das zweite große Thema des Kongresses.

Die Gefahr der Globalisierung liegt darin, daß sie das Projekt einer Weltordnung von oben darstellt. Wir werden euch versorgen, euch vereinen, euch aufbauen. Dieses unpersönliche Wir in einer unmöglich zu identifizierenden Welt. Dabei braucht es den Lokalpatriotismus, weil dieser Energien und Ideen freisetzt, die Ambition, etwas zu erreichen. Die Menschen wollen nicht nur etwas Eigenes besitzen, sie sehnen sich auch danach, daß dies ihr eigenes Werk ist.

Eine Chance des Regionalismus besteht darin, den Provinzialismus zu besiegen. Der Provinzialismus bedeutet, sich in der eigenen kleinen Welt abzuschließen, hinter engen Umzäunungen, innerhalb derer lokale mediokre Figuren zu mächtigen Heroen stilisiert werden und kleine Vorkommnisse zu historischen Ereignissen; der Regionalismus hingegen bedeutet eine Öffnung gegenüber der größeren Welt, er ist ein tief im heimischen Boden wurzelnder Baum, dessen Wurzeln sich weithin erstrecken.

Die Schwäche des Provinzialismus besteht darin, daß er oft zur Heimstatt für frustrierte, gescheiterte Geister und von Ehrgeiz zerfressene, untalentierte Menschen wird.

A. B.:
»Wenn du dich für die provinzielle, alltägliche und kleinliche Politik interessierst, an Zänkereien beteiligst, danach fragst, wer was daherschwatzt, dann heißt das, daß sich dein Denken in gefährlichen Niederungen bewegt, sich mit Nichtigkeiten und Banalitäten beschäftigt, auf das niedrigste Niveau gesunken ist, von dem du dich so rasch wie möglich nach oben bewegen solltest.«

Es entstehen immer mehr neue Staaten. Oft sind das schwache, zweitrangige Kleinstaaten, die von vornherein auf die Hilfe stärkerer angewiesen sind. Es handelt sich also um so etwas wie einen freiwilligen Neokolonialismus. Wir schaffen einen neuen Staat und begeben uns unter die Lehensherrschaft eines größeren, mächtigeren Staates. Irgendwie wird das schon gutgehen! Zumindest können wir unsere Armut, unsere Haut und Knochen in eine neue, eigene, Herz und Seele erfreuende nationale Flagge hüllen!

In vielen Ländern der Welt besteht der einzige Beweis für die Existenz des Staates darin, daß es in der Hauptstadt fremde Botschaften gibt.

Weltweit bilden sich neue Fronten der Auseinandersetzung. Diverse Organisationen, Gruppen und Komitees fordern Entschädigung für Unrecht und Schäden, die ihre Angehörigen in der Vergangenheit erlitten haben (oft leben die tatsächlichen Opfer längst nicht mehr).

So wurde in den Vereinigten Staaten eine African Reparation Group gegründet, die von den USA und anderen Staaten (zum Beispiel Brasilien oder Kuba) Entschädigungen für über dreihundert Jahre Sklaverei fordert. Die geschädigten und erniedrigten Gemeinschaften können das erlittene Unrecht nicht mit Waffengewalt rächen und versuchen nun mit Hilfe von Gerichten und der Ethik eine Kompensation für die Schäden zu erlangen (wobei Nationen mit einem einst so makellosen Ruf wie die Schweiz oder die USA kompromittiert werden).

Die Kluft zwischen den Menschen, die Bildung besitzen, und denen, die keine haben, wird immer tiefer. Die Menschen ohne »Schule« sind automatisch zu einem niedrigeren Status verurteilt. Die Notwendigkeit, sich Wissen und Qualifikationen anzueignen, hat eine rapide Entwicklung des privaten Bildungssektors mit sich gebracht. Plötzlich erweist sich, daß Bildung ein gutes Geschäft, ein lukratives Business sein kann. Daß man statt einer Fabrik auch eine Hochschule besitzen und gut daran verdienen kann.

November 1997

Der britische Soziologe Anthony Giddens schrieb ein Buch mit dem Titel *Beyond Left and Right*, in dem er die Begriffe der Linken und Rechten für veraltet erklärt: in den Gesellschaften der entwickelten Länder dominiere heute eine radikale Mitte (*Radical Center*). Dies sei begleitet von einem »Individualismus, der sich im Kontext einer Gesellschaft des globalen Marktes entwickelt«.

Die Demokratie ermöglicht die Existenz einer bestimmten Gruppe von Menschen, die zwar das Gesetz nicht offen und sichtbar brechen, sich jedoch an seiner Grenze bewegen, in einer rechtlichen Grauzone, in der sie sich ungefährdet, straflos tummeln können.

Ich habe einen Freund, der ein uraltes Auto, ein Wrack fährt. Der Wagen hat seit Jahren keine technische Kontrolle mehr passiert. Wenn ihn die Polizei anhält und straft, bezahlt mein Freund die Strafe nicht, sondern wirft das Mandat einfach weg (das hat er schon mehrmals gemacht). Auch die Vorladungen zu Gericht wirft er weg, weil er weiß, daß die nächste Vorladung angesichts der Überlastung der Gerichte erst in fünf Jahren eintreffen wird. Was kann man ihm schon anhaben? Einmal hatte er einen schweren Unfall mit mehreren Knochenbrüchen. Wenn man ihn jetzt anhält, zeigt er seinen Invalidenausweis vor. Seine Beine schmerzen, er kann nicht gehen, hat aber auch kein Geld für ein besseres Auto. Die Polizisten zucken die Achseln und lassen ihn in Ruhe.

»Was ist wichtiger«, fragt der Krakauer Intellektuelle Jacek Woźniakowski, »die Souveränität des Staates oder die Menschenrechte?« Und er gibt sich gleich selber die Antwort: natürlich die Menschenrechte.

Man könnte zur Untermauerung dieser Ansicht hinzufügen, daß die Losung von der notwendigen Verteidigung der Souveränität für die Herrschenden oft sehr bequem ist, weil sie ihnen Straflosigkeit und grenzenlose Macht zusichert. »Keiner darf sich in das einmischen, was wir tun. Das ist unsere innere Angelegenheit!« – das ist das Credo aller Diktatoren.

Man ist sich allgemein darin einig, daß die Menschenrechte von Diktaturen, autoritären Regimes, verschiedenen Polizeiformationen verletzt werden. Doch oft genug werden die Menschenrechte auch von einem anderen Menschen verletzt, und das in demokratischen Staaten, in denen allgemeine Wahlen abgehalten werden und die Freiheit des Wortes herrscht.

Ein neuer antirassistischer Rassismus: die Beseitigung von Spannungen und ethnischen Konflikten, indem man die jeweiligen Parteien physisch und rechtlich trennt, indem man faktisch eine Art von Apartheid einführt.

Wenn wir in Europa von Westen nach Osten reisen, zum Beispiel von Paris oder Amsterdam in Richtung der kühlen, in eine bauschige Wolkendecke gehüllten osteuropäischen Ebene, stellen wir fest, daß sich die Bewegungen der Menschen, ihre Reaktionen, ihr Verhalten, ihre Gesten und ihre Art, sich fortzubewegen, ja sogar ihr Denken verlangsamen. Gleichzeitig erscheinen die Menschen, auf die wir stoßen, verschlossener, in sich gekehrter, einer Begegnung abgeneigt.

Ein Beispiel: Wir wollen über eine Brücke gehen, auf der ein Wächter steht. Wir gehen zu ihm hin, verneigen uns und fragen: »Dürfen wir über die Brücke gehen?« Die Reaktion des Wächters erfolgt in drei Etappen: die erste Etappe – keinerlei Reaktion. Der Gefragte steht (oder meist sitzt er) und blickt uns reglos und schweigend an, ohne eine Miene zu verziehen; die zweite Etappe – nach einiger Zeit bemerken wir ein leichtes Zucken der Lider, eine kaum sichtbare Bewegung der Gesichtszüge, minimale Anzeichen dafür, daß sich der Körper regt, wir spüren, daß in seinem Inneren etwas erwacht und langsam, wurmähnlich nach außen kriecht, sich mühsam und schwerfällig den Weg bahnend, und das dauert und dauert, so anstrengend und ermüdend, daß uns schier Mitleid und Zweifel erfassen, ob diese Operation des Erwachens und sich Durchkämpfens überhaupt gelingen kann – aber ja, denn nun erfolgt die dritte Etappe, in der endlich das gleichgültig hingeworfene Wort »Ja!« an unser Ohr dringt.

Beflissen und eilig machen wir von der Genehmigung Gebrauch und treten auf die Brücke, nur mehr ahnend, daß hinter uns, hinter unserem Rücken, in unserem Wächter neuerlich ein großer Rückzug nach innen einsetzt, eine Rückkehr zu jenem verschlafenen Status quo, ein defensives sich Einschließen und Abschotten im ewigen, sicheren, eingemummten, undurchdringlichen und unzugänglichen Zustand scheinbarer Abwesenheit.

In Diskussionen über das Thema Westen und Osten in Europa wird viel über unterschiedliche wirtschaftliche Niveaus und politische Erfahrungen gesprochen. Den kulturellen Unterschieden hingegen, der unterschiedlichen Einstellung zum Anderen im Alltag wird viel zu wenig Aufmerksamkeit geschenkt.

Im Westen: Aufmerksamkeit, Höflichkeit, Liebenswürdigkeit, Gefälligkeit, aufmerksames – zumindest pro forma – Zuhören, was der Andere sagt.

Im Osten: Dumpfheit, Schroffheit, Mißtrauen, Unsicherheit in der Begegnung mit dem Anderen. Diese Unsicherheit resultiert daraus, daß wir nie wissen, wer uns begegnet und wie er auf uns reagieren wird. Er kann sich als höflicher, netter Mensch erweisen, doch ebenso oft stellt sich der, dem wir begegnen, als Rüpel, als brutaler und arroganter Kerl heraus. Diese Unsicherheit, genährt vom Gefühl der Bedrohung, weckt den Wunsch, sich im Kreis der Nächsten, der Freunde und Bekannten abzuschließen.

Limes. Limes Imperii Romani. Die Grenze, die Hadrian im Jahre 122 zwischen Britannien und dem damals von den Kelten bewohnten Schottland zu errichten befahl, um die Römer gegen die Barbaren abzugrenzen. Ein besonders starker Limes wurde gegen die Germanen und andere östliche Barbaren (zum Beispiel an der Grenze Pannoniens und Dakiens) errichtet. Nach dieser Geographie lagen die Gebiete der Slawen, darunter auch die der Polanen, in der Welt der Barbaren (nach Ansicht vieler Menschen trifft das noch heute zu).

Die Landschaften Europas sind gekennzeichnet von Befestigungsmauern, Burgen, Festungen, Wachtürmen, Bunkern, Militärstraßen, Grenzbalken, Grenzen. Überall ein Limes, befestigt, bewacht, der den Kontinent seit jeher durchschneidet. In der Geschichte Afrikas, in seinen Landschaften finden wir nichts dergleichen. Ein offener Raum, frei, unbefestigt, durch nichts begrenzt, ungehindert.

Im europäischen Denken, in den Themen, die dieses bewegen, gibt es keinen Platz für außereuropäische Wirklichkeiten. Es beschränkt sich auf die eigenen inneren Probleme und versteht unter Universalismus nur, das europäische Thema auf die ganze Welt auszuweiten.

»Bei uns im Westen hat die Perestroika noch nicht einmal begonnen«, sagte der englische Schriftsteller John le Carré in einem Interview für die »Washington Post« (zitiert nach »International Herald Tribune«, 7. 11. 1996).
Eine zutreffende Beobachtung.

28. September 1998
Gestern wurde in Deutschland gewählt. Gerhard Schröder ging als Sieger hervor. Ich habe ihn ein Jahr zuvor in Hannover kennengelernt. Er kam zu meinem Vortrag über Rußland. Er strahlte große Energie aus, eine innere biologische Kraft, eine unermüd-

liche, rastlose Triebkraft. Durchschnittliche Menschen scharen sich um solche Gestalten, weil ihnen diese die beruhigende Gewißheit verleihen, sie würden »es schon schaukeln!« Er wird es für uns und, was mindestens ebenso wichtig ist, an unserer Stelle schaukeln.

Schröder ist gut gebaut, elegant (ein diskretes, doch sichtbares Make-up), mit den Bewegungen eines selbstsicheren Menschen, der soeben einen Sieg errungen, etwas erreicht hat. Er war nur für eines zugänglich: für die Bitten, Zurufe, ja Anweisungen der Fotoreporter und Kameraleute vom Fernsehen. Auf ihren Befehl stellte er sich seitlich hin, dann wieder *en face*, einmal sah er ernst drein, dann nachdenklich, und schließlich lächelte er, genau so, wie ihn die knipsende und drängende Meute in ihren Objektiven sehen wollte. Ein ideales, williges und fotogenes Objekt. Er schien sogar enttäuscht zu sein, als die Scheinwerfer und Blitzlichter erloschen, die Kameraleute und Fotoreporter ihre Geräte einpackten und sich eilig davonmachten.

Paul Ricœur sagt in einem Interview für »Le Figaro« (26. 3. 1998), wir seien nicht imstande, unsere Zeit zu definieren: »wir wissen nicht, in welchen Zeiten wir leben«. Der Philosoph spricht von einer Krise wichtiger Säulen der Gesellschaft: »die Schwäche aller integrierenden Institutionen wie Familie, Schule, Kirchen oder Gewerkschaften ... ist erschreckend. Diese verlieren zunehmend ihre kulturschaffende Bedeutung.« Ricœur bezeichnet die Ausbeutung als wichtigstes Problem des 19. Jahrhunderts. Das Hauptproblem unserer Epoche sei die Marginalisierung (das Ausschließen, Verwerfen).

Dem ist zuzustimmen. Die Marginalisierung betrifft nicht nur die Menschen, sondern auch wichtige Probleme – alles, was Unruhe und Angst hervorrufen könnte, wird an den Rand gedrängt, aus dem Blickfeld verbannt, und seinen Platz nimmt in den Medien die Unterhaltung ein, der sorglose, konfliktfreie Zeitvertreib.

Es ist sinnlos, über die Gemeinheit zu diskutieren, das heißt, Überzeugte überzeugen zu wollen. Die Menschen, die über die Gemeinheit diskutieren wollen, haben zwar ehrliche Absichten, aber zu viele Illusionen. Das Problem liegt nämlich darin, daß der Rüpel, der gemeine Kerl diese Diskussionen nicht verfolgt, vor allem ist er sich gar nicht bewußt, daß er ein Rüpel ist. Selbst wenn er daher die Diskussion über die Gemeinheit verfolgen würde – was ohnehin eine eitle Hoffnung ist –, würde er das gar nicht auf sich beziehen!

Um das weiter zu fassen: jede Gesellschaft besteht aus zwei oder mehr Gesellschaften, zwischen denen es nur wenig oder gar keine Kommunikation gibt. In einem Milieu kursieren vielleicht Meinungen, Ansichten und Gedanken, von denen ein anderer Teil der Gesellschaft überhaupt nichts weiß und auch nichts wissen will.

Vom Balkan hört man, daß dort die Serben, Kroaten, Albaner und Moslems nur auf den Abzug der Interventionstruppen warten, um einander neuerlich an die Gurgel zu fahren.

Der Krieg, das ist nicht nur die Front, Schießen, Bomben, Ruinen, Flüchtlinge, Tote und Verwundete. Das ist auch ein gewisser Geisteszustand, eine entfesselte emotionale und mentale Energie, die sich entladen, gleichsam selber verbrennen muß, in Übereinstimmung mit der eigenen infernalischen Dynamik und Logik. Das Eingreifen der Interventionstruppen hat die Bewegung dieser Energie nur unterbrochen, zu einer Pause gezwungen, doch sie ist weiter aktiv und wartet nur darauf, sich zu entladen, zu explodieren.

A. B.:
»Ich habe alle gemieden, weil sie sich nur für den Kampf interessierten, in den sie verstrickt waren, zornig, verbissen, benebelt, fanatisch. Ihr Horizont war verengt, ihre Augen waren nur auf einen Punkt gerichtet – auf den Feind. Sie waren monothematisch – man konnte mit ihnen über nichts anderes als über den Kampf reden, über die Notwendigkeit, den Feind zu vernichten. Dieser Kampf, die Notwendigkeit der Zerstörung war alles, was für sie existierte.«

Die Welt lebt zwar in Frieden, aber ...
1) das gilt nicht für die ganze Welt. In dem Moment, da ich dies schreibe, gibt es 72 Punkte auf unserem Planeten, an denen lokale Kriege, Bürgerkriege, Kriege zwischen einzelnen Klans geführt werden, worunter Millionen Menschen leiden.
2) obwohl es keinen großen Krieg gibt, leben doch Hunderte Millionen faktisch in Kriegsbedingungen – in Armut, in provisorischen Slums, in Krankheit und Hunger, ohne Hoffnung auf ein besseres Morgen.
3) der Frieden in unserer Welt ist brüchig. Er wird vor allem bedroht durch den raubgierigen, expan-

dierenden Nationalismus. Man kann sich leicht vorstellen, wie die Kriegshysterie, das Klima des Hasses und der Konfrontation wachsen und sich ausdehnen.

Die Welt nach dem Kalten Krieg ist eine Welt diffuser Gefahren. Die Angst vor der Atombombe wurde abgelöst von der Angst vor dem Menschen, der uns in einer dunklen Straße entgegenkommt.

Die Lage in der Dritten Welt hat sich psychologisch stabilisiert. Alle wirken versöhnlich, keiner protestiert, keiner kämpft, die Menschen scheinen nichts zu erwarten. Es gibt keine Auflehnung, nicht einmal Verzweiflung, jeder schaut nur, daß er irgendwie überlebt.

Eines der Hindernisse für die Entwicklung der Dritten Welt liegt darin, daß jeglicher Fortschritt in dieser Richtung die Interessen der reichen Länder gefährdet. Der Grund? Die Rohstoffvorräte in unserer Welt sind begrenzt, daher ist auch ihre Ausbeutung begrenzt. Ein Bürger eines reichen Landes verbraucht durchschnittlich 25–30mal mehr Rohstoffe als ein Bürger eines Landes der Dritten Welt. Wenn also dieser im Bestreben, seine Lebensbedingungen zu verbessern, seinen Verbrauch an Rohstoffen steigert, verringert er damit automatisch das dem Bürger eines reichen Landes zufallende Quantum. Daher die gegensätzlichen Interessen dieser beiden Welten.

In Afrika und nicht nur dort können wir ein neues Phänomen beobachten: die Privatisierung des Krieges. Das ist ein Resultat des Endes des Kalten Krieges. Die Großmächte haben kein Interesse mehr, Stellvertreterkriege in weit entfernten Ländern zu führen. So sind leere Räume entstanden, gewissermaßen Niemandslande, die sofort von privaten Firmen besetzt wurden, von Söldnerfirmen, die bewaffnete Aktionen im Auftrag einer Regierung, eines Monopolisten, einer politischen Partei durchführen. Wie etwa in Afrika, wo diese Firmen massenhaft ehemalige Soldaten aus Südafrika, der Ukraine, Bulgarien usw. rekrutieren. Zwei dieser Firmen haben ein besonders weites Aktionsfeld: die südafrikanische Söldnerfirma »Executive Outcomes«, und die britische Firma »Sandline International«. Es gibt auch internationale Bewachungsunternehmen, die Erdölfelder, Diamantenminen, Industrieobjekte, Botschaften usw. schützen sollen.

Afrika ist ein Vorbote und Vorläufer künftiger Tendenzen und Erscheinungen in unserer Welt. Dafür einige Beispiele: der Tribalismus, die Apartheid und die Bildung von Enklaven – das alles hat seinen Anfang in Afrika genommen.

Pessimisten meinen, die Zukunft unseres Planeten liege in einer Balkanisierung, ja Tribalisierung. Sie prophezeien, wir kehrten gewissermaßen zu den Urzeiten zurück, zu unseren Urahnen, als die Erde bewohnt wurde von einem riesigen Ameisenhaufen verschiedener Gruppen, Klans und ethnischer Gemeinschaften, ohne deutliche zentrale Strukturen und Hierarchie.

Diese Balkanisierung und Tribalisierung sind nicht nur territorial, sondern auch mental. Es bildet sich eine enge, in sich verschlossene, einseitige Mentalität heraus, die alles ablehnt, was anders ist und nicht ihrer Überzeugung von der eigenen Einmaligkeit und Überlegenheit entspricht.

John Iliffe sagt, der Begriff des Stammes sei von den Kolonialisten erdacht worden, als Produkt der *indirect rule*. »Die Europäer waren der Ansicht, ein Afrikaner müsse einem Stamm angehören. Also schufen die Afrikaner Stämme, um diesen angehören zu können ... und ähnlich wie im Falle des Nationalismus war auch der Tribalismus der Ausgangspunkt für das Erfinden und Ausdenken von Traditionen.«

Jeder Stamm betrachtete sich früher als gesamte Menschheit. Die Welt endete dort, wohin der Blick reichte.

Man braucht in Afrika nur irgendwo stehenzubleiben, und sofort tauchen Menschen auf. Zuerst kann das eine Frau mit einem Kind sein, mit einer Schale auf dem Kopf, und in dieser eine Pyramide zum Verkauf geschälter Orangen. Sie kommen, bleiben reglos stehen, sagen kein Wort. So stehen sie lange Zeit, oft so lang, bis wir selber weitergehen.

In der afrikanischen Tradition ist der Dorfvorsteher, der Chef des Klans, der Führer einer Partei, der *big man*, überhaupt jeder Machtausübende jemand, der etwas verteilt und vergibt. Er ist Wohltäter, Verwalter milder Gaben, Güter, Privilegien und Posten. Seine Untergebenen folgen dem Führer, dem Vater, dem Patron, weil sie erwarten, daß er ihnen Sicherheit gibt und ihre materiellen Bedürfnisse erfüllt.

Wer dem Führer einen Besuch abstatten will – und das ist die allgemeine Sitte, ja Verpflichtung – der bringt ein Geschenk mit, eine Gabe, ein Opfer. Doch der beschenkte Führer nimmt die Gabe nicht für sich selber. Er gibt sie an Menschen weiter, die sie nötig brauchen, weil sie arm sind, oder auch an solche, die er belohnen möchte. Die wichtige Persönlichkeit ist allerdings nicht nur Verteiler weltlicher Dinge. Er ist auch Priester und Richter, ein von Gott Gesalbter, ein Bote des Himmels. Seine Anhänger erwarten von ihm, daß er ihr Leben läutert und die Welt gerechter macht.

Die bei uns so seltenen Tage entsetzlicher, lähmender Hitze können uns wenigstens ahnen lassen, in welcher Situation die Menschen in Afrika leben – die Schwierigkeit des Lebens, der Arbeit und sogar des Denkens im heißen Klima. Der Mensch ist nicht geschaffen für so extreme Bedingungen.

Aus Kamerun:

Das Dorf heißt Atok und die Gesellschaft – Babende. Priester Jan Rybka. Jahrgang 1947. Er stammt aus der Diözese Przemyśl. Er ist seit zehn Jahren in Kamerun, in diesem Dorf seit acht Jahren. Er stammt aus einer bäuerlichen Familie und hat acht Brüder und Schwestern.

»Die Menschen hier«, sagt er, »glauben an Zauberer. Die Kinder müssen für sie Schlangen, Fische, Insekten sammeln.« Seine Gemeinde umfaßt vierzig Dörfer auf einer Strecke von 150 Kilometern. Hier leben 12 000 Menschen, von denen ein Drittel Katholiken sind. Die übrigen sind Protestanten, Moslems, Animisten.

»Woher haben Sie diese Zahlen?« frage ich ihn.

»Von irgendwo«, antwortet er.

In der Frühzeit der Menschheit, in der von Sammlern, ersten Jägern, Ackerbauern und Hirten bewohnten Welt, waren alle Menschen arm. Der Mensch wurde als armes Wesen geboren. Er hatte keine Schuhe, keine Kleidung, kein Dach über dem Kopf. Erst mit der Zeit, nach vielen Jahrhunderten, setzte die Unterscheidung ein, die heute ungeheuer groß ist.

Es gibt verschiedene Formen der Armut. Eine dörfliche, bäuerliche Armut, die ist am demütigsten, nachgiebigsten, fatalistischsten. Diese Armut stellt keine Forderungen, sie nimmt die bestehende Ordnung der Welt, ihr abhängiges, erbärmliches Schicksal widerspruchslos hin.

Es gibt auch eine städtische Armut, traditionell, proletarisch; die ist in verschiedenen Phasen dazu imstande, sich zu erheben, zum gemeinsam organisierten, gewerkschaftlichen Kampf. Diese Armut hat ihre Würde, ihren Hochmut, ihr eigenes, in langen Jahren erprobtes Ethos.

Und schließlich gibt es die Armut in den großen Agglomerationen der modernen Großstädte, in diesen chaotischen, grenzenlosen Megalopolen, in denen die Jugend das dynamischste Element darstellt, obwohl sie keinerlei Perspektiven besitzt. Das sind die afrikanischen *bayaye* – arbeitslose Menschen, die weit von ihrer eigentlichen Heimat wohnen, keine Schule besuchen, williges Futter für jegliche Gewalttaten, Raubzüge, Kriminalität. Aus diesen *bayaye* rekrutieren sich die Armeen der Bürgerkriege, die Banden der Rauschgifthändler, der Mafien, bezahlte Mörder, Räuber, Vergewaltiger.

Armut tötet. Nicht ganz so dramatisch wie der Krieg, etwas langsamer und manchmal weniger schmerzlich, aber sie tötet. Wo es Armut gibt, dort sterben massenhaft Kinder, und nur wenige Menschen werden alt. Arme leben durchschnittlich fünfundzwanzig Jahre weniger als Reiche.

Hunger kann auch ein Mittel der Unterdrückung, des Terrors, der Folter sein:
- 1932–33 ließ Stalin über zehn Millionen ukrainische Bauern verhungern.
- Die Nationalsozialisten ließen während des Zweiten Weltkrieges 2,5 Millionen sowjetische Kriegsgefangene verhungern.
- Mao verurteilte während der Kulturrevolution viele Millionen zum Hungertod.

Im August 1999 sendete BBC eine Reportage aus einem Flüchtlingslager an der Grenze zwischen Ruanda und Tansania. Man hörte Klagen der Afrikaner, albanische Flüchtlinge aus dem Kosovo würden viel mehr Aufmerksamkeit und Geld erhalten, während man für Millionen von Flüchtlingen aus Afrika so wenig aufwende.

Der UN-Hochkommissar für Flüchtlinge bestätigt das. Für einen Flüchtling aus dem Kosovo werden 265 Dollar aufgewendet, für einen afrikanischen Flüchtling nur ein Achtel davon – 35 Dollar. Dasselbe sagt Jesse Jackson, zweimaliger Präsidentschaftskandidat der USA: »Während wir die Menschen aus dem Kosovo schützen, überlassen NATO und die USA die Afrikaner ihrem Schicksal«, schreibt er in der »Newsweek« vom 7. April 1999. Das schreibt er anläßlich des Krieges in Sierra Leone, den er den »längsten, blutigsten und schrecklichsten Krieg im letzten Jahrzehnt des 20. Jahrhunderts« nennt, »von dem man in Wahrheit gar nichts weiß«. Der Rassismus ist im internationalen Leben tief verwurzelt. Und obwohl er sich oft lautstark bemerkbar macht, bleibt im Grunde alles beim Alten.

Ein Restaurant in einem Touristenhotel in Candy in Sri Lanka. Lange Tische, Hunderte Touristen. Was auffällt, ist die Stammesstruktur dieser Gemeinschaft. Jeder Stamm hat seine Bezeichnung zumindest auf den Autobus geschrieben, mit dem er reist: Global Tour, Orient Express, World Travel, Paradise Now. Wenn sie den Autobus verlassen, bleiben die Menschen in Gruppen, sie achten darauf, nicht verloren zu gehen. So wie sich früher die Stämme durch Schnitte im Gesicht, Tätowierungen oder Ohrringe unterschieden, unterscheiden sich die Touristen heute durch Mützen, Hemden, Taschen usw. Wie die afrikanischen Stämme haben auch die Touristenstämme ihre Führer. Jeder spricht eine andere Sprache – italienisch, deutsch, chinesisch. Sie bewachen ihr Terrain, in diesem Fall – ihre Tische. Wenn sich jemand anderer hinsetzen möchte, fällt er sofort auf und wird gebeten, den Tisch zu verlassen. Keiner möchte allein sein, wichtig ist es, in der Gruppe zu sein, die Gemeinschaft verleiht Zufriedenheit und Sicherheit.

Von Zeit zu Zeit wird ein Tisch lebhafter, und es wird gesungen: Ein Stamm tut seine Anwesenheit kund, erfüllt die Regel ritueller Verbrüderung. Am späten Abend verstummen alle, die Stämme versinken in der Stille der tropischen Nacht in Schlaf.

Ein Film über einen Schmetterling namens Monarch, der in Kanada lebt und jedes Jahr nach Mexiko wandert, wo sie sich in Tannenwäldern sammeln. Die Raupe des Monarchen ernährt sich vom giftigen Saft der Schwalbenwurzgewächse, sie speichert deren Gift, so daß auch der Schmetterling für Freßfeinde, voran Vögel, ungenießbar wird. Wenn ein junger, unerfahrener Vogel einen solchen Schmetterling frißt, kann er sterben.

Der Monarch ist gelb, mit schöner schwarzer, symmetrischer Zeichnung. Jedes Jahr wandern viele Millionen dieser Schmetterlinge nach Mexiko. Ein Exemplar lebt allerdings nur einen Monat (ungefähr so lang wie eine Biene), weshalb oft erst die fünfte oder sechste Generation an den Ausgangsort zurückkehrt.

Ein Samstagnachmittag im August. Die Stadt liegt reglos, wie ausgestorben da. Auch die Wiejska-Straße ist leer. Plötzlich, wie aus dem Boden gewachsen, taucht eine alte Frau auf und kommt auf mich zu. Ich kenne sie kaum, ich weiß nur, daß man sie Frau Basia nennt. Sie ist klein, hager und grauhaarig. Ihre Augen huschen unruhig hin und her. Sie hält mich an, drückt fest meine Hand.

»Es gibt keine Menschen«, sagt sie, sich umblickend – wir sind allein in der leeren Straße. »Es gibt keine Menschen«, wiederholt sie nach einer Weile.

Sie möchte mich in ihre Wohnung einladen, doch ich habe es eilig.

»Sie sehen ja selber«, sagt sie mit vorwurfsvoller Stimme, »alle haben es eilig. Wohin? Sagen Sie mir, wohin? Wissen Sie, was mich am Leben hält? (Sie ist schon über achtzig.) Daß mir alles eine Freude macht. Und sei es nur, daß ich zu dem kleinen Platz gehe und mich dort auf die Bank setze. In was für einer schönen Stadt ich doch lebe, sage ich mir dann. Und ich freue mich, wissen Sie, das macht mir so viel Freude!«

Sonntag. Den ganzen Tag dringt Musik durchs Fenster. Lärm, harte, nervöse Rhythmen, monotone, dumpfe Eintönigkeit. In der Wohnung gegenüber sehe ich eine Gruppe Halbwüchsiger beim Radio sitzen und Musik hören. Mit fällt die totale Passivität, das apathische Verhalten dieser jungen Menschen auf. Keine Bewegung, keine Initiative, kein Handeln, keine Unterhaltung.

Nichts.

Vier Tage in Kazimierz. Ich bin am Vormittag des 1. November angekommen. Die Menschen gingen im Regen zum Friedhof, der Tag war grau, feucht, schwere Wolken hingen tief. Sie schritten mit entzündeten Grabkerzen über den Marktplatz, die flakkernden Lichter warfen ab und zu einen Schein über ihre Gesichter. Noch auf dem Weg nach Kazimierz war mir aufgefallen, daß sich an dem Tag, an dem man die Gräber seiner Nächsten, der Familie besucht, die Autokolonne nicht in Richtung Warschau bewegte, sondern von Warschau hinaus. Man konnte deutlich sehen, wo die Wurzeln der Bewohner unserer Hauptstadt zu suchen sind. Die Großväter und Väter der Warschauer liegen auf den Friedhöfen der Dörfer in Masowien, den Regionen um Lublin, Radom und Podlasie.

Wenn man die Straße entlangfährt: Am schönsten sind die Lichtungen, grüne Flecken, eingefaßt von den bunten Barockrahmen der Herbstwälder. Jede Lichtung ist ein in sich geschlossenes, monochromes Bild. Beim Fahren hat man den Eindruck, man befinde sich in einer weitläufigen, offenen Galerie mit riesigen Gemälden.

Dienstag, Markttag in Kazimierz. Seit dem Morgengrauen kommen Personenwagen, Lieferautos und

Traktoren zum Marktplatz. Hier, im Gebiet der Pferde, gibt es keinen einzigen Pferdewagen! Die Verkäufer legen ihre Waren aus: Obst, Gemüse, Setzlinge, Gartenpflanzen, Büsche. Auch Kleidung und Schuhe.

Zwischen den Autos läuft eine kleine, hellgraue Promenadenmischung herum. Der Hund läuft von Wagen zu Wagen und pinkelt gegen die Reifen. Er hebt bei jedem Rad das Bein. Vielleicht macht er das automatisch, aus Nervosität, denn da stehen ein paar Dutzend Autos und seine Blase muß längst leer sein.

Eine Gruppe von Burschen steht da und diskutiert. Alle in wasserdichten Jacken und Gummistiefeln. Einer sticht hervor – er trägt Halbschuhe, eine Lederjacke, einen schwarzen Hut. Er spricht am meisten. Er gestikuliert wild mit den Händen, beugt sich vor, strafft sich, als wolle er ins Wasser springen. Die anderen hören ihm aufmerksam zu. Plötzlich brechen alle in Lachen aus, der Kreis zerfällt, jeder lacht für sich und einzeln.

Die ganze Zeit über quieken Ferkel, erschreckt, hysterisch, und tuckern die stehenden Traktoren mit laufenden Motoren; die Luft ist blau von Auspuffgasen.

Schließlich kommt ein cremefarbener Mercedes. Er bringt Salat. Das habe ich selber gesehen, wie ein neuer, glänzender Mercedes auf den Marktplatz von Kazimierz kam, bis oben hin beladen mit Kisten frischen Salats.

In der Tramway Nr. 15, die nach Ochota fährt, kommt es zu einem Streit.

»Was drängeln Sie so, gute Frau?! Sie könnten sich wenigstens entschuldigen!«

»Ich? Entschuldigen? So ein Bauernlümmel!«
»Bauernlümmel? Sie sind es, der das Stroh noch aus den Stiefeln schaut! Meine Familie war schon im 14. Jahrhundert in Warschau gemeldet ...«
In diesem Ton geht es weiter.

Wenn jemand in Warschau einen Menschen wirklich verletzen, lächerlich machen und niederträchtig behandeln möchte, dann reibt er ihm seine bäuerliche Herkunft unter die Nase. Für die Bewohner dieser Stadt gibt es keine schlimmere Beleidigung, Mißachtung und Ohrfeige, als daran erinnert zu werden, daß der Vater oder Großvater aus dem Dorf gekommen ist – was übrigens auf 90 Prozent der Menschen hier zutrifft! Was für ein unerträglicher Komplex, was für eine arrogante Verachtung der eigenen Wurzeln, die man um jeden Preis verbergen, noch tiefer im Boden vergraben möchte. Die Mentalität der Schlachta ist immer noch lebendig! Die Mentalität des polnischen Kleinadels.

Es geht um den Beitritt zur Europäischen Union (oder um die Zugehörigkeit zum Westen). Wie sind wir dafür gerüstet? Ich meine hier nicht den Zustand der Landwirtschaft oder die Länge unserer Autobahnen, sondern unsere kulturelle Bereitschaft. Durch Hunderte von Jahren richteten sich unsere Expansionsbestrebungen, Interessen und Kontakte vor allem auf den Osten. Der Osten und unsere Beziehungen zu ihm, unsere Verflechtungen, Befürchtungen und Faszinationen den Osten betreffend waren die wichtigsten Themen der polnischen Literatur. Mickiewicz, Słowacki, Prus, Żeromski, Sienkiewicz – sie alle beschäftigten sich vor allem mit dem Osten – mit Rußland, Sibirien, der Ukraine, dem Kaukasus, nicht aber mit England oder Amerika. In unserer klassischen Literatur taucht der Westen nur sporadisch auf. Die polnische Kultur ist eine Adelskultur, die der Frage, wie man ein Herr, ein Besitzer sein kann, große Bedeutung zumißt. Ein Besitzer konnte ein Pole in Polesie, Wolhynien oder Podolien sein, aber nicht in den USA oder in Kanada. Dort war er bloß ein armer Einwanderer, ein Bürger zweiter Klasse, ein Gastarbeiter, ein Tagelöhner. Ein trauriges Thema, das die polnische Literatur, abgesehen von einigen Ausnahmen, stets zu vermeiden suchte.

Unsere Eingliederung in den Westen erfordert daher vor allem eine kulturelle Revolution – in unserem Inneren, einen Umsturz, eine Neuorientierung unseres Denkens und unserer Weltsicht.

1. Oktober 1998

Im Zug nach Katowice. Im Abteil sitzen drei junge Menschen. Sie fahren nach Bielsko-Biała. Sie unterhalten sich die ganze Zeit polnisch, doch in einer Sprache, die ich kaum verstehe. Ihr Gespräch dreht sich um das Programmieren. Der eine hat etwas gut programmiert, ein anderes schlecht. Jemand hat das schnell gemacht, ein zweiter zu langsam. Der Chef hat einem befohlen, ein Programm zu erstellen, doch er hat zunächst einmal, statt das Verlangte zu programmieren, heimlich etwas privat programmiert. »Das Programm für den Chef«, beruhigt das Mädchen, »hat dann Marek programmiert.« Ihre beiden Zuhörer atmen erleichtert auf. Denn Marek, darin sind sie sich einig, ist wirklich ein Könner, der kann jedes Programm programmieren. Nicht so Irek.

Wenn man dem was zu programmieren gibt! Ach, das kannst du vergessen!

In dieser Tonart geht es drei Stunden lang dahin. Die Sprache! Sie sind in ihrer elektronischen Computersprache gefangen, man weiß gar nicht, ob eine andere Welt für sie überhaupt noch existiert, eine Welt der Farben, der Töne, der Eindrücke, der Stimmungen, Gefühle und Erlebnisse, oder ob sie das alles, einschließlich der Sonnenauf- und -untergänge, des Rauschens des Waldes und des Meeres, des Dufts der Wiesen und Gärten, nicht programmieren und auf der Stelle in eine Software einbauen möchten.

26. Juni 1997

Gestern war ich in der Bartycka-Straße. Dort gibt es ein großes Handelszentrum für Baustoffe. Man findet dort eine Menge Waren (wenn auch nicht wirklich genug). Während sich aber das Warenangebot im Vergleich zu den Jahren des Kommunismus sichtlich verbessert hat, scheinen die Verkäufer, ihre Manieren, ihr Agieren und überhaupt ihr ganzes Wesen noch tief in der Volksrepublik Polen verhaftet zu sein.

Das sieht man vor allem daran, daß die Verkäufer in der Regel sitzen. Wenn ein Kunde kommt, bleibt der Verkäufer sitzen und macht keine Anstalten, aufzustehen. Er spricht mit dem Kunden im Sitzen. Wenn er eine Ware erreichen kann, ohne sich zu erheben, bleibt er sitzen. Das Gespräch verläuft ungefähr so:

»Haben Sie elektrische Sägen?«
»Nein.«
»Werden welche geliefert?«
»Weiß ich nicht.«

Dem Verkäufer fällt gar nicht ein, etwas zu bestellen. Oder vielleicht zu sagen: »Kommen Sie, bitte, in einer Woche wieder, bis dahin werden wir den Artikel sicher haben.« Er hat keine Ahnung. Wenn die Ware geliefert wird, ist sie da, wenn nicht, eben nicht. Der totale Mangel an Information, an Initiative, an gutem Willen, an Höflichkeit.

Das zweite Merkmal dieses Handels ist der naive und begehrliche Wunsch, mit geringen Mitteln möglichst große Gewinne zu erzielen. Um diese Gier zu befriedigen, führen die Händler aus dem Ausland die teuersten Modelle eines bestimmten Artikels ein. Obwohl wir eine arme Gesellschaft sind und die meisten von uns mit jedem Groschen rechnen müssen, gibt es keine billigen Fahrräder, gewöhnlichen Rasenmäher oder einfachen Gasherde zu kaufen, sondern alle diese Artikel werden nur in den teuersten, luxuriösesten Versionen angeboten. Auf dem polnischen Markt herrscht ein Monopol des Luxus, deshalb ist dieser Markt so klein und für die meisten Menschen unzugänglich.

Von Kartuzy nach Warschau sind es ungefähr vierhundert Kilometer. Ich legte diese Strecke in über sechs Stunden zurück! Die polnischen Straßen gleichen heutzutage einem Irrenhaus. Auf alten, engen, oft kurvigen Straßen, die für Pferdewagen und höchstens Kleinwagen polnischer Produktion gebaut wurden, sind innerhalb kurzer Zeit Hunderttausende schneller Wagen aufgetaucht, die im Ausland für breite, sichere Autobahnen gebaut wurden. Noch dazu besitzen die Fahrer dieser Mercedes, Porsches oder Toyotas oft zum ersten Mal ein Auto und berauschen sich an der Geschwindigkeit, am Gefühl der Stärke, der Macht und Dominanz, die ihnen der Motor verleiht – daher jagen sie in halsbrecherischem Tempo dahin, wobei sie oft ums Leben kommen, nicht ohne dabei noch andere Menschen zu verletzen oder umzubringen, taub für alle Warnungen, wie Verrückte, besessen vom Tempo und einem Gefühl hochmütiger Arroganz und Befriedigung, die jeder einzelne in dem Moment empfindet, da er ausrufen kann: Endlich hab ich ihn überholt!

Die Glücklichen, die Warschau heil und gesund erreichen, sollten vor der Stadt anhalten, einander um den Hals fallen, jubeln und vor Begeisterung tanzen, weil sie überlebt haben.

Aus der dahinrasenden Autokolonne ausbrechen, am Straßenrand halten, den Motor abstellen, den Gurt und die Tür öffnen, über den Straßengraben springen und ein paar Schritte in den Wald gehen. Im nächsten Moment ist man in einer anderen Welt!

Dort herrschen rasendes Tempo, Lärm, Anspannung, Eile, Fieber – hier, ein paar Meter weiter, umhüllen uns Ruhe, die Stille des Waldes. Der Wald erhebt sich wie ein hohes, dunkelgrünes Gewölbe über uns. Sonnenstrahlen fallen durch Zweige und Blätter, versinken im flauschigen Moos. Schweigen, durch nichts gestörtes Schweigen. Nur hin und wieder ist irgendwo ein Vogel zu hören. Ein Rascheln. Ein Zweig? Ein Blatt? Das Summen von Insekten?

Das Mysterium dieses Ortes. Er scheint außerhalb der Zeit zu liegen, abgeschieden. Er scheint sich selber zu genügen. Wenn man unter den reglosen Bäumen steht, erscheint die Welt der Straße plötzlich weit entfernt, bedeutungslos, zufällig, vorübergehend.

17. Oktober 1998

Ein Tag in Wola Chodkowska. Sonne. Lauer Wind. Der Wind kommt von irgendwo, aus der graublauen Ferne, zuerst unsichtbar und unhörbar, bis er den Wald erreicht. Dann beginnen mit einemmal die Bäume zu brausen, sie bauschen sich auf im Wind, werden riesengroß, kurz darauf klingen sie schon wie Orgeln, ihr Gesang ist melodisch und langgezogen, dann wieder rüttelnd und stürmisch, bis ihn die heftigen Windböen in ein tiefes, weit hallendes Dröhnen verwandeln.

Ich lag unter den Bäumen und schaute auf den Boden. Nach wenigen Augenblicken kletterte ein rotbrauner Marienkäfer auf meine Hand. Er wanderte über die Hügel und Täler der Finger und Adern, dann flog er fort. Seinen Platz nahm eine graugrüne Fliege ein, die jedoch nichts von Interesse fand und sich gleich wieder davonmachte. Dann kroch eine Ameise auf meine Hand, klein und leicht, sie lief nervös und geschäftig herum und war gleich wieder verschwunden. Im nächsten Moment arbeitete sich ein kleiner Käfer hinauf, mit unsicheren Bewegungen, scheinbar orientierungslos. Er krabbelte lang hin und her, untersuchte meine Hand und fiel schließlich ins abgrundtiefe Dickicht der Gräser und Moose. Im Verlauf von ein paar Minuten marschierte ein kleiner, handlicher Zoo des Waldes über meine Hand, mit seinen eigenen Angelegenheiten beschäftigt, nicht darauf achtend, daß ein Mensch in seinem Weg war.

Ich betrachtete im Liegen das Stück Erde, auf dem meine Hand lag. Wieviel es von allem hier gab! Gras, grünes, flauschiges Moos, Klee, weiße Blüten mit schnabelförmigen Blättern, Farnschößlinge, grüne Nadeln, geschmeidige, gerollte Eichenblätter, einen

Brombeerzweig, das Wurzelgeflecht einer Quecke, einen dürren, geknickten Stengel – und dieses ganze Grünzeug steckte geduckt und dicht gedrängt im sandigen Boden. Ein wahrer Mikrodschungel von Pflanzen und Lebewesen, deren Namen ich nicht kannte, eine üppige, vielfältige, für mich meist völlig anonyme Welt.

»Ein Gedränge auf dem Dominikanerjahrmarkt in Danzig. Touristen kaufen wertvolle Antiquitäten und nachgemachten Tand. Oder sie schauen nur. An einem der Stände verkauft ein Mann, neben Markenalben, alte Seifenstücke. Er preist seine Seife an, sie sei aus Menschenfett hergestellt, das überwiegend von Juden stamme, die in Stutthof ermordet wurden. Die Menschen schauen – sonst passiert nichts. Als sei das ganz normal.«
»Gazeta Wyborcza«, 5. August 1995

Eine berührende Reportage von Jacek Hugo-Bader über vier junge Mörder, die kaltblütig erst einen Schulkollegen und dann ein Kind mit einem Hammer erschlugen (»Gazeta Wyborcza«, 22. 8. 1997).

Im Alltag, in der Schule waren sie normale, gewöhnliche Jungen, die durch nichts auffielen. »Jungen aus sogenanntem gutem Haus, intelligent, begabt, von ihren Eltern geliebt«, schreibt der Autor. Was also hat sie auf den Weg des Verbrechens, des Mordes geführt? Die Reportage ist beachtenswert, weil der Autor nicht versucht, eine Antwort auf diese Frage zu finden. Denn in Wahrheit gibt es keine Antwort. Vielleicht nur diese: in diese Burschen, in diese Gruppe ist der Teufel gefahren. Er ist in sie gefahren, hat das Verbrechen verübt und sich dann aus dem

Staub gemacht. Jetzt sind sie wieder ganz gewöhnliche Jungen, die nicht recht wissen, was sie angerichtet haben. Daher auch ihr fehlendes Schuldbewußtsein. Ein Schuldbewußtsein wäre ein Anzeichen dafür, daß sie sich mit dem Teufel identifizieren, sie aber spielten nur die Rolle eines Mediums, eines beliebigen Instruments, mit dessen Hilfe der Teufel das Böse vollbrachte, den Schlag ausführte, das Verbrechen verübte, um wieder zu verschwinden.

11. April 1997

Morgens mit dem Zug von Warschau nach Wrocław.

Es ist bewölkt. Kühl. Von Zeit zu Zeit ein Regenguß – kurz, plötzlich, gleich hört er wieder auf, wie eine feuchte, sich ausdehnende Erscheinung. Doch die meiste Zeit sind keine Wolken zu sehen, nur eine perlgraue Decke, die die ganze Erde einhüllt, als hätte Christo sie wie seine Felsen und Gebäude in eine riesige silbrige Plane verpackt.

Die Landschaft ist eben. Dunkle Waldstücke. Dunkle Felder, hin und wieder das schwache Grün der Wintersaat, aschfarbene Schneeflecken. Aus dem Waggonfenster sieht man, wie sich die Erde wiegt, vorbeifließt, sich manchmal aufbäumt, dann wieder niedersinkt.

Man kann die polnische Gesellschaft in die Linke und Rechte einteilen, doch diese Trennung ist künstlich und führt zu nichts. Besser ist eine Teilung in kultivierte Menschen und Gesindel. Diese Unterscheidung orientiert sich nicht an der Parteizugehörigkeit, sondern an der Kultur, es geht dabei nicht um die Politik, sondern um humanistische Werte. Ein schlechter Pole ist nicht der, der zum Beispiel für die Linke (oder die Rechte) stimmt, sondern der Taxifahrer, der seinem Konkurrenten mit dem Messer die Reifen aufschlitzt.

Morgens im Park. Frauen, manchmal auch Männer mit Hunden. Die Frauen sprechen zu ihren Hunden wie zu nahestehenden Menschen: »Ach, du hast mir doch gestern versprochen, brav zu sein!« Oder: »Ich hab dir schon so oft gesagt, daß du dort nicht hingehen sollst!« Oder: »Ich weiß schon nicht mehr, was ich mit dir machen soll. Du hörst überhaupt nicht auf mich! Warum willst du nicht auf mich hören?« Bei den Frauen, vor allem aber bei den Männern ist ein starkes Motiv der Herrschaft zu erkennen, der Macht, des Bedürfnisses, Befehle und Anweisungen zu erteilen: »Komm sofort her!« »Mach keinen Mucks!« »Schluß mit den Späßen!« »Auf der Stelle her zu mir!«

Mensch und Tier bilden eine in sich geschlossene Welt von Emotionen, Abhängigkeiten, Ausbrüchen.

Mitte Januar 1998 ist es sonnig und warm.
»Wann ist bei euch Frühling?« fragt ein Gast aus Amerika.
»Wann? Im Jänner! Im Jänner ist es schön, hell, angenehm, die Vögel singen.«
In der Puszcza Kozieniecka ist es auch warm. Und still und leer. Hier gibt es keinen Menschen. Nur für einen kurzen Moment sah ich zwischen den Bäumen einen jungen Burschen, er wirkte sturzbetrunken, taumelte, suchte mit ausgebreiteten Armen wie ein Blinder nach einem sicheren Durchgang zwischen den Zweigen der Kiefern und Erlen, zwischen den

Wacholder- und Brombeerbüschen. Schließlich verschwand er aus meinem Blickfeld – ich weiß nicht, ob ihn die Bäume verdeckten oder ob er zu Boden fiel und einschlief.

Nałęczów, 16. Dezember 1998

Am Morgen fegen die dünnen, nackten Zweige der Bäume den grauen, bleifarbenen, reglosen Himmel rein. Ein trüber Tag. Das Krächzen der Krähen und Dohlen, scharf und durchdringend.

Spaziergang durch einen Hohlweg, der sich Chmielewskiego-Straße nennt. Ich wollte schreiben, ich habe nach einem Jahr der Abwesenheit alle meine Bäume wiedergefunden, doch leider wurden viele gefällt und es sind nur mehr schneebedeckte Strünke zu sehen.

Der Verlauf der Urgeschichte – über die ganze Erde verstreute Stämme, die Jahrhunderte lang nichts von einander wissen.

Nach Noam Chomsky dauert die Eroberung der Welt durch den Westen seit dem 15. Jahrhundert ununterbrochen an. Die heutige Globalisierung ist nur eine andere Form dieser Eroberung.

Jahre des Reisens durch eine Welt anderer Kulturen. Was kann man daraus lernen? Was erfahren wir als das vorteilhafteste, beste, positivste Merkmal der Menschen? Die Freundlichkeit. Die Freundlichkeit gegenüber dem Anderen, eine Freundlichkeit, die das Böse vertreibt und ein Klima schafft, das alles ermöglicht, was uns gut und wichtig erscheint.

Wir leben abgeschlossen in unseren Kulturen und Geographien. Sie genügen uns.

Ein neuer Blick auf die Geschichte Afrikas. In den letzten fünfhundert Jahren zerfiel sie in zwei Abschnitte: die Epoche der Sklaverei und die Epoche des Kolonialismus, wobei die Historiker die Epoche der Sklaverei in der Regel als marginal und banal abtaten und für alles Übel, das Afrika heimsuchte, den Kolonialismus verantwortlich machten. Doch dieses Geschichtsbild war falsch. Denn der Sklavenhandel, der Raub und die Ermordung der afrikanischen Bevölkerung, der über dreihundertfünfzig Jahre währte, zerstörte und entvölkerte den Kontinent, er hemmte über Jahrhunderte jede Entwicklung, drängte Afrika an die Peripherie und verurteilte es zu Armut und Dahinsiechen. Es war eine für die ganze Welt beschämende Epoche eines ungeheuren Verbrechens, das an Afrika begangen wurde. Der Kolonialismus hingegen ist ein komplexes Problem, er dauerte nicht so lange, nicht einmal hundert Jahre. Obwohl er ein System der Ausbeutung, des Mißbrauchs und der Erniedrigung darstellte, hatte er auch positive Seiten – in der Zeit des Kolonialismus wurden Schulen und Straßen errichtet, Verwaltungs- und Gesundheitssysteme eingeführt. Der Horror der Sklaverei, der die historische Rückständigkeit Afrikas zur Folge hatte, wird nach wie vor schamhaft verschwiegen, während man dem Kolonialismus die Schuld an allem Unglück zuschiebt.

Die Geschichte der nicht-europäischen Kontinente wurde von Europäern in eurozentristischem Sinn geschrieben, als Geschichte der Eroberung Afrikas, Amerikas, Asiens durch Europäer (z. B. William Prescott, *Die Eroberung von Peru*, oder John Reader, *Afrika*). Wir besitzen immer noch zu wenig Geschichtsdarstellungen von Menschen jener Länder. Das Bild der Weltgeschichte ist nach wie vor einseitig.

Überall muß die Geschichte neu geschrieben werden, zum Beispiel die Geschichte Amerikas. Erstens verlangen Historiker indianischer Herkunft (*Native Americans*), darüber zu sprechen, daß die Eroberung Amerikas durch die Weißen auf dem Weg einer fünfhundertjährigen ethnischen Säuberung erfolgte, begleitet von Massakern und der Vernichtung der heimischen Besitzer des Landes, der Indianer.

Zweitens drängen Historiker afrikanischer Herkunft (*Afro-Americans*) darauf, zu betonen, daß der Reichtum und die Demokratie Amerikas mit Hilfe der schwarzen Sklaven errichtet wurden, die man im Verlauf von dreihundert Jahren massenhaft aus Afrika ins Land brachte.

Die Unterdrückten und Erniedrigten der Welt erheben nun ihre Stimme und fordern ihren Platz in der Geschichte. Sie wollen für sich selber eine Antwort auf die Frage finden, ob die Zurückgebliebenheit und der Paria-Status, zu denen sie verurteilt waren, Folgen der ihnen zugesprochenen Faulheit, Dumpfheit und genetischen Defekte waren, oder vielmehr ein Resultat dessen, daß sie Jahrhunderte lang an den Rand gedrängt, ausgebeutet und ausgerottet wurden.

In der europäischen Kultur, der europäischen Tradition bedeutet die Verständigung meist das Übereinstimmen eines Menschen mit einem anderen. Es geht um den Kontakt, um die Kommunikation zweier Individuen – alles, was sich zwischen ihnen abspielte, ist von besonderer Bedeutung.

In den außereuropäischen Kulturen ist das anders. Sie hatten keine Epoche der Renaissance, die den Einzelnen befreite und hervorhob. Der Einzelne bleibt dort ein Element, ein Glied, ein Bestandteil der Gemeinschaft, jemand, der außerhalb der Gemeinschaft nicht existiert. Verständigung bedeutet in diesem Fall die Kommunikation zwischen Gesellschaften, zwischen Kollektiven, die verschiedene Kulturen repräsentieren.

Ved Mehta, *Mahatma Gandhi and His Apostles*:
- Gandhi trug nur einen weißen Dhoti, weil er der Ansicht war, ein farbiger verberge den Schmutz.
- Er war überzeugt, das Zölibat verleihe geistige Kraft (er war ein *Brahmachari* – einer, der im Zölibat lebt); er lebte seit seinem 36. Lebensjahr danach.
- Er glaubte an den präzisen Ablauf des alltäglichen Lebens.
- Er wohnte nur im *Ashram*.
- Hast du morgens Probleme gehabt, dich zu entleeren? – fragte er jeden zur Begrüßung.
- Am wichtigsten, so sagte er, ist die Gesundheit, denn Hitze, Krankheiten und Staub sind darauf aus, den Menschen zu verschlingen.
- Das Badezimmer, so sagte er, ist ein Tempel.

Er erreichte alles dank seiner Selbstdisziplin. Er war der Ansicht, der Charakter des Menschen sei das Fundament der Zivilisation.

Als feststand, daß Hongkong der Volksrepublik China zugeschlagen werden würde, übersiedelten zahlreiche chinesische Millionäre ins kanadische Vancouver. Sie kauften herrliche viktorianische Villen im alten Stadtteil Shaughnessy. Die Gärten in diesem Stadtteil sind berühmt wegen der uralten riesigen Platanen, Kastanien, Eschen und Nußbäume.

Doch die Regeln des Feng-Shui besagen, daß gute und böse Geister sich entlang gewisser Pfade bewegen, in bestimmten Richtungen. Guten Geistern darf man den Weg nicht versperren – sonst gibt es ein Unglück. Chinesische Spezialisten, Priester des Feng-Shui, stellten fest, daß viele dieser uralten Bäume – Naturdenkmäler – den guten Geistern den Weg versperren. Man begann also die Bäume zu fällen, die Gärten zu roden. Die alten Bewohner der Stadt erhoben ein Geschrei! Es kam zu Konflikten, zu Interventionen.

Es kam zum Zusammenstoß zweier Kulturen. Jede hatte eine andere Werteskala, sprach eine andere Sprache, sorgte sich um andere Güter.

Notizen aus dem Buch *Les quatres soleils* von Jacques Soustelle.

Über die Maya: Die Geschichte der Maya ist ein Beispiel für die Regression in der Historie. Fasziniert von der Idee des Fortschrittes und der Entwicklung übersehen wir, daß es in der Geschichte auch Epochen des Rückschritts gegeben hat. (Die Dekadenten sind die Erben einer großen Vergangenheit, die nicht imstande sind, diese fortzuführen.)

Die Maya und die Kelten: was für unterschiedliche Niveaus! Die Maya kannten kein Metall, die Kelten hingegen besaßen eiserne Waffen. Und doch war die Kultur der Maya viel höher entwickelt. Dieses Beispiel zeigt uns, daß wir zwei Begriffe auseinanderhalten müssen, die wir oft gleichsetzen: den technischen Fortschritt und die kulturelle Entwicklung.

Über die Zivilisation: Die Zivilisation verändert mit der Ausbreitung ihre Form, zwischen ihrer Form im Zentrum und den Varianten an der Peripherie bilden sich Unterschiede heraus.

Von großer Bedeutung für die Kulturen der Welt sind gegenseitige Entlehnungen. Doch auf diesem Gebiet regieren zwei Gesetze: 1 – Technische Errungenschaften verbreiten sich leichter als kulturelle. 2 – Konsummodelle verbreiten sich leichter als Arbeitsmodelle.

Der serbische Dichter Petar Njegoš (erste Hälfte des 19. Jahrhunderts) ist der Verfasser des epischen Gedichts *Der Bergkranz*. Darin drückt er, wie die Slawistin Joanna Rapacka schreibt, »eine weltanschauliche Haltung aus, die sich auf den Kollektivismus und Irrationalismus stützt, auf eine Vision der Kreisförmigkeit und Wiederholbarkeit der Zeit, ein Negieren der historischen Zeit, auf den Kult des Todes und den Glauben an die für die Gesellschaft erlösende und reinigende Kraft des Opfers und der Rache. Die Freiheit stellt hier eigentlich eine negative Kategorie dar: Freiheit ist das Recht, den Feind zu vernichten.«

Wenn wir über Verbrechen wie den Holocaust, die grausamen Welten von Auschwitz und Workuta, das Massaker an den Armeniern und den Albtraum von Kambodscha nachdenken, wird uns deutlich bewußt, daß die einzige Chance, eine Wiederholung solcher Katastrophen zu verhindern, in Präventivmaßnahmen liegt, im rechtzeitigen Handeln, damit die Geschichte nicht auf diesen schrecklichen Kurs zusteuern kann, einem Handeln, das nicht zuläßt, daß sich im Inneren der Geschichte jenes verfluchte, bösartige Geschwür entwickelt. Mit einem Wort: die einzige Chance liegt in der wachsamen und entschlossenen Prophylaxe, im unerbittlichen Kampf gegen das Übel, solange dieses noch im Entstehen ist. Doch es fällt uns schwer, uns vorzustellen, daß aus dem Samenkorn, das wir in der Hand halten, einst ein großer, ausladender Baum wachsen kann.

Das ist auch das Problem mit dem Bösen in der Geschichte, es ist wie beim Samenkorn: Es kann anfangs nicht nur winzig klein sein, sondern auch eine völlig andere Form besitzen! Die Menschen, die später Vernichtungslager errichteten, begannen ihren Kampf um die Macht ja schließlich nicht mit dem Versprechen, Gulags und Konzentrationslager zu bauen. Sie verkündeten vielmehr ganz andere, oft attraktive Losungen.

Und dann ist es immer schon zu spät. Dann haben wir schon eine Welt der Opfer und Henker und auch jener, die am Rand stehen und nichts sehen und nichts hören, und die sich später nicht einmal mehr erinnern, die nichts sagen wollen, weil sie irgendwo in ihrem Inneren die Brut des schlechten Gewissens tragen, während sie sich gleichzeitig nicht wirklich verantwortlich fühlen.

Und später ist dann nichts mehr imstande, die Rechnung des Unrechts auszugleichen. Nichts kann den Opfern ihr Leben zurückgeben. Die Täter zerstreuen sich in alle Winde, sie verschwinden und bleiben straflos, und diejenigen, die an der Seite standen und zuschauten, werden mit einem im Inneren sitzenden, drückenden Gefühl der Mitschuld weiterleben.

Die größte Schwäche der Kultur besteht darin, daß sie nicht imstande ist, das Verbrechen zu verhindern.

Der Postmodernismus ist ein theoretisch-ästhetischer Begriff, doch es gibt auch eine gewöhnliche, alltägliche Version. In dieser bedeutet der Postmodernismus eine Wirklichkeit, die keine Hierarchien kennt – alle Schulen, Haltungen, Meinungen sind gleichbedeutend, alles ist erlaubt, relativ und in Frage zu stellen, etwas kann sein, kann aber auch nicht sein usw.

»Je mehr Blickwinkel, desto näher kommen wir dem Wesen der Dinge.«
Kazimierz Hoffman

Der amerikanische Anthropologe Clifford Geertz schlägt Alarm: Der Postmodernismus zersetze und zerstöre die Sozialwissenschaften. In der »New York Review of Books« (vom Oktober 1998) schreibt er, Autoren verfaßten zum Beispiel anstelle präziser anthropologischer Feldstudien beliebige, impressionistische Texte, gestützt auf Eindrücke, auf ein »wie mir scheint«. Dieser radikale Subjektivismus beruht auf der Ansicht, alles sei in Bewegung, ändere sich ständig, es gebe kein Zentrum, keine Kriterien, alles bewege sich in Wellen, zucke und oszilliere, ohne sicheren Bezugspunkt. Mit einem Wort, anstelle eines soliden, vertrauenerweckenden Empirismus habe man eine »schimmernde Unsicherheit« eingeführt.

James Clifford versucht zum Beispiel in seinem Buch *Routes* eine Anthropologie für Zeiten »globaler Interaktion, der Bewegung, Instabilität, Hybridität, der diffusen und strukturlosen Realität« zu schaffen. Es handle sich dabei, so Geertz, um eine *hit-and-run-ethnography*. Man müsse heute zwischen der forschenden Tradition in den Sozialwissenschaften und einem Schreiben wählen, das gekennzeichnet sei durch »*displacing, renegotiating, reinven-*

ting«, das angeblich einen »größeren Pluralismus« zum Ziel habe, eine eher auf den Dialog orientierte Haltung, das eine »Polyzentrizität« schaffen wolle. Wir seien in »*posteverything times*« eingetreten, schreibt der Autor abschließend.

24. September 1997
Der X. Polnische Kongreß der Soziologen in Katowice. Einige Thesen aus dem Referat »Die nationalen Kulturen angesichts der Globalisierung« von Antonina Kłosowska:
– Wir leben in einer metamorphen, immer neu konstruierten Welt, und die Menschheit ist eine Gesellschaft, die unterwegs ist.
– Der Konflikt der Epoche: der Konflikt der Globalisierungsprozesse mit starken nationalen und nationalistischen Tendenzen.
– Der Postmodernismus stellt den Status des Kanons (das heißt der geltenden Normen) der Kultur in Frage.
– Einstmals beschrieben Ethnologen andere Kulturen als exotisch, als statische Objekte der Forschung; die Globalisierung, die Multikulturalität macht sie zu Partnern, Mitschöpfern der Welt.
– Habermas: Verständnis durch Verstehen.
Charles Taylor: Die Identität des Individuums entsteht im Kontakt mit dem Anderen.
– Für offene Kulturen sind innere Werte unerläßlich.

Ein wichtiges Ergebnis der Anthropologie:
– Die Menschen leben nicht nur in der Gesellschaft, gleichzeitig schaffen sie auch diese Gesellschaft.

– Der Mutualismus, der wechselseitige Einfluß aller und von allem, ist das Gesetz, das das soziale Leben regiert.

Die Einstellung amerikanischer Intellektueller zur modernen Welt unterscheidet sich von der der Europäer. Riesman, Lipset, Bell oder Lash versuchen die Probleme unserer Wirklichkeit auszumachen, zu beschreiben und zu definieren, und dann suchen sie nach Lösungen. Ihre Haltung ist sachlich, pragmatisch. In Europa ist das anders. Hier nimmt der Intellektuelle die Haltung einer Kassandra ein, er sagt das Ende der Welt voraus. Um nicht allzu weit zurückzugreifen, wollen wir Schopenhauer, Nietzsche oder Spencer nennen. Das Tragische, das Absurde, das Böse – das sind die am häufigsten auftauchenden Motive in ihrer Philosophie.

Im Jahre 1959 hielt der englische Schriftsteller und Wissenschaftler C. P. Snow in Cambridge eine Vorlesungsreihe mit dem Titel »The Two Cultures and the Scientific Revolution«, in der er sagte, die intellektuellen Eliten der Welt seien geteilt in zwei einander fremde Lager, die einander nicht näher kennen: die Geisteswissenschaftler und die Vertreter der Naturwissenschaften. Es gebe keinerlei Verbindung zwischen ihnen, sie hätten verschiedene Weltsichten, sie dächten anders.

Gewöhnliche Menschen betrachten das Denken als Müßiggang, da sie aus eigener Erfahrung nur die physische Arbeit kennen und nur diese schätzen. Darüber spricht Hans Magnus Enzensberger in seinem Gedicht über Darwin und den Gärtner:

Armer Teufel, bemerkt sein Gärtner.
steht herum und starrt minutenlang
auf eine Sonnenblume.
Wenn er nur etwas zu tun hätte,
das wäre besser für ihn.
    H. M. Enzensberger, *Charles Robert Darwin*
    (1809–1882)

Die meisten von uns tauchen seit Jahrhunderten, seit undenklichen Zeiten ohne besondere Ankündigung in der Welt auf und verschwinden wieder, ohne Spuren zu hinterlassen. Die erzählte und niedergeschriebene Geschichte handelt nur von wenigen Menschen und Nationen, von vereinzelten Spuren auf dem von zahllosen Millionen anonymer Wanderer ausgetretenen Pfad.

Wie ungleichmäßig das kulturelle Leben auf unserer Erde verteilt ist! Alle Einladungen für kulturelle Veranstaltungen, die ich bekomme, stammen aus entwickelten Ländern. Aus den Ländern der Dritten Welt kommt nie etwas.

Wer sollte dort auch etwas organisieren? Die Universitäten? Sie können kaum überleben. Die Intellektuellen? Schriftsteller? Maler? Alle leben in New York, London, Paris. Entweder leben sie schon dort oder sie bemühen sich um ein Stipendium, um dorthin zu gelangen. Gleichzeitig existieren die europäische Kultur, Kunst oder Literatur in weiten Teilen unserer Welt überhaupt nicht.

Schon im 10. Jahrhundert sagte Ferdousi, alles sei bereits gesagt worden. In seinem *Schahnama* schreibt er: »Was immer ich auch sage, wurde schon vor mir gesagt, alle Früchte aus dem Garten der Weisheit wurden bereits gesammelt.«

Zu Beginn des 20. Jahrhunderts waren Kriege und Revolutionen eng miteinander verflochten. Der Krieg rief eine Revolution hervor oder beschleunigte sie. Gegen Ende desselben Jahrhunderts hingegen haben die Kriege keine revolutionären Konsequenzen.

William Hazlitt: »Auch die Natur ist Sprache. Die Dinge besitzen eine ähnliche Bedeutung wie die Wörter; der wahre Künstler ist ein Übersetzer dieser Sprache.«

Die Seele der Dinge, ihr Wesen ist nicht das, was wir sehen, sondern was wir nicht erfassen und bestenfalls fühlen können.
    Das Auge ist wichtig, am wichtigsten, gleichzeitig ist es jedoch beschränkt. Mit nacktem Auge können wir viele Welten nicht wahrnehmen – etwa die unterirdische oder die in der Tiefe des Meeres, wir sehen die Makrowelt der Galaxie oder die Mikrowelt der Minisysteme nicht.

Bei der Lektüre von Herodot: Träume, Prophezeiungen, Voraussagen – das ist es, wovon sich seine Helden in ihren Entscheidungen leiten lassen. Herodot meint also, die Geschichte bringe etwas hervor, was zufällig, unklar, irrational sei.

Geschichte ist Vergessen.

Nichts Vergangenes ist endgültig abgeschlossene Geschichte. Die Vergangenheit dauert in der Gegenwart fort, sie ist auch an der Gestaltung der Zukunft beteiligt.

1977, also zwölf Jahre vor Zusammenbruch des Kommunismus, schrieb Henry Kissinger:

»Heute sind wir erstmals in unserer Geschichte mit der absoluten Wahrheit konfrontiert, daß der Kommunismus eine niemals endende Herausforderung darstellen wird ... Wir müssen also lernen, unsere Außenpolitik so zu führen, wie andere Nationen ihre seit Jahrhunderten führen mußten – ohne Möglichkeiten der Flucht oder eines Moments der Erholung ... An dieser Situation können wir nichts ändern.«

Eines von Tausenden Beispielen, wie schwierig oder sogar unmöglich es ist, heute die Zukunft vorherzusehen.

Nina Berberova:

»An die Zukunft zu denken – was für ein Luxus!« (das schrieb sie, als sie in der Emigration Armut und Hunger litt).

Ein Bericht von Souren Melikian in der »International Herald Tribune« (2. 11. 1996) von der Pariser Ausstellung »Die buddhistische Plastik im antiken Japan«.

Aus der Vergangenheit ragen nur Punkte heraus – geniale Werke. Als würde jemand in der Dunkelheit mit einem Scheinwerfer einzelne Köpfe oder Figuren herausgreifen. Der fast einen Meter hohe Kopf Buddhas aus dem Jahre 685. Vollkommen, von klassischer Schönheit, Ausgeglichenheit. Sicherheit der Ausführung. Kraft, in jedem Detail, jedem Gesichtszug spürbar. Das nächste Ausstellungsstück: eine Gottheitsstatue aus Kinnara aus dem Jahre 734. Und dann ein sitzender Buddha – Meister, Heiler. Eine Figur aus dem Jahre 1013. Schließlich zwei ausdrucksstarke Statuen sitzender Mönche. Aus dem Jahre 1189. Also die Jahre 685 – 734 – 1013 – 1189. Und was war dazwischen? Zwischen diesen Daten? Ganze Epochen des Stillstands? Epochen, die keine Spur hinterließen?

Was uns von der Kunst der Vergangenheit übermittelt wird, ist Vollkommenheit. Die Zeit ließ nur vollkommene Werke überdauern. Die Schönheit steckt in der Vollkommenheit. Doch wie kam es, daß nur die besten Werke erhalten blieben, also jene, die nur in Ausnahmefällen entstehen? Daß das Zweitrangige, Durchschnittliche, Schwächere zerbröckelt, zerfällt, verkommt, verschwindet? Welche Mechanismen der Selektion und Rettung wirken hier? Welches Gericht, welche Autorität, welches Urteil, wessen Geschmack entscheidet, daß ausgerechnet diese unikalen Werke aufbewahrt und gerettet werden, die heute trotz der großen zeitlichen und räumlichen Entfernung zu uns sprechen?

Es ist ungeheuer anziehend, aber gleichzeitig gefährlich, sich dem Reich des Absoluten, der Vollkommenheit, des Ideals zu nähern. Als würde man auf dem Gipfel eines steilen, hohen Felsens stehen – man könnte taumeln und in den Abgrund stürzen. Dieses gefährliche, obsessive Streben nach Vollkommenheit. Nur Einzelne vermögen diesen Druck, diese zermalmende, erbarmungslose Kraft zu ertragen.

Allein das Schaffen eines Werkes – das Schreiben eines Buches, das Malen eines Bildes, das Komponieren einer Sonate – das ist in der heutigen Welt zu wenig, das genügt nicht mehr. Es braucht noch ein zweites Element dieses Schaffensprozesses von Werken: damit sie existieren können, muß man sie noch propagieren, promoten, verbreiten.

Januar 1999
Im Ujazdowski-Schloß sehe ich die Ausstellung »Staat – Stadt – Fluß«. Ein irreführender Titel, denn es gibt weder Staat noch Stadt oder Fluß. Es gibt in Wahrheit nichts außer ein paar Installationen. Sie sind alle ähnlich, ihr Schema ist leicht zu dechiffrie-

ren und zu reproduzieren, da es sich meist auf drei Elemente beschränkt:

a) Bewegung. Bewegung, gesehen auf einem Fernsehbildschirm. Es ist die Bewegung eines menschlichen Körpers, die sich dumpf, monoton, schlafwandlerisch wiederholt – wie bei einem Schizophrenen.

b) Ton. Aus dem Lautsprecher dringen Töne, zum Beispiel ein Dröhnen, der Lärm einer Maschine, das Weinen eines Kindes, Bellen eines Hundes – ähnlich wie die Bewegungen wiederholt sich jeder Ton mechanisch, monoton, wie das Pochen der Räder eines Zuges.

c) Dinge. Die Dinge sind meist Objekte von geometrischer Gestalt, zum Beispiel ein metallener Trichter, gefüllt mit Abfällen und Spänen, eine Dose, ein Müllbehälter oder eine nutzlose Matratze. Jedes Ding wird durch eine oft überraschende, provokante Bezeichnung erläutert. Das Fragment eines verrosteten Bettes heißt »Traum des Asriel«, ein Stoß zerbrochener und verbogener Bestecke: »Begehren« usw.

Das Objekt, das den Sinn dieser Ausstellung am besten wiedergibt, ist eine gewöhnliche Wandlampe mit der Unterschrift: »Reinhard Mucha. Lampe aus Luminoform. Kabel. Stecker. 1981.«

Willem de Kooning über Marcel Duchamp: »Duchamp ist eine Ein-Personen-Richtung.«

Das Betrachten der Bilder Stanisław Fijalkowskis erfordert große Aufmerksamkeit. Wir erfassen ihren Reichtum erst, wenn wir uns wirklich darauf konzentrieren. Beim ersten Hinsehen erscheint die

Oberfläche der Bilder reglos, leer. Doch wenn wir genauer hinsehen, bemerken wir nach einiger Zeit, daß der Künstler in diese Oberfläche ein Zeichen gesetzt hat. Und wenn wir weiter schauen, sehen wir das nächste Zeichen. Zwischen diesen Zeichen entwickelt sich ein Dialog. Die Oberfläche belebt sich, es entsteht eine Kommunikation, die zu uns spricht, uns anzieht, uns überrascht, uns etwas zu sagen hat.

Aus dem Kosmos dringt nur Stille zu uns. Dabei wissen wir, daß die Sterne gigantische, brennende Hochöfen sind, die Materie schmelzen, daß es zwischen den dahinjagenden Planeten zu Zusammenstößen und Explosionen kommt.

Mit der Malerei Fijalkowskis ist es ähnlich. Die Ruhe seiner Bilder ist irreführend. Ihre Stille scheinbar und trügerisch. In Wahrheit bergen sie große Spannungen, die davon zeugen, daß sich diese Malerei in hohen Temperaturen herauskristallisiert hat.

Januar 1999

Im Königsschloß in der Ausstellung mit dem Titel »Garten«. Sie ist wunderbar! Der Garten ist ein wichtiges Element unserer Vorstellung, ein Himmelsersatz, dessen Hauptteil, zentrale Figur, Achse der Lebensbaum darstellt. Der Baum ist so wichtig, weil er Schatten und Früchte spendet.

Die Hecken der Gärten bestehen aus Rosmarin und Efeu. Und aus Myrte.

Die Bäume: Eichen, Platanen. Kastanien, Linden, Eschen und Ahorn.

Die Musik der Gärten: das Rauschen der Bäume und die Stimmen der Vögel – ihr Zwitschern und Trillern, ihr Singen und Rufen.

Das wichtigste Element im Garten ist das Wasser. Es gibt bewegtes Wasser, fließendes und stehendes Wasser, den Wasserspiegel.

Der Garten ist eine Aufzeichnung, eine Reflexion, eine innere Landschaft, ein Sichtbarmachen des Unaussprechlichen.

Berühmt sind die englischen Gärten – natürlich und wild, sind sie doch Ausdruck des bewußten Gedankens ihrer Schöpfer. Der größte von ihnen war der an der Wende vom 18. zum 19. Jahrhundert lebende Humphry Repton.

Viele Menschen kritisieren und bekämpfen den Postmodernismus. Dieser ist zwar nur eine aktuelle, erweiterte Variante des Liberalismus, doch weil ein Kampf gegen den Liberalismus seine Kritiker kompromittieren würde, bekämpft man den Postmodernismus.

Man wirft ihm unter anderem vor, unter seinen Protagonisten seien auch Postkommunisten zu finden. Dabei hat der Kommunismus in Wahrheit den Postmodernismus bekämpft, weil dieser die Freiheit der Ansichten und das Recht auf freie Meinungsäußerung forderte.

Das Neue des Postmodernismus liegt in der Tatsache, daß darin eine neue Kommunikationsform zum Ausdruck kommt, in der die Technik (Elektronik) zwei richtungsweisende Orientierungen – die Zeit und den Raum – aufgehoben hat, wodurch sie die Welt relativierte und in ihre Definition zwei neue Begriffe einführte – die Relativität und die Unbestimmtheit.

Der Postmodernismus. Sein wichtigstes Plus ist sein Antidogmatismus, seine Offenheit allen Innovationen gegenüber, sein Minus – daß er zu einem übermäßigen, unkritischen Relativismus neigt. Es erhebt sich die Frage, ob man den Nihilismus als Uranfang, als Urquelle des Postmodernismus ansehen kann? Ist das eine erfolgversprechende Richtung der Nachforschungen?

In der katholischen Wochenzeitschrift »Tygodnik Powszechny« (August 1997):
»Politische, soziale oder generationsbedingte Ansichten sind unwichtig geworden. Was vor allem zählt ist die Vorstellungskraft, die Fähigkeit, in Erstaunen zu versetzen, zu überraschen.« (Bartosz Żurawiecki)

»Das Schlüsselmoment dieser (Erfolgs-)Philosophie ist der besondere Kult der Augenblicklichkeit und der Effizienz des Handelns.«
Marian Stala

Notizen für die Vorlesung »Freiheit und Werk des Künstlers« (ein Seminar der Ästhetik an der philosophischen Fakultät der Universität Warschau von Zbigniew Taranienko, 12. Mai 1999):
Freiheit ist:
das Recht der Wahl,
die Möglichkeit, Ziele zu verwirklichen.
Wichtig ist:
die Freiheit von Dämonen
die Freiheit vom Unvermögen
die Freiheit vom Elend.
Kant: Freiheit ist Verstand. Seneca: das Wesen der Freiheit ist die Weisheit.
Freiheit und Schaffenskraft bedeuten Spannung, doch gleichzeitig die Chance auf Erfüllung. Freiheit

ist die Möglichkeit, etwas zu schaffen, doch sie selber bringt nichts hervor. Die darin liegende Gefahr für den Künstler: Sie kann ihn einschläfern, entwaffnen, faul machen. Oft bringen Menschen, die in Unfreiheit geboren wurden, immer an Fesseln gewöhnt waren, die größten Dinge hervor.

Es gibt eine innere und eine äußere Freiheit (Spinoza, Sartre, Ingarden).

Es gibt eine Freiheit von etwas und für etwas.

Die Zensur: die Entwicklung von der grobschlächtigen, bürokratischen Zensur des Polizeistaates zur raffinierten (Manipulation, Reklame, Marktmechanismen). Die Zensur des Marktes zum Beispiel – warum soll ich etwas schreiben, wenn mich doch keiner verlegt – hat die frühere Zensur verdrängt – warum soll ich etwas schreiben, wenn die Zensur es doch nicht durchläßt.

Der schlimmste Albtraum für den Künstler: die Selbstzensur.

Freiheit allein genügt nicht, es braucht noch andere Bedingungen, vor allem Fähigkeit, Ausdauer bei der Arbeit, Talent.

Die Bibel verwendet statt des Begriffes Freiheit das Verbum befreien, weil es sich um einen Prozeß handelt und nicht um einen Zustand.

Samstag, 9. Januar 1999

In der »Zachęta« zwei Ausstellungen: eine Ausstellung von Fotografien, »World Press Photo« und »Verbotene Bilder« (das polnische politische Leben in den Jahren der Volksrepublik), und daneben eine Ausstellung von Bildern – der hervorragenden Künstler Maria Jarema (1908-1958) und Grzegorz Klaman – mit dem Titel »Implantate«.

Vor der Fotoausstellung stehen die Menschen Schlange, ein Gedränge, man hat gar nicht die Möglichkeit, jedes Bild aufmerksam zu betrachten. Lärm, Gerede, viele junge Menschen, die sind in der Überzahl, sie tauschen Bemerkungen aus, diskutieren.

In den anderen Sälen wird Malerei gezeigt. Dort ist es still und leer. Die Aufpasserinnen lösen Kreuzworträtsel oder unterhalten sich. Was für ein Kontrast!

Fragment und Fotografie. Das Fragment ist der Teil eines Ganzen. Das Ganze kennen wir nicht, wir können es nur erahnen. Das Fragment eröffnet uns einen Raum, den wir ausfüllen, beleben müssen. Ähnlich ist es mit dem fotografischen Bild. Auch das ist ein Fragment. Zum Beispiel ein Bild von Läufern im Moment des Starts. Wir sehen nur, wie sie aus den Startblöcken schnellen, wie sie losrennen. Mehr sehen wir nicht, doch wir wissen, daß der Start eine Fortsetzung hat, daß dann der Lauf kommt, daß damit eine Geschichte beginnt.

In dem Phänomen, das wir Fotografie nennen, gibt es gewisse Widersprüchlichkeiten. Gegenstand der Fotografie, vor allem der Pressefotografie, ist die Bewegung. Das Bild selber hingegen ist reglos, die Fotografie ist ein regloses Bild. Der Raum zwischen der Bewegung und der Reglosigkeit ist das Feld, auf dem sich die Kunst des Fotografen zu erkennen gibt, seine Sensibilität, Intelligenz, sein ästhetisches Empfinden.

Den Fotografen kommt viel mehr als allen anderen Künstlern die Technik zu Hilfe. Die Schnelligkeit der Blende, die Schärfe des Objektivs, die Empfindlichkeit des Films helfen ihm, den Widerspruch zwischen der Bewegung des Objektes und der Reglosigkeit des Bildes zu überwinden. Doch sie sind nur eine Hilfe. Denn der wahre Wert hängt nur von einem ab: von der Fähigkeit, vom Talent des Fotografen.

Noch etwas zum Thema Fragment als Form. Die Rhapsodie umfaßt verschiedene Formen, oft handelt es sich um eine Phantasie über miteinander nicht verbundene Themen. Die Rhapsodie ist ihrem Charakter nach eine freie Interpretation, und sie entwickel sich ohne vorher festgelegten thematischen Plan. Andere ähnliche Formen: die Sonate, Renga (ein japanisches Partnergedicht, dessen einzelne Teile nicht miteinander verbunden sind).

Sonatenform – die Struktur eines Musikwerks, dessen Wesen darin liegt, gewisse Themen frei umzugestalten. Eine dieser Formen ist die Barocksonate, die aus kurzen, kontrastierenden Abschnitten besteht. In der Literatur wäre die Entsprechung das Fragment, die fragmentarische Form.

Oft ist es nicht der Gegenstand selber, der in unseren Augen über seinen Wert entscheidet, sondern die Umgebung, in der wir ihn wahrnehmen, der Kontext, die Fassung. Je prächtiger und herrlicher diese sind, um so wichtiger und schöner erscheint uns auch der Gegenstand.

Ein Gespräch mit Gerard Rasch. Er übersetzt meine aus einzelnen Notizen, Aufzeichnungen und Tagebuchblättern bestehenden *Lapidaria* ins Niederländische. Er fragt, ob ich damit einverstanden sei, daß er eine Auswahl trifft. Ich sage ihm, so ein Verfahren sei riskant, weil das Buch keine Sammlung der besten Fragmente darstellen solle, sonst würde es wie ein Kuchen, der ausschließlich aus Rosinen besteht – also ungenießbar, unverdaulich oder, in unserem Fall, unlesbar. Meiner Ansicht nach verurteilt jemand, der eine Auswahl aus den Aufzeichnungen von Novalis, Leopardi, Canetti oder Cioran trifft, deren Bücher zum Scheitern. Nach ein paar Seiten kann man das nicht mehr lesen.

Eine zu große Anhäufung von Kostbarkeiten, Konzentration der Sprache, Verdichtung von Bildern. Die allzu essentielle Prosa wirkt langweilig und ermüdend. Niemand ist geistig imstande, ständig auf dem Gipfel zu stehen. Jede gute Prosa braucht schwächere Momente, benötigt sogar etwas Kitsch, damit man eine Weile entspannen, ausruhen, die Aufmerksamkeit nachlassen, über ebenes, sanftes Terrain gehen kann.

Prosa ist ein Dahinwellen von Spannung und Entspannung, von dichten und dann wieder leeren Orten, von Episoden unterschiedlichen Wertes und unterschiedlicher Temperatur. Die Prosa bewegt sich wurmförmig dahin, und wenn wir diesem Rhythmus seine Natürlichkeit nehmen, bekommen wir ein künstliches, steriles, taubes Produkt.

Das kam mir in den Sinn, als ich eine Auswahl der Prosaschriften von Leopold Buczkowski zu erstellen versuchte, in der man, wenn man sie im Ganzen liest, herrlich schimmernde poetische Fragmente findet. Doch wenn man eine Auswahl dieser Fragmente trifft, wenn man sie aus dem Erzählfluß herausreißt, verlieren sie plötzlich ihre Bedeutung; ihre Kraft, ihr Glanz verlischt. Denn es war der Kontext, die Umgebung, die ihnen ihre Kraft und Schönheit verlieh, sie besser hervortreten ließ, ihnen als nötiger Hintergrund diente, vor dem sie glänzen und bedeutsam erscheinen konnten.

In unseren Diskussionen über die Medien sprechen wir viel über die Technik und den Markt, doch weniger über humanitäre Aspekte. Auf diese Weise wird etwas Wichtiges übergangen. Man muß bei den Proportionen beginnen. Auffallend ist die Arroganz, mit der die Medienmoguln über ihre Reiche sprechen. Ohne sich viel um die Fakten zu kümmern, wiederholen sie unablässig: »Die ganze Welt lebt von den Medien«. Das ist maßlos übertrieben! Selbst wenn wir davon ausgehen, daß gewisse Ereignisse wie etwa die Eröffnung der Olympischen Spiele von zwei Milliarden Menschen verfolgt werden, ist das nur ein Drittel der Menschheit. Selbst Fernsehberichte über international bedeutende Ereignisse werden bloß von zehn bis zwanzig Prozent der Weltbevölkerung gesehen. Das ist natürlich viel, aber nicht die ganze Welt. In Wirklichkeit haben Hunderte Millionen Menschen keinen oder nur sporadischen Zugang zu Medien. Ich selber habe in den letzten Jahren oft in afrikanischen Ortschaften gelebt, wo es weder Fernsehen noch Radio oder Zeitungen gab. In vielen Ländern der Welt wird täglich nur zwei bis drei Stunden ein Fernsehprogramm ausgestrahlt. In weiten Teilen Asiens gibt es zwar Fernsehsender, doch die Geräte der Menschen sind so schlecht, daß sie oft keinen Empfang haben.

Aus diesen Gründen sind keineswegs alle Menschen auf Erden – wie viele Moralisten meinen – besorgt, sie würden von den Medien manipuliert oder ihre Kinder würden durch brutale Serien zur Aggression erzogen. In vielen Ländern wird das Fernsehen übrigens *ex definitione* ausschließlich als Quelle der Unterhaltung und Zerstreuung angesehen, weshalb Fernsehapparate vor allem in Bars, Restaurants und Gastwirtschaften stehen. Man geht in die Bar, um ein Bier zu trinken, und wirft dabei einen Blick auf die Mattscheibe. In diesen Gegenden würde es keinem einfallen, vom Fernsehen etwas Ernsthaftes zu erwarten, etwa daß es erzieherisch wirkt, informiert oder einem die Welt erklärt, wie man das ja auch nicht annimmt, wenn man in den Zirkus geht.

Die wahre elektronische Revolution, die große Revolution auf dem Gebiet der Technik und Kultur, fand erst gestern statt, in den letzten Jahrzehnten des 20. Jahrhunderts. Es ist verblüffend, wie rasch und fundamental sich viele Dinge verändert haben. Nicht zuletzt das journalistische Milieu selber. Ich erinnere mich an die erste Konferenz der afrikanischen Staatsoberhäupter in Addis Abeba im Mai 1963, zu der Journalisten aus aller Welt angereist kamen. Wir waren vielleicht zweihundert, dreihundert: Vertreter großer Blätter, Korrespondenten von Nachrichtenagenturen, Rundfunkberichterstatter. Es gab auch Kameraleute von Wochenschauen, aber ich kann mich an kein einziges Fernsehteam erinnern. Wir kannten einander, viele waren befreundet. Wir wußten auch, was die Kollegen machten. Viele waren echte Meister der Feder, hervorragende Fachleute, Spezialisten für verschiedene Länder oder auch Kontinente. Im Rückblick erscheint mir das heute als das letzte Zusammentreffen von Reportern aus der ganzen Welt, als das Ende einer Ära, in der man den Journalismus als wichtigen Beruf, als ehrende Berufung betrachtete, der wir uns restlos und ein ganzes Leben lang zu widmen bereit waren.

Seit damals hat sich alles grundlegend verändert. Das Sammeln und Redigieren von Informationen wurde zu einer Massenbeschäftigung, betrieben von Tausenden und Abertausenden Menschen. Es schossen zahllose Journalistenschulen aus dem Boden, die Jahr für Jahr Scharen von Berufsanfängern entlassen. Einst bedeutete der Journalismus eine erstrebenswerte, ersehnte Karriere, eine wichtige, adelnde Mission. Heute hingegen sehen viele angehende Journalisten ihre Arbeit in den Medien nur als vorübergehende, zufällige Betätigung an, mit der sie keinerlei ambitionierte Zukunftspläne verbinden. Sie sind heute Journalisten, arbeiten morgen in einer Reklameagentur und übermorgen vielleicht als Börsenmakler.

Die Medienwelt entwickelte sich in einem weltweit bislang nicht dagewesenen Umfang. Das war einerseits eine Folge des technischen Fortschritts. Andererseits lag dem die Entdeckung zugrunde, daß Information ein wunderbares, große Profite abwerfendes Produkt des Marktes ist, mit dessen Verbreitung man viel verdienen kann. Früher einmal wurde der Wert der Information mit Begriffen wie der Suche nach der Wahrheit und ihrer Verbreitung in

Verbindung gebracht, oder man sah darin auch ein wichtiges Instrument im Kampf um Einfluß und Macht. Ich erinnere mich, daß in den Jahren des Kommunismus Studenten in den Straßen Warschaus Zeitungen verbrannten und riefen: »Die Presse lügt!« Heute steht ein anderer Aspekt im Vordergrund: Der Wert der Information wird an ihrer Attraktivität gemessen. Die Information soll sich vor allem gut verkaufen! Die wahrhaftigste Information ist wertlos, wenn sie nicht attraktiv ist und die vom üppigen Angebot verwöhnten Medienkonsumenten nicht zu fesseln vermag.

Die Entdeckung, daß Information ein einträgliches Geschäft sein kann, erwirkte einen gewaltigen Zustrom des Großkapitals in die Medien. Die einstigen, oft idealistischen Wahrheitssucher in den Führungspositionen der Medienreiche wurden durch Geschäftsleute ersetzt, die oft nichts mit dem Journalismus zu tun haben. Diese Veränderung wird jedem auffallen, der über Jahre verschiedene Redaktionen und Rundfunkstationen besucht hat. Früher einmal waren diese in der Regel in armseligen Gebäuden untergebracht, die Journalisten arbeiteten gedrängt in engen, schmutzigen, vollgeräumten Räumen und waren schlecht gekleidet und bezahlt.

Wenn man heute die Redaktion einer großen Fernsehanstalt besucht, betritt man einen luxuriösen Palast, mit Marmor und glitzernden Lüstern, und wird von eleganten Hostessen durch stille Gänge geführt. Die wahre Macht hat sich von den Präsidentschaftspalästen und Regierungsgebäuden in diese Gebäude verlagert. Denn die Macht hat derjenige in Händen, der die Fernsehstudios kontrolliert und überhaupt die Medien. Das bestätigen die blutigen Kämpfe in den letzten Jahren, die in Bukarest, Tbilisi, Vilnius oder Baku um Fernsehsender und nicht um Regierungs-, Parlaments- oder Präsidentschaftsgebäude geführt wurden.

Seit man herausfand, daß es sich bei der Information um eine profitable Ware handelt, wurde diese nicht mehr an den traditionellen Kriterien von Wahrheit und Lüge gemessen, sondern ordnete sich völlig anderen Gesetzen unter, nämlich den Gesetzen des Marktes und dem Streben nach immer höheren Gewinnen, nach einem Monopol. Nicht nur die Kriterien der Information haben sich geändert, sondern auch die Menschen, die auf dem Gebiet der Information arbeiten. An Stelle der einstigen Heroen des Journalismus haben wir es heute mit einer breiten Schicht oft anonymer Medienarbeiter zu tun. Das kommt schon in der amerikanischen Terminologie zum Ausdruck, in der der Begriff *journalist* gern durch *media worker* ersetzt wird.

Die Welt der Medien hat eine solche Ausdehnung erfahren, daß sie sich selber genügt, ein eigenständiges, in sich geschlossenes Leben führt. Der Konkurrenzkampf zwischen einzelnen Medien oder verschiedenen Sendern und Netzen ist wichtiger geworden als die Welt um sie herum. Eine riesige Schar von Medienvertretern zieht heute wie eine dicht gedrängte Herde durch die Welt, wobei jeder den anderen belauert, um nicht hinter der Konkurrenz zurückzubleiben. Aus diesem Grund berichten die Medien auch, obwohl es weltweit gleichzeitig mehrere wichtige Ereignisse geben kann, immer nur über ein einziges ausführlich, nämlich über das, um das sich die Herde gerade versammelt. Ich selber war mehrmals selbst Mitglied dieser Herde und weiß, wie das funktioniert. Ich erinnere mich an die Krise, die entstand, als in Teheran Amerikaner als Geiseln genommen wurden. Im Grunde passierte dort nicht viel, und doch verbrachten Tausende Medienvertreter aus der ganzen Welt Monate in der Stadt. Ein paar Jahre später zog der ganze Journalistentross zum Persischen Golf, von wo die Journalisten nicht viel berichten konnten, weil die Amerikaner keinen an die Front fahren ließen. Zur selben Zeit gab es in Mosambik und im Sudan blutige Kämpfe, die jedoch keinen interessierten, weil sich die Herde am Persischen Golf versammelt hatte. Ähnlich war es während des Putsches in Rußland im Jahre 1991. Die wirklichen Ereignisse – Streiks und Demonstrationen – fanden in Petersburg statt, doch davon erfuhr die Welt nichts, weil die Medienvertreter in Moskau darauf warteten, daß etwas passierte, aber dort ereignete sich nichts Außergewöhnliches.

Die Entwicklung der Kommunikationsmittel, vor allem die Erfindung des Mobiltelefons und Internets, hat einen radikalen Umbruch in der Verständigung zwischen den ins Terrain geschickten Journalisten und ihren Chefs, den Managern, bewirkt. Die Journalisten haben ihre Selbständigkeit, die Unabhängigkeit ihrer Einschätzung, das Recht auf die eigene Interpretation eingebüßt, und das hat auch Auswirkungen auf die Qualität und den Wahrheitsgehalt der Informationen. In früheren Zeiten war der Korrespondent einer Zeitung, einer Presseagentur oder des Rundfunks weitgehend unabhängig und konnte vieles selber entscheiden, er suchte nach Informationen, deckte etwas auf, schuf etwas. Heute ist er eine Figur, die vom Chef in der Zentrale, die oft am anderen Ende der Welt liegt, auf dem Schachbrett hin- und hergeschoben wird. Der Chef bezieht über ein bestimmtes Ereignis Informationen aus den verschiedensten Quellen und kann sich daher unter Umständen ein ganz anderes Bild davon machen als der vor Ort befindliche Reporter. Manchmal wartet die Zentrale gar nicht mehr die Ergebnisse der Arbeit des Reporters ab, sondern informiert ihn ihrerseits, was sie über das Ereignis weiß – das heißt, sie erwartet von ihm oft nur mehr eine Bestätigung, daß ihre Sicht der Dinge richtig ist. Ich kenne viele Korrespondenten, die sich heutzutage scheuen, auf eigene Faust nach der Wahrheit zu suchen. In Mexiko hatte ich einen Kollegen, Reporter einer amerikanischen Fernsehanstalt. Einmal traf ich ihn, als er gerade Straßenkämpfe zwischen Studenten und der Polizei filmte. »Was ist hier los, John?« fragte ich ihn. »Ich habe keine Ahnung«, antwortete er, ohne die Kamera abzusetzen. »Ich filme nur und schicke das Material an die Zentrale, die wissen besser als ich, worum es hier geht.«

Das Unwissen der Medienvertreter über Ereignisse, von denen sie berichten sollen, ist oft verblüffend. Während der Streiks in der Danziger Werft im Sommer 1980 kamen viele Reporter aus der ganzen Welt in die Stadt, die kaum wußten, wo Danzig liegt. Noch schlimmer war es in Ruanda im tragischen Jahr 1994. Viele Journalisten waren zum ersten Mal in Afrika. Sie hatten keine Ahnung von den tatsächlichen Ursachen und dem Wesen des Konfliktes in Ruanda.

Doch man darf die Schuld nicht bei den Reportern suchen. Denn sie sind Opfer der Arroganz ihrer Chefs. »Was kann man von mir erwarten«, sagte mir ein Kollege, Kameramann eines italienischen Fernsehteams. »Innerhalb einer Woche habe ich in fünf Ländern auf drei Kontinenten gearbeitet!«

Die Revolution in den Medien konfrontiert uns einmal mehr mit dem uralten Problem, wie wir die Welt begreifen sollen. Und sie stellt uns auch vor die Frage, was die Geschichte ist? Traditionell schöpften wir unser historisches Wissen, auf das wir unsere Identität gründen, aus den Erzählungen der Vorfahren, aus den im Stamm oder in der Familie tradierten Berichten oder aus Schulbüchern, wissenschaftlichen Werken und Archivmaterial. Im Prinzip gab es eine einzige Quelle für die Geschichte. Nun haben wir mit dem kleinen Bildschirm eine neue, alternative Geschichtsquelle bekommen. Wir kennen nur die Geschichte, die das Fernsehen erzählt. Das Problem besteht darin, daß wir nur selten Zugang zu authentischen und kompetenten Quellen der Geschichte wie etwa schriftlichen Dokumenten haben, weshalb wir uns mit dieser einen, oft irreführenden Version der Geschichte begnügen müssen, wie sie vom Fernsehen erzählt wird. Als Beispiel dafür möge das bereits erwähnte Ruanda dienen, ein Land, das ich häufig besuchte. Hunderte Millionen Menschen haben im Fernsehen die Folgen der ethnischen Massaker gesehen, die jedoch in der Regel in den Berichten falsch interpretiert wurden. Wieviel Fernsehzuschauer hatten Gelegenheit, auch nur eines der glaubwürdigen wissenschaftlichen Werke über Ruanda zu lesen, über die Ursachen des dortigen Konfliktes? Mit einem Wort, da die Zahl der Medien immer rascher wächst, viel rascher als die Zahl der wissenschaftlichen Werke, bekommen wir eher die fiktive Version der Geschichte als die wahre vorgesetzt. Und mit der Zeit werden die Menschen überhaupt nur mehr die fiktive Geschichte kennen.

Bereits in den dreißiger Jahren wies der bekannte Kulturtheoretiker Rudolf Arnheim auf die Gefahr hin, daß uns der Bildschirm in ein Reich der suggestiven Illusionen entführt. Das Problem besteht darin, schrieb er in seinem Werk »Film als Kunst«, daß die Menschen die Welt sinnlicher Erfahrungen mit der Welt des Denkens gleichsetzen und meinen, »sehen« sei dasselbe wie »verstehen«. Darüber hinaus machte Arnheim auch auf die Überschwemmung mit Bildern aufmerksam, die unablässig und in rasanter Abfolge vor unseren Augen ablaufen, was die Domäne des gesprochenen und geschriebenen Wortes beschneidet, und damit auch die Domäne des Denkens. »Das Fernsehen«, so schrieb er, »wird unsere Klugheit auf eine harte Probe stellen. Es kann uns bereichern, es kann aber auch unser Denken einschläfern.«

Wir leben in einer Welt der Paradoxe. Einerseits heißt es, die Entwicklung der Kommunikation habe unsere Erde zu einem einzigen Organismus gemacht, wir stellten ein *global village* dar usw., andererseits nehmen internationale Angelegenheiten in den Medien immer weniger Raum ein und werden verdrängt von lokalen Fragen, lokalen Sensationen, wissenschaftlichen Entdeckungen, Ratgebern usw. Laut »Le Monde Diplomatique« (August 1998) ist der Prozentsatz der Personen in den USA, die einen der drei großen Fernsehkanäle sehen, in den letzten vier Jahren von

60 auf 38 Prozent gesunken. In den Nachrichtensendungen dieser Stationen machen Meldungen über Rauschgift, Überfälle, Vergewaltigungen usw. 72 Prozent der Sendezeit aus. Auslandsnachrichten höchstens 5 Prozent.

Doch noch ist nicht alles verloren. Die Medienrevolution ist noch im Gang. Dieses neue, frische Phänomen in der Kulturgeschichte der Welt ist zu jung, als daß es schon wirksame Antikörper gegen Fehlentwicklungen wie Manipulation, Arroganz oder Kitsch entwickeln hätte können. Es gibt eine umfassende kritische Literatur zu dem Thema, und dieser kritische Geist wird gewiß den Weg vorweisen, den die Muse unserer Zeit einschlagen wird.

Im übrigen müssen wir ehrlich gestehen, daß viele Menschen, die vor dem Fernseher sitzen, froh sind, auf dem Bildschirm genau das zu sehen, was sie sehen wollen. Schon im Jahre 1930 charakterisierte der große spanische Philosoph Ortega y Gasset in seinem Buch *Der Aufstand der Massen* die Gesellschaft als Kollektiv selbstzufriedener Menschen, vor allem zufrieden mit ihrem Geschmack und der von ihnen getroffenen Wahl.

Schlußendlich: die Medien sind eine ungemein komplexe, widersprüchliche Welt. Diese Welt existiert und funktioniert auf verschiedenen Ebenen und Etagen. Neben den oberflächlichsten Boulevardzeitungen, Rundfunk- und Fernsehstationen gibt es hervorragende Tageszeitungen und Zeitschriften, wunderbare Rundfunkstationen, ausgezeichnete Fernsehprogramme. Es gibt so viel davon, daß man zufrieden wäre, wenn man nur einen Teil davon kennenlernen könnte!

(Aus einer Vorlesung in Stockholm, 1998)

Oktober 1999, in einem vom Krieg heimgesuchten Dorf im Kosovo. Aus einem Helikopter klettert ein Fernsehteam von NBC. Sie verlassen den Hubschrauber, als wären sie Fallschirmjäger – eilig, selbstsicher, schroff, arrogant. Sie laden riesige Mengen von Kisten aus, stellen eilig Stative und Kameras auf.

Unablässig verscheuchen sie die neugierigen Kinder, die zusammenlaufen. Sie erteilen den begleitenden Polizisten Befehle und schreiten zur Aktion. Sie zerren eine Frau aus der umstehenden Menge armer, verschreckter Menschen. Die Frau weint, richtet nervös ihr Kopftuch, tätschelt ihren Säugling, schluchzt ein paar unverständliche Worte – das wird gefilmt, die Szene dauert ein paar Minuten. Dann holen sie eine andere Frau, nach ihr kommt ein zahnloser Bauer dran (er muß unbedingt zahnlos sein, mit Zähnen würden sie ihn nicht filmen).

Sie beenden die Sequenz, packen eilig Stative und Kameras ein, setzen sich auf die Kisten, schauen unruhig auf die Uhr, dann in den Himmel, ob der Helikopter bald kommt. Kein Wort zu den braven Leuten um sie herum. Sie fragen sich nicht, ob sie hier überhaupt willkommen sind und arbeiten dürfen. Keine freundliche Geste, kein Versuch der Verständigung. Nur Mißachtung, Hochmut und Ärger. Neue Herren. Neue Kolonialisten.

Was haben die Flugzeuge der NATO in Jugoslawien bombardiert? Fernsehstationen. Noch ein Beweis, daß sich die Macht von den Parlamenten und Regierungsgebäuden in die Fernsehgebäude verlagert hat.

Wir beklagen, daß das Fernsehen Gewalt, Grausamkeit, Haß und Tod propagiere. Wir brauchen allerdings nur einen Blick in die Bibel zu werfen! Die schrecklichen Schilderungen der Abschlachtung von Kindern, des Kannibalismus, von Morden, blutigen Racheakten, kollektiven Hinrichtungen, Massakern. Und schauen wir uns die Gemälde und Plastiken des Mittelalters an. Wieviele abgeschnittene Köpfe, von Hufen zertrampelte Leiber, bluttriefende Wunden, Menschen, die bei lebendigem Leib ins Feuer geworfen, in Kessel mit siedendem Pech getaucht werden.

Die Produzenten und Regisseure denken sich nichts Neues aus. Bilder von Gewalt waren in der ganzen Geschichte der Kunst ein Teil derselben. Der Tod auf dem Bildschirm ist höchstens mechanischer und daher »entmenschlichter« geworden. (Es erscheint paradox – wenn der Täter das Opfer mit eigenen Händen umbringt, gibt es zwischen den beiden so etwas wie einen physischen, unmenschlich-menschlichen Kontakt, eine Art makabrer »Verbindung«, wenn hingegen ein Pilot aus einer Höhe von ein paar tausend Metern eine Bombe auf eine menschliche Siedlung wirft, wird seine Handlung reduziert auf eine rein technische, mechanische, völlig abstrakte Bewegung, die in der Psyche des Piloten vielleicht nicht einmal die geringsten Spuren hinterläßt.)

– Vor welchem Problem steht heute ein Mensch, der sein Wissen von der Welt, seine Erkenntnisse aus Büchern schöpfen möchte?
– Die Überfülle. Er steht vor einem Meer von Büchern, Zeitschriften, Tonbändern, Internetseiten, und alles ist voller Theorien, Namen, Daten.

Durch die Anhäufung von Daten, ihre Oberflächlichkeit und das rasende Tempo der Übermittlung rufen die Medien beim Konsumenten Erkenntnischaos und Interpretationshunger hervor. Das ist die Chance für umfassende Kommentare, Reportagen, Essays.

Die Welt ist vollgestopft mit unerwünschten, unnötigen Informationen.

Le Chewing-gum des yeux – der wunderbare Titel eines Buches von Ignacio Ramonet über das Fernsehen.

Die Medien führen uns in eine neue Dramaturgie ein, sie lehren uns diese – eine Dramaturgie ohne letzten Akt, ohne Finale. Wir sehen auf dem Fernsehbildschirm, hören im Radio oder lesen in der Zeitung, daß etwas geschehen ist. Wir sehen das Ereignis, sehen die Menschen, Aktionen, hören Erklärungen. Und plötzlich, am nächsten Tag oder ein paar Tage später, verschwindet alles für immer aus unserem Blickfeld. Wir wissen nicht, was mit den Menschen, mit diesem Ereignis geschehen ist. Und wir werden es wahrscheinlich nie erfahren: Das Ereignis, das uns übermittelt wurde, hat keine Zukunft (und in den meisten Fällen auch keine Vergangenheit).

Und doch haben die Massenmedien auch große Verdienste! Wir brauchen nur zu vergleichen: das Wissen über die Gulags oder die Konzentrationslager, über die Liquidierung der Gettos oder die Zerstörung der Städte war seinerzeit begrenzt, fragmentarisch, oft gab es dieses Wissen überhaupt nicht. Über die massenhafte Tötung von Menschen wußte die Öffentlichkeit nichts. Heute erfährt die Weltöffentlichkeit viel früher von solchen Ereignissen und kann in vielen Fällen effektiv intervenieren.

Der Unterschied zwischen Fernsehen und Literatur. Der Pfiff des Schiedsrichters beendet in Frankreich das Endspiel der Fußballweltmeisterschaften. Im selben Moment zeigt das Fernsehen die Freude der Sieger. Alle freuen sich, gratulieren einander, hüpfen vor Begeisterung. Und die Literatur? Diese würde sich auf das Drama der Verlierer konzentrieren, auf das Bild der Niederlage. Wir könnten über die Tragödie lesen, die die Unglücklichen durchleben, die es nicht geschafft haben, über die Wut, die Trauer, die Pläne der ruinierten Menschen.

19. Juli 1997

Ich traf Paweł Pawlikowski. Er wohnt in London und arbeitete früher bei BBC, seit jedoch BBC sehr mittelmäßig, sehr bürokratisch wurde, betätigt er sich als unabhängiger Produzent. Er sagt, es sei heute schwierig, Filme zu produzieren, es zähle einzig die *package*, die Verpackung, wichtig sei vor allem, daß das Produkt fertig verpackt serviert werde. Das Produkt selber kann vielleicht völlig seicht, wertlos und ohne Bedeutung sein. Aber wie das gemacht wurde! – rufen die Zuschauer begeistert. Ein Beispiel dafür ist das kürzlich im amerikanischen Verlag Farrar, Straus and Giroux erschienene Buch von Mort Rosenblum, *Olives* – über den Olivenbaum, Oliven und Olivenöl. Ein scheinbar nebensächliches Thema, und doch erschien das Buch in einem hervorragenden Verlag und bekam ausgezeichnete Besprechungen von wichtigen Kritikern.

Man spricht immer öfter über die Globalisierung, wobei diese allerdings nicht als gegenseitige Annäherung und gegenseitiges Kennenlernen der Kulturen und Gesellschaften verstanden wird, sondern als finanzielle, als wirtschaftliche Operation, als Gesetz des Agierens des Kapitals auf den Weltmärkten, nicht getragen vom Geist der Annäherung, sondern der Dominierung.

Jeffrey Toobin schreibt im »New Yorker« vom September 1997: »Wir steuern auf eine Gesellschaft ohne Nachrichten (*Newsless Society*) zu. ... Die Berichte über unser Leben und die Welt werden zunehmend dominiert von Beschreibungen eines grotesken, ungewöhnlichen Todes, und je weniger dieser erklärbar ist – um so besser.« Und fügt hinzu: »Aus dem, was man in unseren Zeitungen lesen oder im Fernsehen beobachten kann, könnte man den Schluß ziehen, die Gesellschaft in den Vereinigten Staaten bestehe ausschließlich aus *celebrities* und *serial killers*.«

No news is bad news. Die amerikanischen Medien befinden sich in einer schwierigen Lage – sie haben kaum eigene politische Nachrichten, und Weltereignisse interessieren sie wenig. Was sollen sie also auf den ersten Seiten der Zeitungen bringen? Sie ändern daher die Themen der Information. Traditionell ging es um politische oder wirtschaftliche Angelegenheiten. Heute sind es immer öfter neue wissenschaftliche Erkenntnisse, Informationen über die elektronische Revolution, über Fortschritte in der Genforschung, über Ereignisse aus dem Leben von Bühnen- und Filmstars usw. Das Klonen eines Schafs oder die Bestimmung eines Chromosoms – das sind heute

Schlagzeilen für die Seite eins oder Aufmacher für die Fernsehnachrichten.

Über die Nachrichten: »Alles verliert an Bedeutung«, schreibt Jonathan Alter in »Newsweek« vom 18. 1. 1999. »Keine Information ist heute wirklich noch wichtig. Jede ist kurzlebig, flüchtig, morgen haben wir sie schon vergessen, dann kommen neue, die nächsten. Eine erschlägt die andere. Dank dieser Praxis wird nach einiger Zeit auch die Geschichte selber relativiert, und es gibt keine Meilensteine mehr auf ihrem Weg. Wenn die Nachrichten zum *Entertainment* werden, schrumpft die Geschichte (*history shrinks*).«

Irgendwann in den zwanziger Jahren des 20. Jahrhunderts besucht Hans Castorp in Davos ein Bioskop-Theater. Während der Vorstellung sieht er Bilder aus der ganzen Welt. Er sieht den Präsidenten der Französischen Republik, den Vizekönig von Indien, den deutschen Kronprinzen, er beobachtet einen Hahnenkampf auf Borneo, nackte Wilde, die auf Nasenflöten blasen, das Einfangen wilder Elefanten, eine Zeremonie am siamesischen Königshof, eine Bordellstraße in Japan, Samojeden in einer nordasiatischen Schneeöde, russische Pilger in Hebron usw. »Man war zugegen bei alldem«, kommentiert Thomas Mann die Erlebnisse Castorps, »der Raum war vernichtet, die Zeit zurückgestellt, das Dort und Damals in ein huschendes, gaukelndes, von Musik umspieltes Hier und Jetzt verwandelt.«

Heute morgen hörte ich in »Radio France Internationale« die Nachrichten über die Überschwemmungen. Obwohl die Oder auf beiden Seiten über die Ufer getreten ist, informiert der Sender nur über die Überschwemmungen auf der deutschen Seite. Über die polnische kein Wort. Am Abend brachte die britische »Euronews« Bilder von der Flut in Tschechien, doch auf dem Bildschirm war ständig der polnische Präsident Kwaśniewski zu sehen.

Die professionelle Nachlässigkeit vieler westlicher Medien, ihre Dummheit und Ignoranz.

Der Rundfunk hat dieselbe Eigenheit wie das Buch: er ist imstande, sich ein Auditorium zu schaffen. Das Fernsehen hat diese Möglichkeit nicht. Die Fernseher sind eine große, unidentifizierbare, anonyme Masse. Die Fernseher sind nicht Bewohner des globalen Dorfes von Marshall McLuhan, sondern Nomaden, die verloren durch die globale Wüste irren.

Die Arbeit des schreibenden Reporters und des Fernsehreporters ist grundverschieden: Der schreibende Reporter arbeitet allein, der Fernsehreporter im Team. Jedes Mitglied dieses Teams hat seinen eigenen Geschmack, seine Stimmungen, Interessen; es ist also nicht leicht, Spannungen und Reibereien zu vermeiden, die eine Menge Zeit, Energie und Nerven verbrauchen und die für die Arbeit unerläßliche Einigkeit im Denken und im Erleben der Welt, die Ruhe und Konzentration stören.

Whystan H. Auden sagte einmal, der Reporter sei auf Grund seines Berufes der wahre Demokrat: er höre auf die Stimme anderer, kümmere sich um ihr Schicksal, sehe die Benachteiligten und Erniedrigten als Seinesgleichen an.

Marcel Proust beschreibt im ersten Band von *Auf der Suche nach der verlorenen Zeit* eine Episode, in der zum Ausdruck kommt, wie sehr er die Welt mit den Augen eines Reporters sah. Als er mit dem Wagen nach Combray fuhr und die beiden Kirchtürme von Martville sah, spürte er, daß er diesen Eindruck sofort aufschreiben mußte, weil dieser Anblick auf ihn einen solchen Eindruck machte. Er fuhr auf dem Bock, neben dem Kutscher sitzend, und »bittet sofort den Doktor um Papier und Bleistift« und »notiert, trotz des Rüttelns des Wagens« auf der Stelle »eine Kleinigkeit«, an der er später »nicht viel zu ändern brauchte«. Als er es niedergeschrieben hat, »fühlt er sich glücklich«, »als wäre er ein Huhn, das soeben ein Ei gelegt hat«. Er möchte sogar vor lauter Freude »aus voller Kehle singen«.

»Den dauernden Aufenthalt an einem Ort werde ich stets als Unglück betrachten.«
    Rimbaud

»Immer versteht man nur von außen. Zwischen dem Beobachter und dem Gegenstand der Beobachtung braucht es eine gewisse Distanz; wir können nie Ethnographen unseres eigenen Stammes sein.«
    Jean-Marie Domenach

Im Jahre 1936 bezeichnete Walter Benjamin die Reportage als literarische Form der Zukunft.

Noch etwas über die Reportage: das Problem liegt darin, daß jeder Teilnehmer und Zeuge eines Ereignisses dieses anders sieht – deshalb sind die Berichte oft diametral entgegengesetzt.

Ist die Tatsache die Wahrheit? Ja, aber eine Tatsache ohne Kontext ist nicht die ganze Wahrheit, sie kann sogar zu einer gegensätzlichen Aussage verleiten, als ihrem wahren Sinn entspräche.

Ich las die Reportage von Shiva Naipaul: *North of South*.

Naipauls Geheimnis erklärt sich wie folgt: Während andere für gewöhnlich die Gesellschaft von intelligenten, klugen und denkenden Menschen suchen, von denen man etwas lernen kann, erlangt Shiva den wunderbaren Effekt der Ironie und Groteske, des Spottes und Nonsens dadurch, daß er die Gesellschaft von Dummköpfen, aufgeblasenen Tröpfen, Idioten, vertrottelten Touristen oder eingebildeten Snobs sucht. Dann beschreibt er seine Gespräche mit ihnen, ihre Aussagen und Meinungen, die so dumm und absurd, so voller Ungereimtheiten und Unsinnigkeiten sind, daß ich bei der Lektüre von Naipaul die ganze Zeit lauthals lachen muß.

Ein Besuch in meinem Verlag, »Czytelnik«, bei meinem Lektor Henryk Chłystowski. Ich mache den Vorschlag, eine Anthologie polnischer Reisebeschreibungen und Reportagen herauszugeben. Fast alle unsere großen Autoren schrieben diese Art von Literatur (Kraszewski, Sienkiewicz, Reymont, Kuncewiczowa usw.), sie sind jedoch nur für ihre belletristischen Werke bekannt. Ein klassisches Beispiel ist Władysław Reymont. Man weiß, daß er die Trilogie *Die Bauern* schrieb, doch gleichzeitig ist er der Autor der hervorragenden Reportage *Eine Pilgerfahrt nach Jasna Góra*. Wer weiß das schon? Und was für Reiseschriftsteller und Reporter manche der altpolnischen Autoren waren?! Etwa Albrecht Radziwiłł, Daniel Naborowski oder Jan Chrapowicki. Und unsere großen Anthropologen: Bronisław Malinowski und Jan Czekanowski. Und Jan Lugowski, Krystyn Lach-Szyrma, Antoni Ferdynand Ossendowski. Die Liste ist lang, man könnte fast sagen, endlos.

Gonzo journalism – ein von Hunter S. Thompson vom Magazin »Rolling Stone« propagierter Stil des neuen Journalismus. Er setzt die Teilnahme an hedonistischen Ereignissen, Skandalen usw. voraus. Er ist gekennzeichnet durch eine Haltung der Respektlosigkeit, der Arroganz, der Verachtung aller Autoritäten.

In Katowice traf ich mich anläßlich der September-Sitzung der polnischen Soziologen mit Jerzy Szacki und Stanisław Andreski zum Frühstück. Das Gespräch kam auf den Soziologen Robert Park (1864-1944) und seine Chicagoer Schule, die die Stadt als Symbol der Zivilisation und Moderne betrachtete. Wir sprachen über seine Methode. Park führte die Feldstudien in die Soziologie ein, die teilnehmende Beobachtung, die Gespräche, die aus der Presse geschöpften Informationen usw. Das war ähnlich der Praxis der Reportage, viele Texte der Chicagoer Schule sind mit der Reportage verwandt, es handelt sich darum, im Terrain Fakten zu sammeln. Die in der Schule von Park entstandenen soziologischen Werke tragen Titel wie *On Hobos, The Gang, The Goldcoast and the Slum* usw.

Eine wichtige Quelle für Park, sagte Szacki, war die gewöhnliche Beobachtung. Er unterschied zwei Formen der Gesellschaft:

community (die territoriale Gemeinschaft)
society (verbunden durch gemeinsame Traditionen, Ideale, kulturelle Bande).

Der Fortschritt bestand für Park darin, sich von der *community* zur *society* zu erheben.

Aus einem Vortrag Paweł Śpiewaks bei einer Versammlung im Dom Literatury (Literaturhaus), 11. Mai 1998:
- Wir haben einen Überfluß an soziologischen Informationen, die wir nicht interpretieren können, und die Zahl der Daten allein bringt uns nicht weiter.
- Das Problem der Narration – laufen wir nicht Gefahr, uns der Sprache von Institutionen, Ideologien zu bedienen? Töten wir auf diese Weise nicht vielleicht in der Beschreibung gerade das ab, was unwiederholbar ist?
- Wir erleben eine solche Atomisierung der Gesellschaft, daß wir gar nicht mehr imstande sind, eine gemeinsame Geschichte zu erzählen. Wir erzählen nur mehr die eigene Geschichte, und die meistens nur mehr uns selber.

Ein großer Name der englischen Literatur, dessen Werk bei uns völlig unbekannt ist: Matthew Arnold. Der Dichter, Essayist und Theologe aus Oxford lebte in den Jahren 1822-1888. Sein Hauptwerk *Culture and Anarchy* erschien 1869.

Die Anarchie tötet die Kultur, stellt Arnold fest. Die Kultur als Werk der Vollkommenheit ist der Gegensatz zur Anarchie, wie sie in unreifen Demokratien herrscht, denen jedes Kriterium und ein Sinn ihrer Ausrichtung fehlt. Solche Gesellschaften nennt er »barbarisch«. Er kritisiert sie und stellt ihnen die Erhabenheit und Reinheit der Kunst gegenüber. Jede Zivilisation, so Arnold, wird von schwerer Krankheit heimgesucht, wenn sie der Geist einer »vulgären Materialisierung« beherrscht.

Ein Buch wie die Fernsehnachrichten, die erste Seite einer Zeitung zu betrachten: man wirft einen Blick hinein und wendet sich dann etwas anderem zu. Das ist gefährlich, denn wenn der Leser ein Werk aufmerksam liest, rekonstruiert und vervollständigt er es gleichzeitig.

Eine der Ursachen für die Krise der schönen Literatur liegt darin, daß viele Leser das Empfinden für den literarischen Text als Kunstwerk verloren haben. Sie betrachten das Buch als Quelle konkreten Wissens, zum Beispiel als Handbuch der Psychologie, Soziologie oder Politologie, als Reiseführer, Ratgeber, Informator. Du gibst dir vergeblich Mühe mit der Beschreibung des Waldes, des Flusses, des Sonnenuntergangs, des Regens oder Windes, lieber Autor, denn diese Stellen überblättert der Leser, er beachtet sie nicht.

Es schadet der Literatur und ihrem Bild in den Augen der Gesellschaft, wenn man über Autoren so schreibt wie über Politiker, wenn man sie ausschließlich in diesen Kategorien bewertet. Aus dieser Perspektive sieht man Bücher nicht als literarische Werke von mehr oder weniger großem künstlerischem Wert, sondern als Zeitungsartikel oder, bestenfalls, politologische Handbücher. Die Kategorie des Schönen als Wertkriterium ist völlig verschwunden, die Werke werden nicht nach ihrem künstlerischen Wert beurteilt, sondern danach, ob sie ideologisch korrekt und richtig sind.

Eine der gemeinsten und hinterlistigsten Methoden, das Werk eines Widersachers herunterzumachen, besteht darin, zu behaupten, es enthalte alte Dinge, Binsenweisheiten, die man längst kenne, deshalb sei es nicht wert, sich damit auseinanderzusetzen. Wenn wir zum Beispiel sagen, die Welt sei geteilt in Arme und Reiche, dann wecken wir damit niemandes Gewissen, sondern bekommen höchstens zu hören: »Geteilt? Das wissen wir längst, das ist allgemein bekannt, eine Banalität, hast du nichts Neues zu sagen?«

James Atlas in »The New Yorker« (2. 2. 1998) über die wachsende Rolle des Geldes in der amerikanischen Literatur. Ein armer Literat, Maler, Musiker zu sein ist eine Schande! Schriftsteller-Millionäre wohnen in Luxusvillen mit Swimmingpool, fahren teure Autos und Jachten. Und dennoch ist auch das ein Problem, denn »reich zu sein bedeutet, einen zusätzlichen Beruf zu haben. Wenn du reich bist, mußt du dich um dein Vermögen kümmern, Kunstwerke sammeln, in diversen Gremien sitzen, Dienstboten halten, investieren.« Und trotzdem bekommt man in literarischen Kreisen überall zu hören: *Show me your money!*

Jemand sagte über ein Buch von Günter Grass: »Ich habe es in einem Zug ausgelesen.« Das war als Kompliment, als Lob gedacht. Man bekommt oft den zustimmenden, ja enthusiastischen Satz zu hören, dieses oder jenes Buch könne man ohne es wegzulegen lesen. Aber das ist kein Lob! Ein gutes, wichtiges Buch liest man langsam, nachdenklich, immer wieder die Lektüre unterbrechend und über das soeben Gelesene nachgrübelnd, man blättert zurück zu einzelnen Stellen, Beschreibungen, Reflexionen: Man muß sich durch die Materie des Buches durcharbeiten, durchkämpfen, mühevoll, von Zeit zu Zeit innehaltend und pausierend, um zu sehen, wie weit man gekommen ist. Wenn jemand schreiben oder sagen würde: die Lektüre dieses Buches braucht viel Zeit und Mühe, sie verlangt immer wieder Pausen, um nachzudenken – das wäre in meinen Augen ein richtiges Lob!

Die Krise des Buches. Ihre Folgen. In den Zivilisationen der Bibel, des Talmud, des Koran existierte ein

Buch, ein Text, und dieser war für alle der Orientierungspunkt, Wegweiser, Leuchtturm.

In der heutigen Zivilisation der Vervielfältigung, dieser Unendlichkeit in allen Richtungen (Freeman Dyson) gibt es nicht mehr nur einen Leuchtturm, sondern hundert, und alle führen in die Irre, verwirren, desorientieren. Wir sind wie die Besatzung eines Schiffes, dem ein Sturm das Navigationssystem zerstört hat, und nun fährt es übers Meer, ohne zu wissen, in welche Richtung es steuern soll.

Thomas Middelhoff, 45, Konzernchef des Verlagshauses Bertelsmann. Auf die Frage, ob das gedruckte Buch überdauern werde, antwortete er: »Ja, weil es ein sinnliches, schönes Gefühl ist, ein gedrucktes Buch in Händen zu halten und darin zu blättern.«

»Wir sind weder links noch rechts, weder amerikanisch noch deutsch – wir versuchen, erfolgreich zu sein.«

Mit welchen drei Adjektiven er sich selbst beschreiben würde? »Schnell, schnörkellos, international. Und lassen Sie mich hinzufügen: vielleicht besonders offen für Ideen, Anregungen, inklusive Kritik. Offenheit ist eine wichtige Voraussetzung für Innovation.«

(»Die Welt«, 28. 11. 1998)

August 1997

Mein Cousin Marek Wiśniewski ist aus Kuala Lumpur zurückgekehrt. Die Hauptstadt Malaysiens wird oft als Beispiel für das Wirtschaftswunder dieser Region, als nachahmenswertes Vorbild, als Objekt des Stolzes genannt. Marek fand mit Mühe ein paar Buchhandlungen. »Doch in diesen«, so erzählt er,

»gab es nur Bücher aus drei Gebieten: Business, Computer und *selfhealing*. Keine schöne Literatur, keine Poesie, Kunst oder Geschichte.« Die Technik hat die Kultur nicht bloß verdrängt, sie hat sie vernichtet.

Lesen ist bei den Calvinisten eine religiöse Pflicht, die Aufgabe des Gläubigen.

Günter Grass über Celan, der Mandelstam liest: »Man hatte den Eindruck, er ruhe sich vom eigenen Leben aus.«

Maria Janion sagt, in der Literatur fänden sich zwei Weltanschauungen: eine epische und eine tragische. Die Epik: Der Mensch vor dem Hintergrund des historischen Panoramas, der Fresken der Kultur. Die Tragödie: Das Individuum und sein Drama. Die Tragödie steckt zumindest darin, daß das Schöne, wie das Leben beweist, durch Schändlichkeit besudelt wird.

George Andreou vom Verlag A. Knopf aus New York schickte mir das Buch *Legends of the American Desert* von Alex Shoumatoff, eine umfangreiche, 532 Seiten zählende Reportage über den Südwesten der USA. Was fällt einem bei dieser Prosa auf? Vor allem ihre epische Breite bei gleichzeitigem Mangel an dramatischen Elementen. Eine reiche, farbige, breite Beschreibung, doch ohne Spannung, ohne gewaltsame Ereignisse, ohne erschütternde Tragödie. Statt dessen Ruhe, Klarheit, ein lichtes, ausdrucksvolles Panorama.

Schreiben? Schreiben ist »das Knicken der Wirbelsäule unter der Last des Felsens« (Tadeusz Peiper).

Miron Białoszewski: »Ich befand mich in einer erlebend-schreiberischen Trance. Die Erschöpfung wuchs. So viel Schlaflosigkeit.« (*Rozkurz*, »Abgang«)

Ich las einen Essay von Martin Esslin über Beckett und die Erfahrung des schöpferischen Prozesses. Beckett wußte von der Existenz eines nicht-verbalen Teils des menschlichen Bewußtseins, das beim Akt des Entstehens eines Kunstwerkes eine wichtige Rolle spielt. Dieser nicht-verbale Teil – das sind Emotionen, das Gefühl der körperlichen Ganzheit, diverse Eindrücke. Man kann sie nur durch die Musik ausdrücken, oder besser: durch deren Pulsieren, den Rhythmus, den Wechsel der Tempi, das Aufschichten und Leiserwerden.

Beckett sagte, je älter er werde, um so skeptischer stehe er dem gesprochenen Wort gegenüber, und um die Bedeutung des Schweigens und der Stille zu unterstreichen, »maß er den Text mit der Stoppuhr, einschließlich der Pausen zwischen den einzelnen Sprechparts«. Im Jahre 1969 erhielt er den Nobelpreis. Er nahm ihn an, doch unter der Bedingung, ihn nicht persönlich entgegennehmen zu müssen. Er versteckte sich in Tanger und Tunesien, um allen Ehrungen, Interviews und Aussagen aus dem Weg zu gehen.
    (Aus den Erinnerungen von Reinhart Müller-Freienfels, in »Kwartalnik Artystyczny« 5/1996)

Eine treffende Anmerkung von Danilo Kiš in seinem Essay *Der verdrehte Walzer Eschers*: »Man muß die Wirklichkeit deformieren, sie ein wenig verdrehen, damit sie uns eine neue Größe des Raumes und der Zeit erschließen kann.«

Die kollektive, spontane, zeitweise an der Grenze zur Hysterie balancierende Zurschaustellung von Trauer nach dem Tod von Prinzessin Diana ist ein Beweis dafür, wie sehr Gesellschaften einen Mythos brauchen und suchen. Wie gern sie ihn um jeden Preis schaffen und entwickeln wollen. Man wird an den Satz von Nietzsche aus *Die Geburt der Tragödie* erinnert: »Und nun steht der mythenlose Mensch ... und sucht ...«

»In unserer Literatur präsentiert sich das gedankliche Element eher schwach. Es gab sogar eine Tradition, die diesen Zustand aus den Eigentümlichkeiten des nationalen Charakters herleitete.«
Andrzej Stawar

Eine Biographie von Antoine de Saint-Exupéry, verfaßt von Stacy Schiff. Knapp sechshundert Seiten, klein gedruckt. Die gute amerikanische Schule der Biographie. Solide, zuverlässig, gut zu lesen. Doch dieselbe Schwäche, die bei so vielen anderen Verfassern von Biographien stört: Die Autoren konzentrieren sich zu sehr auf den Lebenslauf, vor allem auf das Privatleben, weniger auf die Werke, die ihre Protagonisten schufen, auf die schriftstellerische Werkstatt, die Sprache, die Ansichten. Wir erfahren mehr darüber, mit wem sie in Restaurants waren und aßen, als was sie über ihr Schreiben (Malen, Komponieren usw.) dachten.

Details, die mir unbekannt waren. Der Autor des *Kleinen Prinzen* schrieb nachts. Er schrieb eine Menge von Briefen. Er war Autor einer Reportage über die Sowjetunion und Spanien. Er hatte nie für längere Zeit dieselbe Wohnadresse.

Einige seiner Aussagen: »Die Unterschiede zum Anderen stellen keine Gefahr dar – sie sind eine Bereicherung.« »Der Mensch begehrt am meisten das Gefühl der Gemeinschaft, die eine, gemeinsame Sache.« »Das Leben besteht aus Widersprüchen, nicht aus Formeln, aus Unklarheiten, nicht aus Gewißheiten, eher aus der Sehnsucht als der Erfüllung.«

Die Autorin meint, was Saint-Exupéry geschrieben habe, seien eher Essays, so etwas wie Sentenzen. Zbigniew Bieńkowski hingegen sagte, »seine Literatur kann keiner bestimmten literarischen Gattung zugerechnet werden.«

Einmal, so schreibt Stacy Schiff, habe Saint-Exupéry in der Sahara mit Mauren gesprochen. »Du ißt Salat wie eine Ziege und Schweinefleisch wie ein Schwein. Was nützen dir dein Flugzeug und dein Radio, wenn du die Wahrheit nicht kennst?« fragten ihn die Mauren.

Goethe ist 37 Jahre alt, als er sich im Herbst 1786 nach Italien aufmacht. Daraus entsteht seine *Italienische Reise*. Wir können daraus ablesen, wofür sich Goethe während der Reise interessierte, wie er die Welt sah, sie erfuhr.

Also:
– Wenn er in eine Stadt kam, begann er mit dem Besuch von Museen und Galerien.
– Was er nicht kannte, ließ er links liegen und ging weiter, »um keine Zeit zu vergeuden«.

- Seine Leidenschaft galt den Steinen. Ein Berg war für ihn eine Schatzkammer verschiedenster Steine. Er wußte viel über sie, beschrieb, differenzierte, klassifizierte sie.
- Im übrigen beschrieb er alles – Landschaften, Straßen, Flüsse, Bäume, Pflanzen und auch Wolken. Er betrachtete die Wolken, ihre Formen und Farben, wie sie sich veränderten, wohin sie trieben; typisch deutsch konzentrierte er sich auf die Natur, er spürte ihre Anwesenheit, schrieb über sie: »was die Pflanzen angeht, muß ich noch viel lernen«.
- Die Bauern, die er unterwegs traf, fragte er genau aus, wann und was sie setzten oder säten, wann sie ernteten.
- Die Kraft und Energie waren für Goethe, wie er stets betonte, große Werte, er bewunderte die Dynamik der Natur, des Menschen.
- In seinen Augen waren die Menschen des Nordens und des Südens grundverschieden. Als Mensch des Nordens begeisterte er sich für den Süden.
- Er war bewandert in Geologie, Botanik, Klimatologie, Architektur, Bildhauerei, Numismatik.
- Er erteilte den Rat, nur kleine Werke zu verfassen, aber täglich zu schreiben. Die ruhige, hartnäckige Ausdauer war für ihn von großer Bedeutung.
- Er war der Ansicht, die Jugend sehe die Dinge einseitig, und es sei ein Zeichen des Erwachsenseins, wenn wir in jeder Sache immer neue und verschiedene Seiten zu entdecken begännen.

26. August 1997
Ein heißer Tag. Wolkenloser Himmel, kein Windhauch, ohne Schwung.

Ich schrieb die zu beantwortenden Telefonate auf, es waren vierzig.

Ich las die Tagebücher von Thomas Mann. Seine erheiternde, harmlose Eitelkeit: er notierte jeden Beweis seiner Popularität. Hier hat ihn ein Zöllner erkannt, dort ein Kellner im Restaurant. Jemand hat Mann vorgeworfen, er habe in seinen Tagebüchern den Problemen seines Körpers zu viel Aufmerksamkeit zugewandt, er habe zu viel über den momentanen Zustand seiner Nerven, des Magens, der Verdauung usw. geschrieben.

Doch diese Sorge um die physischen Seiten des Lebens, um den Körper, die Physiologie, sind ein integraler Bestandteil des deutschen Naturkults – Wald, Wiesen, Wasser, frische Luft. Touristik, Wandern, Schwimmen, zumindest ein kurzer Spaziergang, das sind für die Deutschen heilige Dinge, denen sie viel Zeit widmen. Mann ist in dieser Hinsicht sehr deutsch.

Die Tagebücher Thomas Manns aus den Jahren 1933-1934. Jeder Tag des Autors des *Zauberbergs* ist bis zur letzten Stunde ausgefüllt. Seine täglichen Beschäftigungen: 1 – Er schreibt an einem Roman (*Joseph und seine Brüder*). 2 – Er liest. Viele Zeitungen; von Prosaautoren, vor allem Russen. Tolstoi, Leskow. 3 – Er beantwortet Briefe. 4 – Er trifft und empfängt viele Menschen. 5 – Er hält zahlreiche Vorträge. 6 – Er geht spazieren (täglich 1 bis 2 Stunden). 7 – Er besucht Konzerte, hört Musik.

Er ist ausdauernd, systematisch, beinahe pedantisch, pflichtbewußt und arbeitsam, die ganze Zeit auf sein Werk konzentriert (und auf die eigene Person, die er beobachtet, erforscht, zu durchdringen, zu erklären und zu beschreiben sucht).

Es sind die Jahre, in denen Mann Deutschland verläßt und in die Schweiz geht. Er zögert, ist von Zweifeln geplagt, ob er emigrieren soll. Einerseits meint er, als Schriftsteller müsse er das Schicksal seiner Nation teilen. Andererseits stoßen ihn die neuen Machthaber, die Nationalsozialisten, ab: Er betrachtet sie als Gesindel, als Dreck, als Pöbel. Ihn ekelt vor der Häßlichkeit dieser Typen: »schurkische Physiognomien ... viel häßlicher und rassisch minderwertiger als der proletarische Typ«. »Am schmerzlichsten ist das erbärmliche Niveau, diese Mischung von Mangel an Kultur, Wahnvorstellungen und Gemeinheit.« Hitler ist ein »hysterisch erregter Halbgebildeter« usw.

Thomas Mann über sein Verständnis der Religiosität:

»Was in mir dabei hauptsächlich auf seine Kosten kommt, ist eine gewisse Neigung zur ›Saekularisierung‹ des religiösen Begriffes, zu seiner psychologischen Überführung ins profan Sittliche und Seelische. Religion als Gegenteil der Nachlässigkeit und Vernachlässigung, als acht geben, beachten, bedenken, Gewissenhaftigkeit, als ein *behutsames* Verhalten, ja als metus und schließlich als sorgend achtsame Empfindlichkeit gegenüber den Regungen des Weltgeistes, – was will ich mehr?«

(In einem Brief an Karl Kérenyi vom 7. 10. 1936)

Es besteht ein Unterschied zwischen Religion und Religiosität. Mit dem Begriff der Religion verbinden wir die Idee einer Institution, einer Struktur, manchmal auch Hierarchie, während Religiosität eher einen geistigen und seelischen Zustand darstellt, eine psychische Disposition, die Fähigkeit, den Glauben zu erleben.

In den letzten Jahren konnte man überall eine rasante Entwicklung der Sekten beobachten. Einer der Gründe dafür liegt sicherlich darin, daß der sogenannte einfache Mensch in der Massenkultur und der fortschreitenden Globalisierung keinen menschlichen, privaten Aspekt entdecken kann. Er spürt, daß er sich auflöst, daß er in der amorphen, anonymen Masse verschwindet. Daher sucht er eine Gruppe, eine Gemeinschaft, mit der er sich identifizieren und die seinen Rang heben und ihm den Weg und das Ziel im Leben weisen kann.

Die meisten Sekten streben nicht danach, die Welt zu beherrschen, sie wollen sich eher von ihr abschotten.

»Das Leben ist schon allein deshalb tragisch, weil wir geboren werden, um zu sterben«, schreibt die polnische Autorin Maria Dąbrowska. »Doch wer die schrecklichen Dinge nicht zu sehen vermag, ist für mich ebenso blind wie derjenige, der die herrlichen Dinge nicht bemerkt, für die es wert ist zu leben.«

Die Philosophie der Verzweiflung enthält einen gewissen Widerspruch, den sie nicht zu lösen versucht. Wenn das Leben so verzweifelt, tragisch und hoffnungslos ist, warum klammern sich dann die Menschen so verbissen daran und versuchen alles, um es ins Unendliche zu verlängern? Vielleicht verwechseln wir hier zwei Dinge: das individuelle Gefühl einer verzweifelten und enttäuschten Person und das Wesen und die Natur des Lebens selber, das eher freudig und wunderbar ist.

Wissen! Man muß wissen! Das ist eine ethische Forderung, eine moralische Pflicht. Man kann sich nicht herausreden, daß man etwas nicht wußte. Warum hat man es nicht gewußt? War das wirklich nicht möglich, oder war es einfach bequemer, war es leichter, auf diese Weise Vergebung zu erlangen?

Wir sind im Leben umgeben von zahllosen mit dem bloßen Auge nicht wahrnehmbaren Welten, von deren Existenz wir nicht einmal wissen und zu denen wir wahrscheinlich nie vordringen werden. Unsere Vorstellung ist zu beschränkt, unsere Intuition zu leicht zu täuschen und unser Wissen zu fragmentarisch und begrenzt. Daher wissen wir in den meisten Fällen gar nicht, daß wir, zumindest theoretisch, zahllose Reichtümer und Merkwürdigkeiten kennenlernen könnten, die sich in unserer Reichweite befinden. Doch es gibt nur wenig Menschen, die das kennenlernen wollen, die dieses Abenteuer wagen, sich dieser Passion hingeben, die uns nur selten packt.

Wenn wir an die Vergangenheit denken, ersetzen wir unser Wissen oft durch den Glauben.

Die Menschen glauben alles, was man ihnen erzählt.

»Die Fakten dringen nicht durch zu der Welt, in der unsere Vorstellungen leben; sie haben sie nicht hervorgebracht und können sie nicht zerstören. Die

Fakten können die Vorstellungen Lüge strafen, ohne sie abzuschwächen.«
Marcel Proust

Auf die Umfrage: »Glauben die Menschen noch an die Hoffnung?« antwortete ich: Statt des Wortes Hoffnung würde ich lieber das Wort Chance verwenden. Die Hoffnung ist etwas Sanftes, Warmes, Gütiges, die Chance hingegen ist ein sachlicher, konkreter, meßbarer Begriff. Man kann im Leben Hoffnung, doch keine Chance haben, etwas zu erreichen, und dann erweist sich die Hoffnung als illusorisch, als trügerisch. Es gibt sogar Situationen, in denen das Wort Hoffnung ironisch, höhnisch klingt. Wenn wir uns unter den Armen in einem Elendsviertel von Kalkutta befinden und ihr erbärmliches Leben, ja ihre Agonie sehen, und wenn wir ihnen sagen: »Nun ja, meine Lieben, jedenfalls sollt ihr hoffen!« – das würde böse und erniedrigend klingen!

Übungen von Ignacio Loyola:
Isoliere dich von der Welt. Bekämpfe – bereits im Keim – jegliche Versuchung der Sünde, die die Gedanken beherrscht, und wende dich den wichtigen und erhabenen Dingen zu. Schlag den Weg der Demut, der Arbeit, der ständigen Beschäftigung mit wichtigen Dingen ein.

Auch Goethe erteilte den Rat, nach Erhabenheit zu streben und zugleich allem zu entsagen, was nicht erhaben ist. Die Gleichzeitigkeit dieser Haltungen – Erhabenheit und Entsagen. Doch der Wert der Erhabenheit ist so groß, daß sie alle Entsagungen wert ist.

»Es gibt keinen Fortschritt in der Welt der Werte, es gibt nur ein Zufließen und Abfließen, wie in der Welt der Meere und Ozeane.«
Roman Brandstaetter

Einsamkeit wirkt manchmal erhebend – in fremden, aber auch in den eigenen Augen. Vor allem wenn sie verbunden ist mit dem Gefühl einer Mission und der Aura der Rätselhaftigkeit, in die keiner einzudringen wagt.

Ich sollte etwas über das Jüngste Gericht schreiben, doch dazu fiel mir nichts ein. Ich beriet mich mit Freunden, befragte Theologen und Historiker. Jeder hatte seine eigene Vision, zeichnete ein anderes Bild, schlug eine eigene Version vor, nur einer der Befragten meinte verwundert: »Das Jüngste Gericht? Ein solches Gericht ist doch undenkbar.« »Warum?« fragte ich verständnislos. »Weil sich dem Jüngsten Gericht«, erwiderte er, »alle Verstorbenen und Lebenden stellen müßten. Wo sollen die untergebracht werden? Der Mensch lebt seit mindestens zweihunderttausend Jahren auf der Welt. Hast du eine Ahnung, wieviel Milliarden und Abermilliarden Menschen sich in diesen Jahren auf der Welt tummelten? Wo fände sich ein Platz, groß genug, um alle zu versammeln? Wie würden sie ihre Sünden bekennen? Würden sie sie Gott ins Ohr sagen? Dann müßten sich alle in einer Reihe aufstellen. Kannst du dir eine solche Reihe vorstellen? Tausende Kilometer lang? Man müßte Monate, vielleicht sogar Jahre in dieser Schlange stehen. Wie viele Menschen würden das aushalten?

Nehmen wir einmal an, die Idee mit der Schlange wäre eine Schnapsidee, und die Menschen würden gleich in ganzen Gruppen, ganzen Nationen kommen. Doch nach welchen Kriterien würde man festlegen, wer zuerst drankommt? Ginge es nach dem Alter? Der Rasse? Dem Geschlecht?

Die Menschen legen also die Beichte ab, doch das dauert und dauert. Was sollen in dieser Zeit die anderen machen? Sollen sie in ihren Gräbern liegen und warten? Und was sollen die Lebenden machen? Woher sollen sie das Wasser nehmen? Wer wird ihnen zu essen geben? Wie erfahren sie, welche Gruppe als nächste drankommt? Wird das über Lautsprecher verkündet? Wird es Zeichen am Himmel geben? Donner? Blitze? Kometen?

Aber vielleicht sollte man das Jüngste Gericht zu einem Reisenden Gericht machen? Doch auch hier stellt sich die Frage: in welcher Reihenfolge würde es die in verschiedenen Epochen, Zivilisationen und Kulturen lebenden Menschen aufsuchen? In verschiedenen Ländern, auf verschiedenen Kontinenten? Wie lange müßten die alle warten, die zu dem Zeitpunkt, da das Gericht begann, am Leben waren? Sie würden wohl an Altersschwäche sterben, ehe sie an die Reihe kämen.

Doch am wichtigsten ist die Frage, nach welchen Kriterien die menschliche Schuld bemessen würde? Was in einer Kultur eine Sünde ist, ist in einer anderen keine. Was die eine Religion verurteilt, kann die andere gestatten. Die verschiedenen Religionen beschreiben das Gute und Böse auf unterschiedliche Weise und legen unterschiedliche Maßstäbe an unsere Handlungen an.«

Die Griechen verwendeten den Begriff »Mensch«, wenn sie an Griechen dachten. Die anderen waren

Barbaren, das heißt minderwertige Menschen oder sogar Nicht-Menschen. Auf griechisch bedeutet *barbaros* jemand, der stammelt, also jemand, mit dem man sich nicht verständigen kann.

Am wichtigsten ist immer dasselbe: den Menschen mit seinem ganzen inneren Reichtum zu bewahren, ihm zu gestatten, seine Energie für das Gute, das Verständnis für den Anderen und die Menschlichkeit zu entwickeln.

Cornelius Castoriades nennt die »glücklichen Ethiker« jene, die wissen, daß Gut und Böse existieren, und für die es nicht das Drama des Menschen gibt, der ständig zwischen den beiden wählen muß.

Trugbilder, Phantasmagorien, Hirngespinste, Einbildungen – diese ganze Welt also, die Produkt unserer Gedanken ist und nur in diesen existiert, ist stärker als alle realen Welten und hat ein drückendes Übergewicht gegenüber diesen. Wir sind bereit, für sie alles zu geben, sogar unser Leben.

Gespenster ersticken, bedrücken, verfolgen uns, nehmen unsere Zeit, unsere Gedanken und unsere Aufmerksamkeit in Anspruch – sinnlos. Die Inhaltsleere dieser Erfahrung macht sie besonders sinnlos und bedrückend.

Kindlichkeit ist nur für kurze Zeit – in der ersten Lebensphase, den ersten Lebensjahren – identisch mit dem Alter. Später lebt das Kind unabhängig von den Jahren in uns weiter, obwohl wir älter werden und Erfahrungen sammeln, bis wir schließlich alt sind.

Manchmal kann diese Kindlichkeit – verzögert, hinausgeschoben, in unserem Charakter verankert – verantwortungslos, launisch, gefährlich werden.

Das Kind fühlt sich als Herrscher der Welt. Alle hören auf es, es kann sorglos herumlaufen, und wenn es etwas haben will, sagt es einfach: gib mir das!
 Erst mit fortschreitendem Alter beschneidet das Leben dieses Gefühl der Allmacht, nimmt es ihm sogar.

Die Einmaligkeit, Einzigartigkeit, Unwiederholbarkeit des Menschen, seines Schicksals und seiner Geschichte – das ist vielleicht das wichtigste Phänomen dieser Welt.

Der amerikanische Soziologe Bronisław Misztal:
– In den USA erleben wir eine Expansion des Individualismus und der Privatheit, es kommt zu einer Flucht aus dem öffentlich-politischen Leben hin zum individuellen Lebensstil.
– Wir beobachten eine Ablehnung der traditionellen Werte zugunsten eines moralischen Relativismus.

Wenn wir vom Besuch bei Bekannten zurückkommen, erzählen wir nicht, worüber wir gesprochen, sondern was wir gegessen haben. Für viele Menschen ersetzt die Speisekarte den Dekalog. Sie studieren das Menü, statt die Bibel zu lesen.

»Für gewöhnlich befindet sich das, was wir suchen, ganz in unserer Nähe.«
 Jorge Luis Borges

Die Schwierigkeit, den Übergang von der lokalen, stammesbezogenen Perspektive zur globalen, planetaren zu schaffen, also von der, an die wir jahrhundertelang gewöhnt waren, zu der, die unsere Zukunft ist.

In der Erzählung *Der Teufel im Glockenstuhl* berichtet Edgar Allan Poe vom holländischen Marktflecken Spießburgh, dessen Stolz und Wunder die riesige Turmuhr ist. Die Pflege der Uhr wurde einem Mann übertragen, der jedoch nichts zu tun hat, weil es sich um eine vollkommene Uhr handelt – sie geht genau und wird nie kaputt. Die Stelle jenes Glockenstuhlmannes war also, wie Edgar Allan Poe schreibt, »die prächtigste aller Sinekuren«.

Derjenige, der sich um die Turmuhr kümmert, der die Stadttore bewacht, der die Schweine und die Felder hütet, den Wald und das Haus. Die ganze Welt, alles und alle in dieser Welt werden, vom frühen Morgen an, seit Jahrhunderten, immer und überall behütet. Wer durch unsere Welt wandert, weiß das am besten: Wohin er sich auch aufmacht, in welche Richtung er seine Schritte lenkt, gleich stößt er auf jemanden, der diesen Ort, diesen Weg, diesen Boden, diese Berge hütet. Man kann sich in Wahrheit nirgends bewegen, ohne jemand zu begegnen, der etwas hütet, bewacht, besorgt, der Aufsicht übt und schützt, beruflich oder freiwillig, aus Pflichteifer oder aus Langeweile, pausenlos oder nur zeitweise, ohne Zweifel werden wir einem solchen Hüter begegnen. Wieviel Zeit, Energie, Aufmerksamkeit und Mühe die Menschheit für das Behüten aufwendete und aufwendet (und aufwenden wird)! Ein ewiges Bewachen! Unablässige Wachsamkeit! Schlaflose Nächte!

Nicht geschlossene Augen! Ganze Armeen von Wächtern. Gigantische Institutionen und Organisationen. Polizisten und Aufpasser. Und wen bewachen sie so? Und wen bewachst du? Und sie? Und er? Und ich?

»Ich habe kein Heim, ich habe nur einen Koffer«, sagt der Held im Stück *Nach Damaskus* von August Strindberg.

Jede Epoche, jede Gesellschaft braucht einen Mythos. Die Existenz von Mythen verdoppelt die Fläche, auf der sich unsere Vorstellung bewegt. Der Mythos ist gewissermaßen ein Vorbild, ein Ideal, das unseren Gedanken und Handlungen die Richtung vorgibt. Eine Gesellschaft ohne Mythen verliert die Orientierung, den Sinn ihrer Existenz.

Welche Bedingungen muß heute, in der Epoche der Medien, jemand erfüllen, um zum Mythos zu werden? Es gibt viele, ich nenne hier ein paar:

1) Der Tod muß zu dem Zeitpunkt eintreten, da jemand am Gipfel seines Schaffens steht, und man von ihm noch viel mehr erwartet.
2) Sein Tod muß unvermutet eintreten – er sollte einen Moment des Schocks beinhalten, Plötzlichkeit, Überraschung.
3) Man muß jung ums Leben kommen. James Dean war 24, Marilyn Monroe – 36, Diana Spencer – 36, Che Guevara – 39.
4) Man muß persönliche Ausstrahlung, Charme, Charisma besitzen.
5) Man muß der – weit gefaßten – großen Welt angehören, eine *celebrity* sein, wie die Amerikaner das nennen. Das sichert einem einen dauernden Platz in den Medien, unablässige Aufmerksamkeit

und Interesse. Weil die *celebrities* auf diese Weise ständig in Millionen Haushalten gegenwärtig sind, wird ihr plötzliches und tragisches Dahinscheiden so angesehen, als wäre jemand von den Hausgenossen verschwunden, als hätte jemand einen leeren Platz am Eßtisch hinterlassen. (Die Medien bringen uns die *celebrities* näher, verbrüdern uns mit ihnen und lassen uns ihnen gleich erscheinen, indem sie ihnen einen Platz im Ablauf unseres täglichen Lebens zuweisen. Nun sind sie von uns gegangen, doch wir sind noch da, ihre stolzen und wichtigen Erben, ihre Zeitgenossen und Landsleute, denen die Aufgabe zufällt, ihr Werk und ihren Mythos zu hüten.)

6) Man muß vom mächtigen, herrschenden Establishment abgelehnt oder wenigstens ignoriert (zumindest symbolisch) werden (oder meinen, man werde abgelehnt). Ein wenig ein herumirrender Ritter sein, außerhalb der herrschenden Verhältnisse und Hierarchien leben. Sich auflehnen, vergeblich nach seinem Platz suchen. Dann wird man von den einfachen Menschen aufgenommen, gewärmt und getröstet.

Statt die Gesellschaft zusammenzuschweißen, trägt die moderne Kommunikationstechnik zu ihrer weiteren Atomisierung bei. Eine oberflächliche, »technische« Annäherung, wie sie uns zum Beispiel der Flugverkehr oder die elektronische Nachrichtenübermittlung bringen, ersetzt die tatsächliche Nähe, die wir durch den Dialog, durch Diskussionen, Gespräche, gemeinsame Spiele, Singen, Erzählen erleben. Menschen, die einander physisch nahe sind, sich am selben Ort befinden, versuchen gar nicht, Kontakt miteinander aufzunehmen, sondern jeder hat ein Mobiltelefon in der Hand und spricht mit jemand, der abwesend ist, weit weg, den übrigen unbekannt.

Auf diese Weise kann die schwer greifbare und definierbare, aber doch so wichtige zwischenmenschliche Bindung nicht entstehen, dieser Austausch von Energie, die jeder Mensch unwissentlich in Richtung des Anderen aussendet.

Der technische Fortschritt in der zwischenmenschlichen Kommunikation ist zwar wichtig, doch er verringert nicht die Schwierigkeiten in der geistigen und mentalen Kommunikation, in der Verständigung und vor allem – im gegenseitigen Verstehen. Zum Beispiel die Kluft zwischen den Generationen: der Mangel an gemeinsamer Sprache, einer gemeinsamen Werteskala sind heute größer als je zuvor.

Simone Weil:
»Es braucht ein kollektives Leben, das jedes menschliche Individuum mit Wärme umgibt und doch um es herum genug Freiraum und Stille beläßt. Das moderne Leben ist das Gegenteil dessen.«

Zwei Gefahren auf dem Weg zu dem Anderen und seiner Welt:
1 – die der Theorie früherer Anthropologen (wie Evans-Prichard, Radcliff-Brown usw.) innewohnende Gefahr, andere Gesellschaften nur als Objekte wissenschaftlicher Forschung zu betrachten, als etwas, das sich zählen, messen und einteilen läßt, das passiv, statisch und unveränderlich ist; 2 – die Gefahr, die Verschiedenartigkeit des Anderen zu ignorieren, seine unterschiedliche Kultur; diese von oben herab,

gönnerhaft, abschätzig zu betrachten. Ideal wäre demgegenüber eine partnerschaftliche Beziehung, gestützt auf einen Austausch der Werte, auf das Streben, eine verstehende und sich gegenseitig achtende Gemeinschaft zu bilden.

Auf die Frage, was für ihn die größte Niederlage sei, antwortet A. B.:

»Wenn ich mich mit einem anderen Menschen nicht verständigen kann. Wenn ich sehe, daß der Andere manchmal ein anderes Wesen ist. Ja genau – ein anderes. Solche Situationen, in denen ich nicht imstande bin, eine Verständigung herzustellen, passieren mir selten, aber sie kommen vor. Dann entdecken wir rasch, daß wir uns auf unterschiedlichen Wellenlängen befinden, daß die von uns ausgesendeten Signale nie ankommen. In solchen Momenten fühle ich mich besiegt, hoffnungslos machtlos.«

Ich erhielt einen Anruf von der Rundfunkstation der Pfadfinder mit der Bitte um ein Interview.
»Glauben Sie an die Freundschaft?«
»Ja.«
»Haben Sie Freunde?«
»Ja, viele. Ohne sie könnte ich nicht leben, kann ich mir ein Leben nicht vorstellen.«
»Was ist am wichtigsten bei der Freundschaft?«
»Daß man an der Freundschaft arbeiten muß. Die Freundschaft kann von selber entstehen, doch um sie aufrechtzuerhalten, bedarf es gemeinsamer Anstrengungen, Pflege, Sorge, Unternehmungen. Man kann manchmal jemand klagen hören, er habe keine Freunde. Doch er soll erst einmal sagen, welche Anstrengungen er unternommen hat, um Freundschaft

zu wecken und sie nachher zu bewahren, zu kultivieren, zu stärken?«

»Der einzige Beweis für und gegen einen Menschen ist, ob man in seiner Nähe steigt oder sinkt.«
Robert Musil, *Die Schwärmer*

Nur allzu selten lassen wir uns von uns selbst leiten, entscheiden wir über uns selber. Denn es sind nicht nur Befehle und Vorschläge anderer, die uns lenken, oft genügt schon die Laune einer anderen Person, um unsere Selbstsicherheit zu erschüttern und unsere Pläne umzuwerfen. Und obwohl diese Nachgiebigkeit gegenüber den Stimmen, ja manchmal schon Blicken anderer als Beweis für unsere Schwäche genommen werden könnte, ist sie doch oft ein Vorteil. Sie kann uns nämlich vor dem Sprung in den Abgrund bewahren.

Ethnisch – diese Bezeichnung bezieht sich auf eine gleichartige, homogene Gruppe, Ethnie, ein Volk, seine Kultur. Diese Bezeichnung enthält etwas von der Wurzel, etwas zutiefst Eigentümliches und Ausschließliches, das unteilbar, unveräußerlich ist. In letzter Zeit begegnen wir zahlreichen Ableitungen von diesem heute so häufig gebrauchten Begriff:
– Ethnonationalismus (Urs Altermatt),
– ethnischer Terrorismus (Vamik Volkan),
– ethnische Revolution (Andrej Zubow) usw.

Noch nie waren so viele Menschen einander körperlich so nah, standen buchstäblich Schulter an Schulter.

»Jeder muß das Leben auf seine Art durchleben.«
Maria Rutkiewicz

Oft ist das Leben nur möglich, wenn es Teil des Lebens anderer ist. Ein Säugling stirbt, wenn er von niemand ernährt wird, die Blume im Topf verdorrt, wenn sie keiner gießt. Unsere Verantwortung ist ein Begriff, dem man keine Grenzen setzen kann.

Ich lese zur Zeit viel über die Landschaft Polesie und über Pinsk, als Vorbereitung für eine Reise in die Gegend meiner Herkunft. Zuerst ein kleines Wörterbuch:

Łęgi – Naßwiesen, meist in Flußtälern, Łęgi moczarowate, Sumpfwiesen. Łęgi – Auwiesen, gesäumt von Weidengesträuch. Ausgedehnte grüne Naßwiesen.

Loza – Wasserweide, aus der Familie der Weidengewächse. Aus ihren Zweigen werden Körbe geflochten. Im Sumpf zwischen Wasserweiden. Der Ast, die Rute, zum Flechten von Körben, Möbeln, Umzäunungen. Das kleine Flüßchen verschwindet in Gruppen von Wasserweiden und Erlen. Wasserweiden am Ufer. Sumpfböden, bewachsen mit Wasserweiden.

Osoka – Krebsschere; in Teichen, kleinen Seen, in reglosen Flußarmen schwimmen Entengrütze, Froschbiß, Krebsschere – eine Pflanze mit langen, gezähnten Blättern. An den Ufern der Seen wachsen Schilf, Kalmus, Krebsschere, Tatarenkraut und Schachtelhalme.

Ich las auch *Wspomnienia Wołynia, Polesia, Litwy* (»Erinnerungen an Wolynien, Polesie, Litauen«) von

Józef Ignacy Kraszewski. Eine hervorragende Reportage aus den dreißiger Jahren des 19. Jahrhunderts. Die Kresy, die östlichen Randgebiete Polens, waren in seinen Augen gleichbedeutend mit Armut, Rückständigkeit, Schmutz und Unfreiheit der Leibeigenschaft. In jedem kleinen Städtchen gab es das Triumvirat: Kirche – Schenke – Gutshof. Die Schenke war ein Hort von Schmutz und Ungeziefer. Die Juden in den Kresy waren zerlumpt und verschlagen. Die niedrige Schlachta, der Kleinadel, war arm, ungebildet und primitiv. Die Bauern: Elend und Hunger. Polesie: Kiefern, Sandböden, Sümpfe. Eben, leer, langweilig. Kraszewski gebraucht oft das Wort: Öde.

Das Verhältnis zwischen Ausgeben und Sparen liefert einen Schlüssel für das Verständnis der Unterschiede zwischen einer reichen Gesellschaft und einer Mangelgesellschaft. In der reichen Gesellschaft hat das Prinzip des Sparens Vorrang. Hier rechnet man penibel mit jeder Ausgabe, man kauft Dinge von hoher Qualität, doch nur solche, die man unbedingt braucht. Es ist keine Rede von Verschwendung, davon, das Geld links und rechts hinauszuwerfen. Anders in der Mangelgesellschaft: Hier regiert der Grundsatz: Zeige, was du hast!, die Gewohnheit, oft Festmahle zu feiern, der Kult des symbolhaften Prestiges, für das man alles opfert. Oft bedeutet das einfach, daß sich jemand an seinem Reichtum berauscht, wobei ihm sein Unterbewußtsein sagt, dieses Eldorado werde nur von kurzer Dauer sein, es könne nicht lange so gutgehen, es handle sich bloß um ein kurzfristiges Glück, das demnächst zerbrechen werde. Doch hier kommt noch ein anderes Motiv zur Geltung, nämlich das Gefühl, es gehe heute zwar besser als gestern, aber auch wieder nicht so gut, daß das den Status radikal verändern würde – warum solle man sich also abrackern, da man doch nie den Gipfel erreichen wird?

Der dauernde Wohlstand erfordert also Sparen, doch dafür braucht es auch die entsprechende Kultur und Technologie. Das Individuum muß ein Vorbild vor Augen haben, dem alle nachstreben, und Instrumente, die ihm gestatten, den Verbrauch von Materialien und Energie zu kontrollieren.

Drei Tage in Berlin. Ich laufe planlos, sinnlos durch Berlin, doch es ist angenehm. Nach Jahren der Abwesenheit freue ich mich, wenn ich entdecke, daß ein Laden oder ein Restaurant, die ich kenne, noch am selben Platz sind, dasselbe Schild, denselben Eingang haben. Sogar den grantigen Besitzer des Zeitungskioskes in der Leibnizstraße, der mir nicht sonderlich sympathisch war, begrüße ich nach dem langen Nichtsehen voll Freude.

Wenn er sich zu lange an einem Ort aufhält, kann das im Menschen tödliche emotionale Ablagerungen bewirken – er versauert, modert, wird morsch und schimmlig. Das ist ein Signal, daran zu denken, weiterzuziehen, sich auf den Weg zu machen, die Nase in den Wind zu stecken, frische Luft zu atmen.

Das Ziel der Reise? Unter anderem das Bestreben, die Andersartigkeit zu erleben.

»Verwenden Sie ein Aufnahmegerät?«
»Nie.«
»Und notieren Sie ein Gespräch, während Sie es führen?«
»Ich versuche das zu vermeiden. Das Wissen, die Literatur, die Geschichte wurden schließlich über Jahrhunderte mündlich überliefert. Diese mündlichen Überlieferungen mußten im Gedächtnis behalten werden, da die Menschen nicht schreiben konnten. Daher waren in unserer Geschichte die längste Zeit die Erinnerung und nicht das Aufschreiben die einzige Form, Erzählungen, Mythen und Geschichte zu bewahren und weiterzugeben.«

»Wir sind eigentlich für den Traum gemacht, wir haben gar nicht die Organe für das Leben, aber wir sind eben Fische, die durchaus fliegen wollen.«
R. M. Rilke, *Ewald Tragy*

Irgendwo im Inneren, in der Tiefe des Körpers, sammeln sich heimliche, noch nicht spürbare Schmerzen. Versteckt und geheim. Sie kreisen, wandern, ziehen herum. Wir wissen in diesem Moment noch nichts von ihnen, weil wir sie nicht spüren. Doch mit einemmal werden sie lebendig, erheben sich, werden größer. Sie stürzen wie Eisschollen im Fluß los, wie eine Lawine im Gebirge. Und unsere Qualen beginnen.

Der Kampf gegen den Schmerz, ihn zu besiegen, ist eine Vollzeitbeschäftigung, die uns keine Zeit für anderes läßt. »Was hast du in letzter Zeit gemacht? Woran arbeitest du?« Ich bin mit meinem Schmerz beschäftigt. Ich versuche ihn zu beherrschen, ihn einzudämmen. Doch dieses Bemühen bedeutet schwere Arbeit, die uns viel Kraft und Zeit abverlangt.

Leiden: ein Zustand, in dem sich der eigene Körper dem Menschen als der schlimmste Feind darstellt. Ein privater, bösartiger, aggressiver Feind, der es ausgerechnet auf uns abgesehen hat.

Bei der Lektüre des *Zauberbergs* von Thomas Mann stieß ich auf folgenden Satz: »Soweit die Pathologie, die Lehre von der Krankheit, der Schmerzbetonung des Körpers, die aber, als Betonung des Körperlichen, zugleich eine Lustbetonung war, – Krankheit war die unzüchtige Form des Lebens.«

Das erinnerte mich sofort an meinen Nachbarn in dem kleinen Spitalszimmer, in dem ich nach einer Operation an der Wirbelsäule lag. Er war ein älterer Mann, Lenker eines Ambulanzfahrzeuges. Er wartete schon auf seine dritte Operation. Die erste, vor ein paar Jahren, hatte keinen Erfolg gebracht, die Ärzte hatten irrtümlich die falsche Bandscheibe operiert. Er mußte sich einer zweiten, korrigierenden

Operation unterziehen. Nun waren die Schmerzen zurückgekehrt, und er wartete auf den nächsten Eingriff.

Er erzählte, wie sie einmal zu einem Kranken gekommen seien, der sich mit der Axt auf sie gestürzt habe. Seine Kinder hatten die Rettung gerufen, um den Vater für einige Zeit loszuwerden, doch der Alte wollte das Haus nicht verlassen – er hatte Angst, er könnte dann nicht mehr zurückkehren.

Dieser Mensch faszinierte mich. Bei Erkrankungen der Wirbelsäule ruft jede Bewegung die ärgsten Schmerzen hervor, weshalb ein Kranker für gewöhnlich bemüht ist, sich möglichst wenig oder gar nicht zu bewegen. Mein Nachbar war da ganz anders. Er versuchte sich ständig auf die andere Seite zu drehen, sich aufzurichten, aufzusetzen. Er litt höllische Qualen. Doch wenn ich ihm ins Gesicht sah, bemerkte ich, daß in solchen Momenten des größten physischen Leidens stets ein Ausdruck der höchsten Wollust darin lag. Aus dem Mund drangen Töne, wie sie Menschen beim Orgasmus von sich geben. Eine Mischung von Verzweiflung und Freude, Folter und Erlösung zeichnete sich in diesem einfachen, ehrlichen Gesicht ab!

Tadeusz Bilikiewicz nennt diese Erscheinung in seiner »Klinischen Psychiatrie« eine Ambivalenz, mit der wir zu tun haben, wenn »der Kranke sich die raffinierteste Verstümmelung zufügt, und dieser Schmerz ihm Wollust verursacht.« Genau das war es – die Wollust des Schmerzes.

A. B.: »Ich kann nicht aus mir heraus. Ich kann nicht aus diesem vergifteten Morast herausgelangen, der in mir steckt.«

Der Journalist Ernest Skalski machte die treffende Beobachtung, daß der Organismus eines alten Menschen an eine abgenützte, kaputte elektrische Anlage erinnert. Es gibt Momente, da die Leitungen gut funktionieren. Und dann wieder sprühen sie Funken und versagen. Man muß die Gewohnheiten der abgenützten Anlage kennen, ihre Launen und Unwägbarkeiten respektieren.

17. Juli 1999

Ich dachte an die vor kurzem verstorbenen Künstler Jan Lebenstein und Władysław Hasior. An ihre Auftritte im Fernsehen ein paar Monate vor dem Tod. Beide wirkten physisch erschöpft, zerstört, kaum imstande, einen Gedanken zu fassen, sie formulierten mühevoll Sätze voll Trauer, Verbitterung, Enttäuschung.

Ihr physischer Zusammenbruch. In ihren Gesichtern, ihren Augen schien etwas zu verlöschen. Aus kaum geöffneten Mündern drangen stockende unsichere, manchmal kaum hörbare Worte. Ihre gebeugten, buckligen Körper. Keine energischen, entschlossenen Gesten. Sie verströmten Mutlosigkeit, ein Flehen um Verständnis, einen Geist der Demut, eine Vorahnung des unausweichlichen Endes.

Am schwierigsten ist das Schaffen. Alles andere ist eine Flucht vor dem Schaffen.

Der Mensch ist von Natur aus aristokratisch, er möchte sich über andere erheben. An die Grenzen zu gehen, diese zu überschreiten, erscheint ihm lebensnotwendig, obwohl am Ende nur wenige wagen, das tatsächlich zu verwirklichen, weiter zu gehen, auf die andere Seite zu gelangen.

Ein niedriges Niveau des Denkens geht mit der Unfähigkeit einher, zu verknüpfen, Ursachen und Wirkungen zu erkennen und auseinanderzuhalten. Ein glänzender Geist besitzt eine kohärente innere Struktur. Der mediokre Geist hingegen ist geprägt durch inneres Durcheinander, Chaos, Unsinn, Nonsens.

Das Problem der Dummheit liegt darin, daß sie sich ihrer selbst nicht bewußt ist. Selbstbewußtsein übersteigt ihre Möglichkeit.

Von der gewöhnlichsten Durchschnittlichkeit, Normalität ist es nur ein Schritt, ein Millimeter zur Ungeheuerlichkeit, zum Teufel, der im Menschen sitzt. Am schwierigsten ist es, sich einzugestehen, daß man den Teufel in sich hat, und ihn sofort an der Gurgel zu packen, sobald er sich bemerkbar macht.

Die Menschheit befindet sich in gefährlichen Händen – in ihren eigenen.

Die Welt ernährt diejenigen, die Waffen besitzen.

Die Dämonen sind unter uns. Es handelt sich nicht etwa um *extraterrestrials*, denn diese sind bloß eine Erfindung der Dämonen, um uns auf falsche Fährten zu locken, um ihre eigenen Spuren zu verwischen. Die Dämonen umkreisen uns, schleichen sich näher, ohne daß wir das merken, uns dessen bewußt sind. Dann fahren sie plötzlich in uns, vergiften unser Blut und verwandeln sich blitzschnell in Teufel. Wenn sie sich einmal in unserem Inneren festgesetzt haben, beherrschen sie uns: wir werden zu ihren Werkzeugen, ihren Sklaven, manchmal unwillkürlich und unbewußt, was um so gefährlicher ist, da uns ihr teuflisches Gift mit der Wonne der Grausamkeit und dem unstillbaren Bedürfnis nach Bösem erfüllt.

Ich sage es noch einmal: Der Dämon schleicht sich so tückisch und unbemerkt, so unerwartet und heimlich ein, daß wir verblüfft sind, wenn wir ihn plötzlich in unserem Inneren entdecken, vor einer Sekunde wußten wir noch nichts von seiner Existenz. Oft sagt jemand, um sein schändliches und verwerfliches Tun zu rechtfertigen: »Ich weiß nicht, was mit mir geschehen ist«, »Mir ist der Film gerissen«, »Ich habe plötzlich den Verstand verloren«, »Ich bin wohl durchgedreht«, »Ich kenne mich selber nicht wieder«, aber der sich nicht wiedererkennt weiß nicht, daß der Teufel in ihm drinnen sitzt. Oft sind wir angesichts der Streiche und Untaten des Dämons völlig hilflos. Dazu eine Notiz aus der »Gazeta Wyborcza« (20. 6. 1997):

»Aus der Polizeichronik.

Ein Triebtäter unter Aufsicht

Die Polizei im Stadtteil Wola nahm den 33jährigen Stanisław S. fest, der sich an einem Jungen vergangen hat. Mittwoch nach 18 Uhr verging sich der Mann in der Toilettenanlage des Supermarktes HIT in der Górczewska-Straße an einem 14jährigen Jungen. Nach dem Verlassen der Toilette verständigte der Junge seine Eltern, und diese benachrichtigten die Polizei. Der angehaltene Mann leistete keinen Widerstand und bekannte sich zur Tat: Er wisse nicht, weshalb er sie begangen habe. Er ist verheiratet und hat drei Kinder. Er war der Polizei vorher nicht aufgefallen und nicht vorbestraft. Die Polizei wollte den Mann verhaften, doch das Gericht ordnete bloß polizeiliche Aufsicht an.«

Das bestätigt die Hilflosigkeit des Menschen gegenüber einer unbegreiflichen Kraft, die ihn plötzlich überkommt.

Samstag abend (2. 8. 1997) sah ich im Fernsehkanal »Discovery« einen Film über Untersuchungen an Gehirnen von Verbrechern und überhaupt aggressiven Menschen. In einem Drittel der Fälle sind daran genetische Defekte schuld, in den übrigen die Umwelt und die Erziehung.

Eine wichtige Rolle bei politischen Wahlen spielen oft gesellschaftliche Verbindungen oder kameradschaftliche Bande. Nicht Ideologien, Überzeugungen oder eingefleischte Ansichten, sondern die Tatsache, mit wem man in der Schule dieselbe Bank drückte oder mit wem man ein Rendezvous hatte. In Sierakowo kannte ich Zosia Malczym, die nur deshalb zur kommunistischen Untergrundarmee Armia Ludowa stieß, weil in den umgebenden Wäldern ein gewisser Sławek Miazga in einem Verband dieser Partisaneneinheit kämpfte, in den Zosia bis über beide Ohren verliebt war. Zur selben Zeit hatte ich einen Freund namens Pielak, der nur deshalb der Armia Krajowa beitrat, weil ihn ein enger Freund namens Zbyszek, mit Familiennamen Rzepka oder vielleicht auch Rzepnik, das weiß ich nicht mehr genau, dazu überredet hatte. Die ganze ideologische Verbrämung, die politischen Motive, Begründungen und

Überzeugungen, das alles kam später (wenn überhaupt).

Die Menschen nehmen am ehesten Extreme wahr, sie ziehen die Eindeutigkeit vor. Während bei der Schwarzweißfotografie die Abstufungen und Halbschatten am wertvollsten sind, ist das bei unserer Sicht auf die Vergangenheit anders, entgegengesetzt – wir lieben krasse Vereinfachungen, frei von Zweifeln und Fragezeichen, ein kategorisches Entweder-Oder.

Ein Sonntag im Juli 1999. Ein sonniger, heißer Tag, blauer, wolkenloser Himmel, ein leichter, lauer Wind.

Die Menschen des Nordens leben beim Anblick der Sonne auf, sie werden in Aufregung versetzt, beginnen zu fiebern, sie gehen ins Freie, an die Luft, versuchen, sich »im Schoß der Natur« aufzuhalten. Der Schoß der Natur muß für sie sonnig und warm sein, strahlend hell, Licht verströmend.

Die Menschen des Südens sind ganz anders: Sie suchen beim Anblick der Sonne automatisch den Schatten auf, einen geschützten Patio, kühle Zimmer, Gänge oder Veranden. Sie leben gern in einem sonnigen Land, doch sie meiden die Sonne. Sie sitzen am liebsten im Schatten eines Baumes, an einem Ort, geschützt von dichtem Laubwerk, dicken Mauern, unter Arkaden oder Dächern.

Ein schöner Satz von Edmund Burke:
»Was immer die Seele nach innen richtet, trägt zu einer Konzentration ihrer Kräfte bei und befähigt sie zu größeren und mächtigeren Anstrengungen.«

»In der Welt ist ein Gott begraben, der aufstehen will und allenthalben durchzubrechen sucht, in der Liebe, in jeder edlen Tat.«

Friedrich Hebbel

»Vor Gericht steht ein 58jähriger Obdachloser aus Leszno, der einem Bekannten 8.000 Mark stahl und diese dann teilweise an andere Obdachlose verteilte. Die Anklage wurde von der Staatsanwaltschaft des Kreises erhoben. Der Obdachlose, genannt ›Janosik‹, verteilte 2.000 Mark an seine Schicksalsgenossen aus dem Obdachlosenheim in Leszno, mit der übrigen Summe finanzierte er eine Reise durch Polen. Er war ungefähr zwei Wochen unterwegs. Auf den Bahnhöfen von Poznań, Wrocław und Kalisz kaufte er für Obdachlose Essen und verteilte das gestohlene Geld an sie. Als er aus der Presse erfuhr, der von ihm bestohlene Bekannte sei einem Herzanfall erlegen, stellte er sich der Polizei.« (»Gazeta Wyborcza«, 6. April 2000).

Die Meldung enthält ein fertiges Filmdrehbuch! Aber ist nicht alles ein fertiges Drehbuch?

Sonntag, 4. März 2001

Mexiko-Stadt. Wir fahren zum Frühstück in das prächtige Viertel San Angel. Ein Restaurant im Kolonialstil, Mauern aus rotem Tuff, Bögen aus hellem Sandstein und auch das hohe verzierte Portal aus demselben Material. Das Lokal heißt Fondo de Santa Clara und ist ein morgendlicher Treffpunkt der Reichen. Am Weg dorthin kommt man an riesigen, üppigen Blumenmärkten vorbei, voller Rosen, Nelken, Azaleen und Petunien, mit Bergen von Grün, Buketts und Kränzen (sie sind rund um die Uhr geöffnet). Auch das Restaurant ertrinkt in Blumen. Zum Glück liegt es im Schatten, denn obwohl es noch früh ist, brennt die Sonne heiß.

Mexikanisches Frühstück: *jugo de naranja, tacos al pastor, galletas, cafecito* (man bekommt auch Kombinationen Dutzender anderer Säfte, Fleischarten, Gemüse, Früchte, Gewürze und Kuchen). Auf großen Tischen türmen sich Berge verschiedenster Eßwaren, stehen Krüge mit Getränken und Tongefäße mit den verschiedensten *frutti di mare*, auf Eis gebettet. Die Kellner pressen am Tisch frische Säfte aus Früchten, säbeln mit langen Messern die mexikanische Variante des *prosciutto* ab, bereiten Eierspeisen und Omeletten zu.

Dann mit dem Auto auf die Plaza de San Jacinto, die Calle del Arbou, die in einem luxuriösen Villenviertel im Kolonialstil liegen. Die Straßen säumen hohe Steinmauern, und dahinter – doch das können wir bloß erahnen, weil man es von außen nicht sieht – Gärten, Bäume, Blumenbeete, Springbrunnen und Gewächshäuser, Halbschatten, Kühle und Stille.

Dann kommt das nächste prächtige Viertel der Reichen, Chimalistac, und dahinter das nächste, Coyoacán. Hier steht das Haus, das letzte Haus von Octavio Paz. Wenn man mit dem Auto vorbeifährt, stellt der Fahrer den Motor ab: An so einem Ort muß Stille herrschen.

Sommer 2001

Mit dem Nachtzug von Moskau nach Riga. Im Schlafwagenabteil für zwei Personen saß mir ein alter, kleiner, kräftig gebauter Mann gegenüber. Nachdem wir uns einige Zeit unterhalten hatten, griff er nach einer braunen Wachstuchtasche und holte ein Glas Gurken, einen Laib Schwarzbrot und eine Flasche Wodka heraus. Er schnitt das Brot auf, zerteilte die Gurken und schenkte uns beiden ein halbes Glas ein.

»Also!« sagte er aufmunternd und hob das Glas. Wir leerten die Gläser. In seinem Gesicht machte sich ein Ausdruck von Erleichterung und Zufriedenheit breit. Er stellte sich vor: »Sergej Iwanowitsch Selajew, Oberst im Ruhestand. Held der Sowjetunion.«

Ich nannte meinen Namen. Er begann mich über Polen und Warschau auszufragen. Als ich sagte, ich sei in Pinsk, in Polesie geboren, rief er erfreut aus: »Ach, Polesie! Ja, das war dort, am Prypet. Wir trieben die Offensive nach Westen voran. Ich war ein einfacher Soldat. Unser Bataillon sollte den Prypet überqueren, doch die Deutschen hatten sich am gegenüberliegenden Ufer tief eingegraben, in soliden Befestigungsanlagen, wir spürten, daß sie sich mit allen Kräften zur Wehr setzen würden. Es war Frühherbst, der Fluß war weit über die Ufer getreten und sah aus wie ein Meer.

Im ersten Morgengrauen stiegen wir in die Pontons. Wir schwammen möglichst ruhig, um sie zu überraschen, doch als wir die Mitte des Flusses erreicht hatten, erleuchteten Raketen den Himmel. Es wurde taghell. – Teufel, dachte ich, das ist das Ende! Die Deutschen eröffneten das Feuer, ein Geschoßhagel ging auf uns nieder, ich hörte Schreie. Menschen sprangen ins Wasser. Doch unser Ponton schwamm weiter, bis wir einen dichten Schilfgürtel erreichten. Wir ließen uns im Schilf ins Wasser, die Füße versanken im dicken, eisigen Schlamm. In solchen Augenblicken denkt man nur daran, das Ziel zu erreichen, doch was das Ziel war, hätte keiner sagen können. Die Deutschen? Fester Boden unter den Füßen? Ein Versteck, um nicht getroffen zu werden? Das alles war das Ziel.

Die Deutschen schienen aus dem Boden zu wachsen. Sie kamen auf uns zugestürmt. Wir verspürten Angst, Schrecken, doch wir mußten vorwärts, es blieb uns nicht anderes übrig. Vorn waren die Deutschen, und hinter uns brüllte der Leutnant, der jeden Zurückweichenden erschoß. Schließlich hat er offenbar selber was abbekommen, denn irgendwie verlor ich ihn aus den Augen und sah ihn nie wieder. Am Morgen setzte ein Wolkenbruch ein. Es regnete unablässig, bis zum Abend. Ich war über und über voll Schlamm, ich muß ausgesehen haben wie der Teufel, doch ich konnte an nichts mehr denken, weil die Deutschen neuerlich stürmten und im Begriff waren, uns in den Fluß zurückzuwerfen. Wieder dachte ich, das sei das Ende, denn im Wasser konnte man sich kaum bewegen und war ein leichtes Ziel der Kugeln. Doch es gelang uns nicht, unsere Position zu halten. Ich rannte ebenfalls zurück zum Fluß. Plötzlich verspürte ich einen brennenden Schmerz im Fuß, ich war in das tiefe Loch eines umgestürzten Baumes gefallen, und der eine Fuß hatte sich zwischen den Wurzeln verfangen. Ich versuchte mich zu befreien, doch es gelang nicht, jede Bewegung bereitete mir nur noch ärgere Schmerzen.

Ich fühlte mich wie ein Tier in der Falle. Ich lag da und wußte nicht, was ich machen sollte. Ich wartete, daß die Deutschen kamen und mich in dem Loch erledigten. So brachte ich den ganzen Tag voller Qualen, hungrig und von Angst besessen zu. Endlich brach die Nacht herein. Irgendwie gelang es mir, mit dem Karabiner eine Wurzel zu entfernen, doch ich machte gar nicht erst den Versuch, aus dem Baumloch zu kriechen, weil ich nicht wußte, wo ich war und wohin ich mich wenden sollte. Ich war hungrig und zitterte vor Kälte. Schließlich nickte ich irgendwie ein.

Am Morgen weckte mich dröhnendes Geschützfeuer. Die Hölle brach los! Geschosse heulten, Granaten explodierten. In der Ferne hörte ich näherkommende Schreie. Ich hörte, daß das unsere Leute waren. Die Unseren kamen! Ich dachte, ich würde verrückt vor Freude, und kroch aus dem Loch.

Und dann geschah Folgendes: Die Front rückte weiter nach Westen vor. Ich wurde ins Feldlazarett gebracht, doch wenig später kam ein Fuhrwerk, um mich zum Stab zu bringen. »Bravo, Serjoscha!« sagt der Stabschef, Oberst Leonid Maksimowitsch. »Ihr habt die Ehre der Division gerettet. Der Angriff mußte abgebrochen werden, doch Ihr seid als einziger nicht zurückgegangen, sondern vorn geblieben, und habt allein die Stellung verteidigt. Dafür wurde Euch das Lob der Frontleitung ausgesprochen. Nun haben sie einen Antrag gestellt, damit Ihr eine Auszeichnung bekommt. – Und ich traue meinen Augen nicht, aus Moskau kommt der Befehl, mir den Titel eines Helden der Sowjetunion zu verleihen.«

Sergej Iwanowitsch sah mich an. In seinem Blick lag alles. Stolz wegen der hohen Auszeichnung und Freude, daß er den Krieg überlebt hatte. Doch in seinen Augen war auch ein bauernschlaues Funkeln, in dem ich den Triumph eines Menschen zu erkennen glaubte, der plötzlich und unvermutet durch das unerwartete Zusammentreffen von Umständen in den Besitz so vieler Wohltaten auf einmal gelangt war. Denn als Held der Sowjetunion bekam er auf der Stelle den Offiziersrang verliehen, eine kostenlose Wohnung in Moskau, Zutritt zu den am besten versorgten Läden, einen Ausweis, der zur unentgeltlichen Benützung von Eisenbahn und Autobus berechtigte, und obendrein jedes Jahr einen kostenlosen Aufenthalt in einem von ihm selber gewählten Sanatorium. Auch jetzt reiste Sergej Iwanowitsch in den Kurort Jurmala bei Riga, um seinen Rheumatismus zu kurieren, den er sich in jenem Baumloch am Prypet geholt hatte, in das er vor fünfzig Jahren so unglücklich und gleichzeitig glücklich gestürzt war!

30. August 2001

Tingatinga. Ich muß ihn Anfang der sechziger Jahre in Daressalam getroffen haben, als ich dort wohnte. Im Katalog der Ausstellung seiner Bilder im Ethnographischen Museum in Warschau steht, Tingatinga, geboren 1932 im südlichen Tansania, habe in den sechziger Jahren als Straßenhändler in Daressalam Gemüse verkauft und sei 1972 von einer Polizeipatrouille getötet worden, als diese Schüsse auf einen fliehenden Dieb abgab und dabei zufällig Tingatinga traf. Ich kann mir die Situation gut vorstellen, da ich selber öfters ähnliche Szenen erlebte. Sie passierten meist im Gebiet um die Hauptstraße von

Daressalam, die damals Independence Avenue hieß – heute heißt sie Eduardo Mondlane. Es war ein Viertel mit engen, lärmenden Gassen voller Passanten, die sich durch die Verkaufsbuden drängten und Scharen von Straßenhändlern verscheuchten, beladen mit schundigen Galanteriewaren, Elektrogeräten und billigen Eßwaren.

Der Fluch der Independence Avenue waren die Horden von Taschendieben – junge, fingerfertige Burschen, die wie der Blitz auftauchten, etwas an sich rissen, was einer der Passanten bei sich trug, eine Einkaufstasche, Aktentasche, ein Portemonnaie, Uhren, Ketten und Armbänder, ja sogar Ohrringe und Ringe, worauf sie verschwanden wie vom Erdboden verschluckt. Bei einer solchen Attacke erhoben die Opfer naturgemäß Geschrei und Klage und brüllten wie am Spieß. Es entstand ein Gedränge, die Menschen liefen von überall zusammen, Panik breitete sich aus. Wenn eine Polizeipatrouille in der Nähe war, setzte die Jagd nach den Dieben ein. Einen geschnappten Dieb verprügelten die Polizisten an Ort und Stelle erbarmungslos, wobei das Zappeln des geschundenen Leibes die umstehenden Menschen noch anstachelte, die die Schergen aufforderten, noch fester zuzuschlagen, den Übeltäter zu foltern, sie wollten seinen Tod, wollten seine Leiche sehen. Doch manchmal gelang es den geschickten Dieben, den Häschern zu entkommen – dann feuerten die Polizisten hinter ihnen her, wobei nicht selten Passanten zu Schaden kamen. Auf diese Weise verlor auch Tingatinga sein Leben, der hinter einem Wagen mit Obst und Gemüse stand, mit denen er seit Jahren handelte.

Tingatinga war ein großes malerisches Talent – ein afrikanischer Zöllner Rousseau, ein Pirosmanischwili, Ociepka. Er malte die bunte, üppige, oszillierende Welt Afrikas. Auf seinen Bildern wimmelt es von stilisierten Tieren: Elefanten, Löwen und Krokodilen, zahllosen Vögeln und Bäumen. Es gibt auch Hexen und Schätze – Schlangenhäute, getrocknete Echsen, getrocknete Kräuter, geheimnisvolle Steine.

Am 13. April 1832, zu Beginn seiner Reise durch Lateinamerika, besucht Charles Darwin in Brasilien das Gut eines gewissen Manuel Figueiredo. Der Gastgeber empfängt ihn mit einem Mahl: »Während des Essens war einer der Diener ständig damit beschäftigt, aus dem Zimmer ein paar alte Pferde und eine Schar kleiner, schwarzer Kinder zu jagen, die bei jeder sich bietenden Gelegenheit hineinzukommen versuchten … man lebt hier in völliger Isolierung und unabhängig vom Rest der Welt. Wenn die Bewohner so einer einsamen Hazienda einen Ankömmling sehen, schlagen sie eine große Glocke und feuern aus Geschützen eine Salve ab. Auf diese Weise verkünden sie das Ereignis den Felsen und Wäldern, da schließlich in der Gegend sonst keiner wohnt.« (Charles Darwin, *Die Reise mit der »Beagle«*)

Es gibt nur eine kleine Gruppe von Menschen, die sich bemüht, mit ihrem Denken den ganzen Planeten zu erfassen. Der Prozeß der Globalisierung betrifft die äußere Welt, Gebiete wie Kommunikation oder Handel – unsere Ideen, Vorstellungen oder Begriffe bezieht er jedoch nicht ein. In der Realität denkt die überwiegende Mehrheit von uns an den nächst liegenden Ort und nicht weiter, denkt in lokalen Kategorien. Unser Planet ist zu groß, die Räume sind zu weit, die Wege endlos, und überall wimmelt es von fremden Menschen, mit denen man sich kaum verständigen kann, und die uns im Grund nicht viel angehen.

In einem seiner Essays (*Das Banner der Welt*) schreibt Gilbert K. Chesterton, wenn wir die Welt retten wollten, müßten wir zu ihren Patrioten werden. Genau das – zu Patrioten der Welt. Er ist dagegen, daß der Mensch diese Welt kritisiert, als wäre er »in der Position eines Menschen, der auf der Suche nach einer Bleibe ist und eine Reihe neu gebauter Wohnungen gezeigt bekommt«. Und er erklärt: »Daß ich das Universum akzeptiere, hat nichts mit Optimismus zu tun, sondern gemahnt an Patriotismus. Es ist Ausdruck eines ursprünglichen Treueverhältnisses. Die Welt ist keine Pension in einem Badeort, aus der wir ausziehen, weil sie so heruntergekommen ist. Sie ist unsere Stammburg, von deren Zinnen die Fahne unseres Geschlechts flattert, und je schlechter es um sie bestellt ist, um so weniger dürfen wir sie im Stich lassen.«

Die politische Landschaft der Welt verändert sich laufend. Laufend und so gründlich, wie sich die Landschaften der Wüste nach jedem Sturm ändern. So wurden Ende 2001 zwei Feinde Amerikas, Rußland und der Iran, plötzlich zu seinen Verbündeten. Zur selben Zeit fiel Lateinamerika in der Skala der Prioritäten der USA von Platz eins auf Platz dreißig. In dieser Situation ist es unmöglich, etwas über die moderne Welt zu sagen oder zu schreiben, das länger Bestand haben und als gesichert angenommen werden könnte.

Das Überwinden, gleichzeitig auch Abstecken von Grenzen. Weltweit sind diese beiden Prozesse parallel zu beobachten, beinahe am selben Ort. Die Elektronik überwindet die Grenzen, sie bewirkt, daß alle Berliner Mauern, Stacheldrahtverhaue oder elektrischen Zäune wirkungslos werden, doch parallel dazu müssen auf dem Balkan, in Kaschmir oder auf Zypern Grenzen errichtet werden, um einander bekämpfende Seiten voneinander zu trennen und dem Blutvergießen Einhalt zu gebieten.

In der Epoche der Globalisierung verstärken sich die Tendenzen, einen *Limes* (im wörtlichen und übertragenen Sinn) zu errichten, zu befestigen, Grenzen, einen Cordon sanitaire, ein System der Apartheid einzuführen. Es gibt ebensoviel Vereinheitlichung wie Fragmentierung, soviel Vereinigung wie Trennung.

Die Globalisierung ist nicht global, denn sie erfaßt beinahe ausschließlich den Norden, auf den sich der Großteil aller ausländischen Investitionen konzentrieren.

Die Widersprüche zwischen der wachsenden »Masse der Welt« (das heißt, daß es weltweit von allem immer mehr gibt) und der Möglichkeit, diese zu kontrollieren, vertiefen sich.

Die rasche, dynamische Entwicklung der Welt wird begleitet von zwei gefährlichen Deformationen:
Erstens – Diese Entwicklung erzeugt Ungleichheiten (innerhalb eines Landes und weltweit).
Zweitens – Überall nehmen Macht und Reichtum des Zentrums zu, während die Peripherien schwächer und ärmer werden.
Wir alle nehmen an diesem Spiel teil, das darauf hinausläuft, daß der Sieger alles bekommt (so verdient zum Beispiel der Chef genausoviel wie die gesamte Belegschaft zusammen). Kurz gesagt: Wir haben es mit einem neuen Feudalismus zu tun: An der Spitze steht der Herr, der Herrscher, der Souverän, dann kommt die untergeordnete Welt der Vasallen, der Dienerschaft, der Knechte.

Gesellschaften haben von Natur aus die Tendenz, Ungleichheiten zu erzeugen und zu mehren. Aus diesem Grund werden das Leben und die Historie dieser Gesellschaften, ihr gesamter Fortschritt, von immer neuen Formen der Ungleichheit begleitet.

Es gibt verschiedene Arten der Globalisierung.

Auf dem Gebiet der Ökonomie bedeutet Globalisierung den freien Zugang zu allen Märkten und den ungehinderten Fluß des Finanzkapitals.

Auf geistigem Gebiet hingegen bedeutet sie Multikulturalität. Doch sind wir darauf vorbereitet? Wollen wir diese überhaupt? Nicht immer und nicht alle, denn oft trennen uns Unwissen, Vorurteile, Stereotypen, die ablehnende Haltung gegenüber ethnischen und religiösen Minderheiten, das Mißtrauen gegenüber dem Anderen usw.

Die Globalisierung kennt mindestens drei Formen: die Globalisierung der Ökonomie und Finanzen, der Kommunikation und schließlich der Kultur. Als solche wird sie immer öfter zur Ideologie oder zur Utopie und zum Mythos.

Globalisierung kann auch bedeuten, daß lokale Kulturen aus ihrer provinziellen Situation gerissen und mit der großen Welt konfrontiert werden – daher wird sie auch von jenen so unerbittlich bekämpft, die sich vor dieser Konfrontation fürchten.

Die Globalisierung macht die Massengesellschaft noch massenhafter, das heißt sie merzt das Individuum endgültig aus, läßt dem Ich, der einzelnen Person, dem Individuum keinen Platz mehr. Über alles und alle wird nur mehr im Plural gesprochen. Der Plural ist in den heutigen Grammatiken die siegreiche Form.

Globalisierung? Ihre Entwicklung erfordert gigantische Finanzmittel, über die nur Amerika verfügt. Es kann daher nicht verwundern, daß die USA diese Entwicklung steuern.

Die ethischen Probleme der Globalisierung:
- Die Verantwortung für die anderen in der weltweiten Gesellschaft.
- Die Armut als Übel, als kürzeres und schlechteres Leben, als Erniedrigung und Degradierung.
- Die endogene Natur der Ungerechtigkeit. Ungerechtigkeit begegnet uns auf allen Ebenen (Niveaus, Feldern) der sozialen Organisation: der Familie, dem Stamm, der Region, dem Land, dem Kontinent, der Welt.
- Wir haben uns darauf geeinigt, den Fortschritt nur an Dingen, an materiellen Gütern zu messen und die ethische und geistige Sphäre auszuklammern.

Planetarisierung – das ist die Schaffung einer weltweiten Gesellschaft, die Theorie von Teilhard de Chardin.

Das rasante Anwachsen der Weltbevölkerung ist nicht einfach eine Vermehrung der Bewohner der Welt, eine numerische Vervielfältigung. Denn damit gelangt auch ein Mehr an menschlicher Energie in die Welt – Initiativen, Ambitionen, Wünsche, Bestrebungen, Projekte, mit einem Wort alle erdenklichen menschlichen Werte, die unser Leben reicher und schöner machen können.

Die Angst, die Alarmrufe, die Panik wegen der Bevölkerungsexplosion (1935 zählte die Weltbevölkerung zwei Milliarden, in den 60 Jahren danach hat sie sich verdreifacht) wird von gewissen rassistischen Untertönen begleitet, denn drei Viertel der Neugeborenen gehören nicht der weißen Rasse an.

Die Globalisierung auf dem Gebiet der Ökonomie und Kommunikation wird oft von einer gegenläufigen Tendenz begleitet – einer zunehmenden kulturellen Apartheid.
   In der modernen Welt kommt es zu:
– neuen Ungleichheiten,
– neuen Gefahren.
   Die neuen Ungleichheiten sind Resultat der uns heute beherrschenden neuen Diktaturen:
– der Diktatur der Zeit,
– der Diktatur der Mode,
– der Diktatur des Konsums,
– der Diktatur der Qualifizierung.

Im archäologischen Museum in Sofia. Römische Skulpturen, Statuen, Säulen, Fragmente von Portalen, verzierte Keramiken. Das alles wurde vor Jahrhunderten hier, in der Gegend des heutigen Sofia, Plowdiw, Varna geschaffen. Werke großer Kunstfertigkeit, subtilen Geschmacks. Dabei lagen die Gebiete des heutigen Bulgarien in römischer Zeit am äußersten Rand des Imperium Romanum, sie waren eine marginale, entlegene Peripherie. Trotzdem strebte man das höchste Niveau in der Kunst an, achtete auf Schönheit und Qualität der Werke, wollte dasselbe Niveau wie in Rom, Mailand und Ravenna erreichen.
   Der Besuch im Museum läßt mich an zwei Globalisierungen denken – die einstige römische und die gegenwärtige, moderne. In jener war man über-

all, so weit der Einfluß des Zentrums reichte, auf das höchste Niveau von Kunstwerken und Produkten bedacht, in unserer werden Massen von Kitsch, Tand, Schund exportiert. In jener Globalisierung war die Qualität der Straßen und Brücken, Aquädukte und anderer Bauwerke überall gleich hoch, während heute sofort die Unterschiede zwischen dem entwickelten, reichen Zentrum und der zurückgebliebenen armen Peripherie ins Auge fallen – noch dazu werden diese Unterschiede immer größer.

Eine andere Ungleichheit: die sich vertiefenden Unterschiede im Entwicklungstempo und der Lebensqualität zwischen den Zentren der Welt und den Peripherien.

Eines der Probleme der heutigen Welt besteht darin, daß die Zahl der Armen ständig wächst, während gleichzeitig die Institutionen und Mechanismen, die zumindest teilweise die Ungleichheiten ausgleichen könnten, schwächer werden oder überhaupt verschwinden (das Ende des Wohlfahrtsstaates, die Krise der Gewerkschaften usw.). Die größte Gefahr des von purem Egoismus getragenen Neoliberalismus besteht darin, daß er in einer Zeit zur Praxis der reichen Staaten wurde, da infolge der demographischen Explosion Hunderte Millionen Armer unsere Welt bevölkern, die ohne Unterstützung der Reichen nicht imstande sind, unter menschenwürdigen Bedingungen zu leben.

Der Unterschied zwischen Norden und Süden ist heute fundamental und von Dauer. Obendrein fördert dieses System Ungleichheiten und Instabilität. (Im Süden leben eine Milliarde dreihundert Millionen Menschen von einem Dollar täglich, ohne Zugang zu sauberem Trinkwasser und einer akzeptablen Gesundheitsversorgung.)

Die Armut hat verschiedene Formen:
- wirtschaftlich (davon ist meist die Rede), das heißt, es fehlt an Arbeit, an Mitteln, um das Leben zu bestreiten, an einem Dach über dem Kopf usw.,
- sozial (Abwertung des sozialen Status),
- psychologisch (das Gefühl der Ausgrenzung, der Überflüssigkeit, Hoffnungslosigkeit).

Neue Objekte des globalen Handels:
- menschliche Organe (Herzen, Nieren, Lebern),
- Frauen (weltweit über eine Million),
- Kinder (Millionen, obwohl es schwer ist, genaue Zahlen zu nennen).

Nicht immer sind das neue Erscheinungen. Doch die Skala, die Ausmaße und die Verbreitung sind bestürzend neu.

Im politischen Leben vertieft sich die Kluft zwischen der Bühne (die nehmen die Eliten ein) und dem Zuschauerraum (der ist für die Gesellschaft reserviert). Im Zuschauerraum kann man eine Trennung in aktive und marginalisierte Zuschauer beobachten. Die Grenzen zwischen diesen Gruppen sind deutlich und starr. Während die heutigen Gesellschaften horizontal beweglich erscheinen, sind sie vertikal statisch. Die gesellschaftlichen Strukturen des Feudalismus mit der Trennung in Aristokratie und Bauern wurde wiederbelebt und überlagert die Realität der demokratischen Welt.

Jean Baudrillard spricht im Interview mit Philippe Petit in dem Buch *Paroxysmus* von der Umkehrung der gesellschaftlichen Rollen: früher waren es die Untergebenen, die Armen und Sklaven, die sich von ihren Herren befreien wollten, weshalb sie Aufstände und Rebellionen anzettelten, heute hingegen sind es die Reichen, die Herrschenden, die Regierenden der Welt, die sich gern von den Armen, den Untergebenen, den marginalisierten Menschen frei machen würden.

Der deutsche Soziologe Ulrich Beck schreibt in seinem Buch *Risikogesellschaft*, das Leben in der modernen Zivilisation gleiche dem Leben auf einem Vulkan – der Mensch muß vorbereitet sein auf plötzliche Veränderungen, er braucht mehr Elastizität, mehr Anpassungsfähigkeit, er muß lernen, selbständig wichtige Entscheidungen zu treffen, er muß die Bereitschaft entwickeln, unablässig Risiken einzugehen. Wir können heute nicht mehr auf den Staat zählen, wir sind selber verantwortlich für alles. Das ist die neue soziale Teilung: in solche, die fähig sind, etwas zu riskieren, und andere, die dazu nicht in der Lage sind.

Früher siegten die Stärkeren, heute siegen meist die Schnelleren.

Wir wissen heute bereits, wie die Menschheit umkommen kann – sie kann verhungern. Und zwar nicht, weil es an Lebensmitteln mangelt, sondern aus Angst und wegen der zahllosen Verbote. Nehmen wir etwa BSE: ein Beispiel unserer Angst vor einer allgemeinen Seuche, der wir jederzeit zum Opfer fallen können. Wir dürfen keinen Sex mehr haben, da wir uns mit AIDS anstecken könnten, wir dürfen kein Rindfleisch essen, weil uns BSE droht, kein Schweinefleisch, da die Tiere an Maul- und Klauenseuche leiden könnten. Bald werden wir keine Fische mehr essen dürfen, kein Geflügel, keine Früchte, es wird nicht sicher sein, Wasser zu trinken (das ist übrigens heute schon oft der Fall), wir werden keinen Speck und kein genetisch manipuliertes Getreide zu uns nehmen dürfen.

Die Diskussion über die Globalisierung wird von der globalen Katastrophe beendet, die jeden Moment eintreten kann. In dieser Sicht geht die Welt nicht an einem großen Krieg, durch Angriffe von Terroristen oder an einer Invasion Außerirdischer zugrunde, sondern wird von unsichtbaren Mikroben und Viren zerstört, von nicht greifbaren Krankheiten und mörderischen, vom Wind verbreiteten Giften.

September 2000

Eine Begegnung mit Lesern in Poznań. Ich spreche über die moderne Welt. Nach dem Treffen kommen zwei Leute auf mich zu. Das war interessant, sagen sie, doch unserer Meinung nach allzu pessimistisch. Sie hätten es vorgezogen, wenn ich mich optimistischer geäußert hätte.

Ich versuche mich zu rechtfertigen und erkläre, das Gesagte sei, gemessen an der Realität, ohnehin noch sehr optimistisch ausgefallen, ich hätte absichtlich hellere, wärmere Töne gewählt.

Sie ließen sich nicht überzeugen.

Mit solchen Reaktionen werde ich oft konfrontiert. Ich habe die Wahl: die Wahrheit zu sagen oder die Dinge zu beschönigen. Die Welt befindet sich in einer schwierigen Lage. Doch wenn ich diesen Gedanken entwickeln will, schlägt mir Ablehnung entgegen. Die Menschen wollen nicht die Wahrheit hören, sie suchen nach Aufmunterung, sie brauchen Trost. Dazu ist ihr Denken von den Medien vernebelt – sie sehen stundenlang idyllische Soap-Operas, hören im Radio billige Romane, leben im Abglanz großer Stars, die von bunten Zeitschriften gemacht werden. Und dann kommt da plötzlich einer und sagt, es gebe auch Unglück, Dramen, Tragödien. Warum sagt er so was? Wozu?

Es gibt noch einen anderen Grund, weshalb wir gern den Optimismus von Candides Lehrer Pangloß teilen, der uns in der Überzeugung bestärken möchte, wir lebten in der besten aller Welten. Jede Konfrontation mit der harten Realität der Welt stellt uns vor ein ethisches Problem: Sie verlangt von uns, eine aktive Haltung einzunehmen und unsere Stimme zu erheben. Damit konfrontiert, versuchen wir uns in die Frage zu retten, ob das etwas bewirken würde? Können wir denn etwas ändern? Haben wir Einfluß? Das Gefühl der Machtlosigkeit ist erniedrigend! Es ist also besser, unser Gewissen gar nicht erst auf so eine riskante Probe zu stellen.

Eine Reportage von Caroline Moorehead mit dem Titel *Lost in Cairo* (»New York Review of Books«, 13. Juni 2002) über das Drama der afrikanischen Flüchtlinge aus dem Sudan, Somalia, Äthiopien, Liberia, Sierra Leone, Guinea, Ruanda usw., denen es gelungen ist, sich nach Kairo durchzuschlagen. Hier suchen sie Hilfe im Büro des High Commissioners for Refugees. Sie haben keine Arbeit, kein Geld, sie wissen nicht, wo sie wohnen sollen. Sie können sich nicht verständigen, weil sie nicht Arabisch sprechen, sie verfügen über keine ärztliche Versorgung, die Kinder gehen nicht in die Schule. Dabei hat das Büro der UN immer weniger Geld zur Verfügung, und die Festung des Westens schottet sich immer dichter gegen sie ab. Als Schwarze werden sie in Nordafrika erniedrigt und verfolgt: »In Kairo ein Schwarzer zu sein, bedeutet ständige Erniedrigungen und rassistische Verfolgung«. Ihre Armut schreit zum Himmel. Sie vegetieren in Slums, ohne Strom und Wasser, schmutzig, krank, hungrig, halbnackt, ohne einen Funken Hoffnung, ihre Lage verbessern zu können.

Die weltweit wachsenden Ungleichheiten sind nicht zu übersehen. Diese Ungleichheiten existieren nicht nur zwischen Norden und Süden, sondern auch innerhalb dieser Regionen, vor allem in den Ländern des Südens. Dort sind die Unterschiede besonders kraß, gibt es zahlreiche Spannungen und Konflikte, die früher durch die Gemeinsamkeit des kolonialen Schicksals verdeckt wurden.

Die großen Religionen (vor allem die christlichen) sind heute bedroht durch eine fortschreitende Säkularisierung des Lebens. Doch während die Kirchen weniger Zulauf erhalten und die Priester an Nachwuchsmangel leiden, scheint das Quantum religiöser Begeisterung nicht abzunehmen, nur daß sich die Gebiete ändern, in denen sich der religiöse Kult manifestiert und entlädt, und auch seine Objekte und Formen. Man könnte diese Erscheinung als weltliche Religion bezeichnet. Das kann eine Ideologie sein, die von einer Schar von Anhängern befeuert wird. Das können der Sport und die Massen entfesselter Fans sein usw. Das Novum besteht darin, daß es sich um eine Religion ohne Gott handelt, die weltweit von den modernen Medien verkündet und verbreitet wird.

Wenn du einen Sturm auslösen, die Menschen miteinander verfeinden, ja ganze Nationen in feindliche, einander bekriegende Lager spalten möchtest, brauchst du nur ein unwichtiges Thema zum nationalen oder religiösen Symbol zu erheben und den anderen, voran den eigenen Landsleuten, einzureden, von seinem Schicksal, seinem Triumph, oder umgekehrt, seiner Niederlage hänge ihre Zukunft, ihr ganzes Leben ab.

Der Mensch ist ein Wesen, das sich freiwillig Täuschungen, Illusionen, Vorspiegelungen, Phantomen hingibt. Nur selten rafft er sich zu rationalem Denken auf, dagegen stürzt er sich mit heller Begeisterung in Abgründe des größten Unsinns und der Absurditäten. Gegen Ende des 19. Jahrhunderts spaltete zum Beispiel die Bewohner von Düsseldorf der Bau eines Denkmals für den großen Sohn ihrer Stadt, Heinrich Heine. Seine Bewunderer betrachteten ihn als großen Dichter und wollten ihm ein Denkmal setzen, die Gegner hingegen bekämpften diese Initiative, da sie Heine vorwarfen, er habe die nationalen Werte geleugnet und das eigene Nest beschmutzt. Das ist schwer nachzuvollziehen. Was soll daran so problematisch sein, auf einem Platz dieser großen Stadt ein besseres oder schlechteres kleines Denkmal hinzustellen?

Aber nichts dergleichen!

Es kam förmlich zu einem langjährigen Krieg, in den sich die höchsten Autoritäten Deutschlands einmischten, Adelige, Minister, Parlamentarier. Die

Sache ging durch die Presse, es wurden Petitionen für und wider geschrieben.

Die Geschichte liefert uns zahlreiche solche Beispiele. Wie oft wurde um Straßennamen gekämpft, um die Aufschriften auf Friedhöfen, um Wappen und Barette. Man braucht sich nur einen Vorwand auszudenken, und gleich springen wir einander an die Gurgel, beginnen uns zu prügeln, schlagen einander die Schädel ein.

So wie die Welt an der Wende vom 19. zum 20. Jahrhundert von Klassenkonflikten, sozialen Kämpfen und Revolutionen in einzelnen Ländern (die Versuche, die Revolution von einem Land in andere zu exportieren, scheiterten alle) beherrscht wurden, wird die Wende vom 20. zum 21. Jahrhundert geprägt von nationalistischen, ethnischen und ethnoreligiösen Konflikten. Natürlich gibt es weiterhin Ungleichheiten, innerhalb der Länder und weltweit, doch diese führen zu keinen Ausbrüchen, keinen frontalen Zusammenstößen im großen Ausmaß, so wie das heute bei ethnischen Antagonismen oder nationalistischen Konflikten der Fall ist. Mit einem Wort, das brisanteste Problem ist heute nicht mehr der Besitzstand, sondern die Identität.

Der amerikanische Regisseur James Ivory im Gespräch mit Barbara Hollender (»Rzeczpospolita«, 9. 6. 2001):

»Die Europäer sind völlig eingenommen von ihrer Tradition, sie halten die Amerikaner für Neureiche, die sie mit leichter Verachtung behandeln. Dabei lernen die Amerikaner, dank ihrem Geld, inzwischen die Welt kennen. Die ganze Welt, nicht nur

Europa. Und sie wissen etwas, was die Europäer nicht wissen: daß der nur auf sich selber konzentrierte alte Kontinent längst nicht mehr der Nabel der Welt ist. Daß es auch in Lateinamerika und in Asien wunderbare alte Kulturen gibt.«

Wenn wir heute, am Beginn des 21. Jahrhunderts, durch Afrika, Asien oder Lateinamerika reisen, sehen wir, daß Europa zunehmend an Einfluß verliert, wobei dieser Prozeß in den letzten Jahren eine große Beschleunigung erfahren hat. Früher einmal konnte man überall Europäer in großer Zahl antreffen. Sie reisten als Kaufleute, Missionare, Verwalter, Techniker und Ärzte auf andere Kontinente und ließen sich oft dort nieder. Sie hatten ihre eigenen Fabriken und Farmen, Schulen und Stadtviertel. Heute ist davon nichts mehr übrig. Diese Menschen sind weg, haben sich zerstreut oder sind gestorben, neue kommen nicht mehr. Wenn Europäer kommen, dann für kurze Zeit, zum Beispiel Diplomaten oder Missionare (ihre Zahl ist rückläufig). In den Ländern der Dritten Welt gibt es keine großen Ballungen von Europäern mehr: die Franzosen haben Algerien verlassen, die Portugiesen Angola und Mosambik, die Engländer Indien, die Holländer Indonesien, die Italiener Äthiopien. Und mit den Europäern sind auch die Spuren ihrer früheren Anwesenheit verschwunden – ihre Architektur, die Kirchen, Buchhandlungen und Läden.

Wir erleben die kulturelle Geburt der Dritten Welt, deren Gesellschaften stolz sind auf ihre eigenen Traditionen und Kulturen. Gleichzeitig isoliert sich Europa, wie der amerikanische Essayist Fareed Zakaria schreibt, nach Jahrhunderten der Expansion zunehmend. Europa schließt sich in seinen Mauern ein, beschäftigt sich mit sich selber: »Früher einmal bewegten sich die europäischen Führer ungezwungen auf der Weltbühne. Heute haben Menschen mit engem Horizont ihren Platz eingenommen.« (»Newsweek«, 18. Juni 2001).

Die Dritte Welt erteilt manchen Europäern eine Lektion, wie sie leben und handeln sollen. Ein Beispiel: Unter den UN-Truppen, die zur Friedensmission nach Bosnien geschickt wurden, gibt es eine Einheit aus Ghana. Die schwarzen Soldaten versuchen, die verfeindeten Serben und Kroaten zu trennen. Sie sagen, deren Animositäten erinnerten sie an einstige Stammeskonflikte in ihrem eigenen Land.

Amerika und Europa repräsentieren zwei unterschiedliche Denkschulen und Arten der Weltsicht, die sich immer weiter voneinander entfernen. Amerika zeichnen Optimismus, Pragmatismus, Dynamik, eine selbstsichere Sachlichkeit (»wenn es ein Problem gibt, dann muß man es lösen«) aus. Das europäische Denken hingegen ist geprägt von Zweifeln, Skepsis, es schätzt die ironische Distanz.

Die Kultur Europas ist im Vergleich zur amerikanischen nostalgisch, ja katastrophistisch, sie ist geprägt vom ständigen Blick in den Rückspiegel, obwohl wir, wenn wir ein Auto lenken, nach vorn schauen sollten.

Einer der europäischen Widersprüche: Einerseits sagt und schreibt man allgemein, wir steuerten auf ein Europa der Regionen zu, andererseits regt sich sofort der Widerstand des Staates, wenn eine Region mehr Unabhängigkeit und Autonomie verlangt, es kommt zum Konflikt, manchmal sogar zum Krieg. Zentrifugale Tendenzen waren die Ursache für die Balkankriege. Doch kleinere, nicht ganz so gefährliche Spannungen und Konflikte gibt es auch in vielen anderen Ländern.

11. September 2001
AMERICA UNDER ATTACK – stand unter den Bildern von CNN, die über den Bildschirm liefen.
Ich erfuhr von den Ereignissen durch das Warschauer »Panorama«. Es war 4 Uhr nachmittags. In den nächsten Stunden bewegte ich mich nicht vom Fernseher weg. Die sich wiederholenden Bilder der Flugzeuge, die in die Türme des World Trade Centers rasten. Die Menge der panisch fliehenden Menschen. Der Polizist, der an einer Kreuzung Ordnung zu schaffen versuchte. Über und über mit Staub bedeckt, verloren, ratlos.

Admiral Sir Michael Boyce, Stabschef der britischen Armee, sagt: »Unser Krieg gegen den Terrorismus wird 50 Jahre dauern, genauso lange wie der Kalte Krieg mit dem Kommunismus.« (»The Daily Telegraph«, 27. Oktober 2001)

Wir leben in Zeiten einer radikalen, aufdringlichen Ideologisierung; überall stellt man die Frage: Bist du dafür oder dagegen?

So ist die moderne Welt: Nirgends herrscht völlige Stille. Um völlige Stille zu erreichen, muß man große Anstrengungen unternehmen, sich auf die Suche machen. Vielleicht herrscht bei den Sternen Stille? Aber angeblich auch dort nicht. Die Sterne werden von kosmischen Stürmen erschüttert, von Donner und Entladungen. Die Astronauten sagen, die Milchstraße sei ständig in Lärm gehüllt, unablässig heulten rasende Meteoriten, rauschten Kometen vorbei. Mit einem Wort, der Himmel ist die wahre Hölle!

Meist spricht man von den Vorteilen der Demokratie, seltener von den damit verbundenen Pflichten. Dabei muß die Demokratie, soll sie funktionieren, allen Menschen große Verpflichtungen auferlegen, vor allem die Verpflichtung zur Teilnahme. Doch die Gewohnheit, an etwas teilzuhaben, trifft man dort selten an, wo die entsprechende Tradition fehlt. Deshalb gibt es auf der Welt so viele mangelhafte, schwache, bloß formale Demokratien. Dennoch erscheint die Demokratie am Ende des 20. Jahrhunderts im Bewußtsein der Menschheit als das beste System, das früher oder später alle Gesellschaften und Länder übernehmen werden.

Die Schwächung der Demokratie (Alvin Toffler: die Demokratie hat aufgehört, die einfachen Menschen zu verteidigen) hat zur Folge, daß sich die Menschen immer weniger für Informationen interessieren – diese erscheinen ihnen unnötig.

Die Kluft zwischen den Gruppen von Menschen, die sich wirklich Gedanken machen und reflektieren, und den Institutionen der politischen Macht wird tiefer. Auf der einen Seite haben wir hoch kultivierte Menschen, Autoren wichtiger Werke, profunder Theorien und Meinungen, und auf der anderen politische Praktiker, Regierungsmitglieder, Parteiführer, Besitzer von Medien. Zwischen diesen beiden Lagern gibt es keine Verbindung, keinen Kontakt. Schlimmer noch, die beiden betrachten einander voll Mißtrauen, ja ablehnend.

Die hoch kultivierten Menschen sind machtlos, ohne Stimme, und immer öfter leben sie in einer eigenen, in sich geschlossenen Welt des Universitätscampus, wissenschaftlicher Institute, privater Einrichtungen. Auf der anderen Seite gibt es die Klans der Politiker, Demagogen und Opportunisten, die immer wieder mit Korruptionsaffären von sich reden machen. Die Welt entwickelt sich dahin, daß der Klan die Oberhand über den Campus gewinnt, diesem den Rang abläuft.

Das demokratische Prinzip der Gleichheit der Bürger und der gleichen Rechte für alle kann, wenn man es auf eine Karikatur reduziert, ein Klima schaffen, in dem die Korruption gedeiht. Früher einmal war der Besitz ein Privileg des Königs, der Aristokratie, es handelte sich um ein Recht, das nur den Mächtigen zustand, heute kann selbst jemand aus dem niedrigsten Stand alles besitzen, wenn er nur Gelegenheit hat, genug an sich zu raffen, sich die Taschen zu füllen.

In manchen Ländern ist es dem organisierten Verbrechen bereits gelungen, mit Hilfe von Korruption, Erpressung und Betrug in die Machtzentren vorzudringen und sie zu beherrschen (auch die Zentren der Staatsmacht). Am Ende wird es die ganze Macht im Staat an sich reißen, und wir werden von Gangs, Mafien, Spekulanten, Erpressern beherrscht werden. »Newsweek« vom 9. April 2001 berichtet, daß ein Drittel der Parlamentarier in Taiwan Verbindungen zum organisierten Verbrechen haben.

18. Januar 2001

BBC meldet, daß in Djakarta Demonstranten den Rücktritt von Präsident Wahid fordern – wegen Korruption. Ähnliches geschieht in Manila, auch die Bevölkerung der Philippinen verlangt aus diesem Grund den Rücktritt von Präsident Estrada. Beide Politiker kamen übrigens an die Macht, nachdem die Bevölkerung ihre Vorgänger wegen Korruption aus dem Amt gejagt hatte, Marcos auf den Philippinen und Suharto in Indonesien. An die Stelle eines korrupten Menschen tritt also ein anderer, der sofort beginnt, sich ohne Scham und Skrupel die Taschen zu füllen. Die fortschreitende Kriminalisierung der politischen Welt hat einen zerstörerischen Einfluß auf die Moral der Gesellschaft – sie ermutigt Verbrecher, legalisiert mafiose Verbindungen, ermuntert Schmiergeldzahler, jeglichen Abschaum.

Jedem bewaffneten Konflikt gehen verbale Auseinandersetzungen voraus, bedrohliche Präludien, eine aggressive Kakophonie von Beleidigungen, Schmähungen und Anschuldigungen. Oft läßt schon die Sprache der Parteien erkennen, ob sie auf einen bewaffneten Konflikt zusteuern. Als Illustration dafür kann das 1995 in Belgrad vom Helsinki Komitee für Menschenrechte herausgegebene Buch *Hate Speech* dienen. Seine Autoren analysieren die Veränderungen der serbischen Propagandasprache und zeigen auf, wie die Gesellschaft frühzeitig auf den Krieg, die Aggression vorbereitet wurde.

Meine serbische Übersetzerin Biserka Rajčić sagte mir, der Zerfall Jugoslawiens habe damit begonnen, daß die Programme der Schullektüre geändert wurden. In jeder Republik wurde nur mehr die Literaturgeschichte der eigenen Nationalität unterrichtet. So wurde der große Schriftsteller und Nobelpreisträger Ivo Andrić aus allen nichtserbischen Handbüchern eliminiert.

Neue Kriege in der Dritten Welt. Sie werden gegen die eigene Nation, vor allem gegen Frauen und Kinder geführt. Von Regierungstruppen, Stammesmilizen, Partisanen, Terroristen, Warlords. Lokale Aggressoren, die im eigenen Land ihr Unwesen treiben, rauben die Bevölkerung aus, raffen die natürlichen Ressourcen an sich, handeln mit Rauschgift und Waffen. Und sie führen in großem Umfang brutale ethnische Säuberungen durch.

Moderne Kriege zeichnen sich durch folgende Faktoren aus:
– die Überflüssigkeit großer Armeen,
– die Privatisierung der Gewalt, der kämpfenden Parteien.

Sie töten mit derselben Leichtigkeit, mit der sie atmen.

Januar 2002. Fernsehkanal »Planet«. Ein Dokumentarfilm über Doktor Basson, der in Südafrika ein Laboratorium leitet, in dem er an bakteriologischen Waffen arbeitet, unter anderem an:
– Bakterien, die schmerzhafte Geschwüre und Schwellungen hervorrufen,
– Gifte, die einen Herzinfarkt erzeugen.

Im Film sieht man, wie Doktor Basson, ein junger, schweigsamer Mann, sein Laboratorium verläßt und zum nahen Meer geht, um frische, gesunde Luft zu atmen. Er lächelt uns vom Bildschirm zu. Es ist schwer zu sagen, ob das ein Zeichen seiner Güte ist, oder ob ihm gerade eine neue chemische Verbindung eingefallen ist, die bewirkt, daß wir einen besonders schmerzlichen und qualvollen Tod erleiden.

Während des Gesprächs mit einem jungen, intelligenten und belesenen Studenten der Geschichte erinnerte ich mich, wie ich selber war, als ich so alt war wie er. Ich hatte damals erst ein paar eher wertlose Bücher gelesen und war noch nie im Ausland gewesen (er hat bereits die halbe Welt bereist). Ich dachte auch an meine Altersgenossen: wir waren Opfer der großen Beschränkungen, die uns der Krieg und die Nachkriegsjahre auferlegt hatten, die oft nur eine Fortsetzung des Krieges darstellten. In solchen Momenten denke ich immer daran, daß man Kriegsverluste nicht nur in Zahlen von Toten und Verwundeten oder zerstörter Häuser und Brücken erfassen kann. Als Opfer sind ganze Generationen zu bezeichnen, denen der Krieg das Recht aufs Lernen, auf die Entwicklung, auf Wissen und Kunst, auf das Erfahren der Welt geraubt hat.

A. B.:

»Einsamkeit? Einsamkeit verspüre ich am stärksten in der Menge. Obendrein ist dann die Einsamkeit mit einem Gefühl der Angst verbunden. Daß die Menge losstürmt, mich erstickt, zerquetscht. Wenn ich in der Menge stehe, betrachte ich die Menschen um mich herum als irrationale Wesen, zu jeder Wahnsinnstat bereit. Wenn wir so zusammen stehen und ich plötzlich sehe, wie sie unruhig werden, wie Schweiß auf ihre Gesichter tritt und die Münder sich zu einem Schrei formen, fühle ich mich gefangen und bekomme Angst.«

A. B.:

»Wenn dein Leben in die falsche Richtung läuft, kannst du nichts ändern, solange du nicht die Talsohle erreicht hast und spürst, daß es nicht weiter hinuntergeht. Erst der dumpfe, bedrohliche Ton, wenn du unten aufschlägst, das Bewußtsein, die Talsohle erreicht zu haben, zwingt dich zu einer radikalen Veränderung. Diese ist nur selten vollständig, hundertprozentig. Doch sie kann wichtig sein. Du darfst nicht mit einem einmaligen, endgültigen Triumph rechnen; sammle lieber geduldig kleine Siege.

Nicht aus sich selber heraus zu können, ist schrecklich. Der Mensch wird zu seinem eigenen Opfer, seinem Schergen, und in Ausnahmesituationen: zum eigenen Henker.

Die moderne Alltagskleidung wirkt demokratisierend: Die Entführten und die Entführer sind gleich gekleidet, dasselbe gilt für Präsidenten und ihre Bewacher, Direktoren und Untergebene, Professoren und Studenten.

A. B.:
»Ich traf einen Bekannten, der mir sagte, es sei heute ein Privileg, anders zu sein. Ich antwortete ihm: Ja, aber anders nur unter Leuten, die genauso sind.«

Die postmodernen Formen des gesellschaftlichen Lebens:
– Das tägliche Leben ist zu einem Wert an sich geworden.
– Es ist anonym und privat, in Nischen, nur unter Seinesgleichen.
– Wir wollen, daß unser Leben ohne Erschütterungen verläuft, ohne große Veränderungen, ohne Abenteuer und Torheiten.

Wir leben immer weniger in der Gesellschaft und zunehmend in der Wirtschaft.

Wenn der Mensch im Totalitarismus lebt, nimmt er diesen in sich auf. Die vergiftenden und deformierenden Substanzen, die er in sich aufnimmt, können viel länger überdauern als das System selber. Sie ernähren sich von unserem Blut und können genau so lange leben wie wir.

Das Denken gleitet meist über die Oberfläche der Dinge und Probleme, es möchte alles abrunden und glätten. Nur bei wenigen Menschen versucht es in die Tiefe zu gehen, das düstere, rätselhafte Labyrinth zu erforschen, die dichte und dunkle Materie zu durchdringen.

Viel zu selten wird betont, daß das Gedächtnis ein ganz individuelles Phänomen ist. Auch wenn ein paar Menschen etwas gemeinsam erleben, wird nach Jahren jeder dieses Ereignis anders erinnern. Daher verändert sich auch der Mythos, der mündlich über Generationen weitergereicht wird, im Verlauf dieses Prozesses dauernd und erfährt eine Umformung. Aus diesem Grund ist der Bericht jedes Augenzeugen nur eine von mehreren möglichen Beschreibungen eines Ereignisses – in Wirklichkeit sind zahllose Varianten denkbar.

Jan Patočka über die charakteristischen Merkmale des vergeistigten Menschen:
– Ihn zeichnet die immer neue Fähigkeit aus, sich zu wundern.
– Er versteht es, zu problematisieren.
– Hinter dem aktuell beobachteten Leben sieht er ein zweites Leben: das geistige.

Die Zersplitterung und Privatisierung der Ängste in der modernen Welt. Anstelle der großen, kollektiven, massenhaften, gemeinsam erlebten Ängste vor großen Kriegen oder Epidemien treten heute verbreitet zersplitterte, verinnerlichte, private Ängste – die Angst, in einer dunklen Straße überfallen zu werden, in einem Haustor, einem Zug, die Arbeit zu verlieren, entführt zu werden, die Angst vor Krebs, vor Depressionen usw.

»Alle Menschen träumen«, schreibt T. E. Lawrence, »doch nicht gleicherweise. Jene, die nachts träumen, in den verstaubten Ecken ihres Denkens, sehen beim Erwachen, daß es reine Eitelkeit war. Gefährlicher aber sind die, die am Tag träumen, weil sie mit offenen Augen träumen, damit ihre Träume möglich werden.«

Als ich diese Sätze las (sie stammen aus *Die sieben Säulen der Weisheit*), kam mir eine Notiz von Isaiah Berlin von 1981 in den Sinn: »Es gibt nur wenig, was der Welt so viel Schaden zugefügt hat, wie die Überzeugungen einzelner Individuen oder Gruppen (Stämme, Staaten, Nationen oder Kirchen), sie allein befänden sich im ausschließlichen Besitz der Wahrheit – vor allem, wenn es sich darum handelt, wie man leben, wer man sein oder was man tun soll – und daß alle die, die davon abweichen, nicht nur im Irrtum sind, sondern Wilde oder Verrückte, die man in Ketten legen oder vernichten muß. Es ist ein Ausdruck schrecklicher und gefährlicher Arroganz, zu meinen, daß nur du recht hast, ein magisches Auge besitzt, mit dem du die Wahrheit siehst, und daß die anderen, die eine andere Meinung vertreten, nicht recht haben.«

Ein Lob des Unterschiedes: Sie sind ganz anders! Vor Jahren, noch zu Zeiten des Kalten Krieges, sagte mir der Sprecher der Temple University in Philadelphia,

Arnold Leath, er habe in Moskau zu einem Treffen zwei Professoren der dortigen zentralen Parteihochschule eingeladen. »Aber die sind doch schreckliche Dogmatiker!« wandte ich verblüfft ein. Doch genau das war der Grund, weshalb er sie eingeladen hatte: »Aber sie sind so anders!« sagte Arnold begeistert. Er betrachtete den Unterschied als Vorzug, als Plus. Er war der Ansicht, der Unterschied stelle eine Bereicherung, eine Vertiefung und Belebung dar. Daher suchte er den Unterschied, er brauchte ihn, um sein Wissen zu erweitern und sich seines eigenen Standpunktes zu vergewissern.

Mit vielen Menschen fällt es schwer, zu diskutieren, weil ihr Denken eklektisch ist, voll widersprüchlicher, seltsamer Sätze und Meinungen, wild durcheinandergemischt. Sie finden nichts dabei, etwas zu behaupten und im nächsten Moment das Gegenteil zu sagen, etwas zu bestätigen und es gleichzeitig in Zweifel zu ziehen usw., und das alles machen sie ehrlich, mit dem Brustton der Überzeugung, selbstsicher.

Unsere individuelle Identität entsteht nicht in einsamer Isolation, sondern in Interaktion mit anderen, das heißt im Dialog. Daher hängt es vom Charakter dieser Beziehungen, von ihrem Inhalt und ihrem Klima ab, wer jeder von uns werden wird.

Warschau, Spital in der Działdowska-Straße. 7.45 Uhr morgens. Hektik, Hin- und Herlaufen, Lärm. Selbst wenn man aus dem Tiefschlaf gerissen wurde, ist man, wenn man hierher kommt, auf der Stelle hellwach, bei vollem Bewußtsein. Es sind die Menschen, die diese Wirkung aufeinander ausüben, die sich gegenseitig in Bewegung, in Aktion halten. In solchen Momenten sieht man am besten, daß der Mensch ein Herdenwesen ist, und wie sehr die von anderen ausgesendeten Impulse seine Art zu leben, seinen Rhythmus beeinflussen.

Kälte, Frost, Schnee und Stürme zerstören die Gemeinschaft. Der Mensch wurde in der Sonne geboren, in der Sonne geformt, er kann im Winter nicht leben. Wir brauchen nur in warmen Orten wie Neapel oder Casablanca abends durch die Straßen zu gehen, und wir sehen die Menschen in Massen flanieren, gut gelaunt, fröhlich, umgeben von freundlicher Natur. In Städten wie Trondheim oder Murmansk hingegen sind die Straßen dunkel und menschenleer, die Orte sind wie ausgestorben.

Schwierige klimatische Bedingungen, Dürre, Brände, Epidemien haben in früheren Zeiten die Stämme gezwungen, ständig in Bewegung zu sein, herumzuziehen, zu wandern. Daher hatten sie nur wenig materielle, dauerhafte Güter und Gerätschaften. Alles war ein Provisorium, wurde kurzfristig hergestellt, ad hoc. In dieser Kultur mußten materielle Güter unablässig neu geschaffen werden. Nur die zwischenmenschlichen Beziehungen, die Familien-, die Stammesbindungen waren von Dauer, weshalb man bedacht war, diese zu festigen und zu entwickeln.

Wenn wir in unseren Breiten am Tag herumgehen, arbeiten, unsere Angelegenheiten erledigen und tausend andere Dinge tun, liegt die Menschheit auf der anderen Halbkugel im Schlaf. Wieviele Träume und Visionen, wunderliche Dinge und Schrecken sind es wohl, die den Schlafenden durch den Kopf geistern, Millionen von Welten, in einem Augenblick geboren und nur für ein paar Stunden existierend, um sich im Morgengrauen aufzulösen, oft für immer vergessen zu werden. Und in der nächsten Nacht wieder dasselbe. So geht es seit Tausenden Jahren. Es wird also nur ein winziger Teil der Nacht für Nacht entstehenden Träume in den Mythen, den Märchen, der Literatur festgehalten!

5. September 2001
Hanna Krall rief an. Sie sprach über Menschen, die in der Vergangenheit steckengeblieben sind, die physisch immer noch am Leben sind, doch mental die heutige Welt, die sich fundamental von ihrer unterscheidet, nicht mehr zur Kenntnis nehmen, kein Interesse für sie aufbringen. Das ist die Mentalität von Kombattanten, für die alles in dem Moment zu Ende ging, da der Lärm der letzten Schlacht verstummte, an der sie vor Jahrzehnten teilnahmen.

Der Wert einer Gesellschaft wird nicht an den Errungenschaften einzelner Personen gemessen, sondern an ihrer Fähigkeit, als Gemeinschaft zu agieren.

Tadeusz Zieliński zitiert in seinem Essay »Das Bauerntum in der polnischen Literatur« Oswald Spengler, der zwei Typen von Menschen unterscheidet: die Bauern, geprägt durchs »Dasein«, und die Städter, geprägt durchs »Wachsein«.

In Mexiko treffe ich den karibischen Schriftsteller Dennys Mirceaux. Er sagt mir, ein Farbiger müsse in einer Gesellschaft von Weißen alle Kräfte zusammennehmen und ständig beweisen, daß er gut ist, wert, akzeptiert und anerkannt zu werden. »Der Weiße«, so erläutert Dennys, selber Mulatte, »kann sich ruhig schlafen legen, ich hingegen muß Tag und Nacht schuften, um unablässig den Beweis zu liefern, daß ich Lob und Anerkennung verdiene. Das ist einerseits erniedrigend, andererseits auch ein Ansporn zur Arbeit – und es zeitigt gute Ergebnisse.«

A. B. erzählt eine Episode aus seinem Leben: »Einmal war ich vom Teufel besessen. Ich war besessen, verblendet. Doch verblendet zu sein bedeutet nicht, blind zu sein, nichts zu sehen. Denn der Blinde ist vorsichtig, er gibt acht, ist sensibel. Der verblendete Mensch hingegen ist von Wahnwitz gepackt, brutal und aggressiv.«

»Der Mensch ist erledigt«, schreibt Emil Cioran in dem Essay *Der böse Demiurg*, »er wird nicht dann zum lebenden Leichnam, wenn er aufhört zu lieben, sondern wenn er aufhört zu hassen. Der Haß konserviert.« Und, so könnten wir hinzufügen, mit der Gesellschaft verhält es sich ähnlich. Daher ist jede Macht stets bemüht, ein Feindbild zu schaffen und am Leben zu halten, damit die Untergebenen jemand haben, den sie hassen können und der ihnen Angst einjagt, sodaß sie unter den Fittichen der Macht Schutz suchen.

Siegfried Lenz im Gespräch mit Barbara Surowska:
– »Der Begriff ›Heimat‹ ist enger als der Begriff ›Vaterland‹, und mich interessiert gerade dieses Schrumpfen des Horizonts, diese provinzielle Enge, die Überheblichkeit, die fatalenAnsprü-

che. Die Provinzler fühlen sich oft als Auserwählte des Schicksals, haben das Gefühl unbegrenzter Möglichkeiten ... «
- »Ich meine, es genügt, daß sich ein Schriftsteller mit einem Thema beschäftigt – ausgehend vom eigenen Erleben ... «
- Aufgabe des Schriftstellers ist die »Verteidigung der Ambivalenz, Respekt vor dem Schmerz, der Trauer ... «

Lenz weist darauf hin, daß die Verengung des Horizontes gefährlich ist, weil sie die Urteilsfähigkeit des Menschen beeinträchtigt, ihn für gefährliche Demagogien und Populismus zugänglich macht.

In der »Gazeta Wyborcza« (14. Juli 2001) berührt Anna Wolff-Powęska in dem Essay *Europa wird brauner* das Problem der Opfer der Geschichte. Sie weist darauf hin, daß »das Opfer nicht unbedingt ein besserer Mensch als andere« sein muß. Eine wichtige Feststellung! In unserem Denken wirkt so etwas wie ein Automatismus: Das Opfer (und wir Polen waren immer Opfer der Teilungen, der Okkupation, von Kriegen) ist ein guter, edler, gerechter Mensch, makellos, allein weil er Opfer ist. Ein Opfer zu sein, exkulpiert von allem, damit läßt sich alles rechtfertigen. Dabei kann ein Opfer gleichzeitig ein schlechter, nichtswürdiger, verräterischer, brutaler Mensch sein. Die Situation des Opfers kann eine makellose und ehrenhafte Haltung erzeugen, aber auch üble, verbrecherische Überlebensinstinkte wecken.

Hans Magnus Enzensberger in einem Interview für »La Stampa« (10. Juli 2001):

- »In der Demokratie existieren Pluralismus und Freiheit des Wortes, daher glauben viele Menschen, sie hätten etwas zu sagen«.
- Heute haben »die biologischen Wissenschaften den Platz einer ideologischen Utopie« eingenommen, doch diese »beinhaltet die Gefahr einer gewissen Megalomanie: es werde keine Krankheiten mehr geben, wir werden unsterblich sein ...«
- Es gibt »keine allgemeinen Regeln mehr. Wir befinden uns in einem neuen Territorium und sehen, wie alles abläuft«.
- Die Zukunft des Buches? »Ich bin überzeugt, daß wir bei Büchern einen differenzierten Markt vorfinden werden, ähnlich wie in der Gastronomie, wo es neben den McDonald's herrliche Restaurants für jene gibt, die gern wirklich gut essen«.

Die Menschen glauben an das, was ihnen angenehm ist. An das, was sie brauchen. Sie glauben gern an Versprechen, sie sind denen, die ihnen Versprechungen machen, dankbar.

Marc Bloch, einer der bedeutendsten französischen Historiker des 20. Jahrhunderts, war 53 Jahre alt, als der Zweite Weltkrieg ausbrach. Er trat in die Armee ein und ging nach der Niederlage in den Untergrund, nahm an Widerstandsaktionen teil – und schrieb. Nach seiner Verhaftung wurde er von der Gestapo gefoltert und im März 1944, ein paar Wochen vor der Befreiung, erschossen.

Sein kurz vor dem Tod vollendetes Buch *Apologie der Geschichtswissenschaft* läßt nicht ahnen, daß es von jemand geschrieben wurde, der beim morgendlichen Erwachen nicht wußte, ob er den Abend erleben würde. Es handelt sich um die ruhige, sachliche Reflexion eines Wissenschaftlers über die Geschichte und die Schwierigkeiten, denen wir begegnen, wenn wir sie erkennen und verstehen wollen. (Bloch nannte das Schreiben des Werkes ein »simples Gegengift«, das ihm helfen sollte, in Zeiten der schlimmsten Leiden und Ängste das geistige Gleichgewicht zu bewahren.)

Der Autor unterstreicht die Unsicherheit und Labilität des menschlichen Zeugnisses – ein beunruhigendes Problem für den Historiker, weil die meisten Zeugnisse, auf die er sich bei der Rekonstruktion der Vergangenheit stützt, Aussagen von Teilnehmern und Augenzeugen der Ereignisse sind.

Erstens: »Vom riesigen Fresko, komponiert aus Ereignissen, Gesten und Worten, in dem sich das Schicksal einer gewissen Gruppe von Menschen darstellt, sieht das Individuum, beschränkt durch den beengten Horizont seines Denkens und Auffassens, nur einen kleinen Teil«.

Zweitens: Die Erinnerung ist trügerisch und kann uns rasch in die Irre führen: »Jeder, der auch nur am Rand an einer Aktion teilnahm, weiß genau, daß er oft schon nach ein paar Stunden nicht mehr imstande war, den Ablauf dieser Aktion präzise zu beschreiben.« Daher ist »das Wissen um die Vergangenheit veränderlich, es unterliegt ständigen Umformungen und Vervollständigungen«.

Drittens, und vielleicht am wichtigsten: »Es sind vor allem zwei Arten von Ursachen, die die Wahrhaftigkeit der Bilder abschwächen, die im Gehirn selbst hochbegabter Menschen gespeichert werden. Die einen hängen mit der mentalen Verfassung des Beobachters zum gegebenen Zeitpunkt zusammen, ob er zum Beispiel gelangweilt ist oder aufgeregt. Die anderen mit unserer selektiven Aufmerksamkeit: Abgesehen von wenigen Ausnahmen sehen und hören wir nur das wirklich gut, was uns wichtig ist«.

Die Geschichte ist voller Geheimnisse und Rätsel, schreibt Bloch. Es gebe darin zahlreiche weiße Flekken, oft an den wichtigsten Stellen: »Am 25. Februar 1848 löste der erste Schuß vor dem Palais des Außenministeriums die Ausschreitungen aus, die dann in die Revolution münden sollten. Wurde dieser Schuß vom Militär abgefeuert oder aus der Menge? Das wird sich nie mehr mit Sicherheit feststellen lassen.« Dabei begann mit diesem Schuß eines der wichtigsten Kapitel in der Geschichte Europas und der Welt

– er war das Signal für den Beginn des Völkerfrühlings!

Ein Freund Blochs, Professor Lucien Febvre, fügte hinzu: »Wir haben nie totale Gewißheit, wenn es um historische Fakten geht ... Der Historiker ist nicht jemand, der weiß, sondern jemand, der sucht.«

Das immer raschere Tempo der sogenannten Ereignisgeschichte, also jener, die den täglichen Stoff der Medien ausmacht, vertieft die Kluft zwischen dieser und der viel langsamer ablaufenden, dauerhaften strukturellen Geschichte. Die erste, die wir mit bloßem Auge erkennen, beinahe greifen können, zieht viel mehr Aufmerksamkeit auf sich als die zweite, die gleichsam versteckt abläuft, ungleich schwerer zu erkennen. Und doch ist es ohne Kenntnis und Verständnis dieser Art der Geschichte unmöglich, die Ereignisse zu begreifen, aus denen sich die sichtbare und »greifbare« Geschichte zusammensetzt.

Leon Wieseltier schreibt in seinem Buch *Kaddisch*, wie sehr sich die Geschichte der Natur von der Geschichte der Menschheit unterscheidet: »Ich las eine Diskussion von Geologen über das Phänomen des Massensterbens in der Natur. Ich erfuhr dabei, daß die Geschichte des Lebens auf Erden, wie man sie aus Gesteinsformationen ablesen kann, zahlreiche globale Katastrophen kannte. Wie einer der Diskutanten bewies, hat die Erforschung der Geschwindigkeit dieser Vernichtungsprozesse gezeigt, daß sich diese über lange Zeiträume erstreckten, von einer Million bis zu zehn Millionen Jahren oder noch länger. Das langsame Tempo der Vernichtungsprozesse steht in krassem Gegensatz zur Plötzlichkeit, mit der die gegen den Menschen gerichteten und von ihm selber verursachten Katastrophen hereinbrechen. Erst die Menschen haben das Phänomen der raschen, vor unseren Augen vollzogenen Massenvernichtung erfunden, die von den Zeitgenossen als ihre eigene Katastrophe erlebt wird.«

Es gibt auf der Welt noch Tausende Dinge zu entdecken. Nach wie vor sind ganze Städte und Dörfer, riesige Bauwerke, Standbilder und Gerätschaften im Boden verborgen. In Kairo sagte mir einmal ein Archäologe, vom antiken Osten seien erst ein paar Prozent der möglichen Funde ausgegraben, für mehr reiche das Geld nicht, außerdem wisse man nicht, wo man die Schätze aufbewahren solle. Was sie ausgraben, wird beschrieben und fotografiert und dann wieder zugeschüttet, da sich erwiesen hat, daß Sand am besten konserviert – obendrein schützt er vor Dieben, die antike Fundstücke rauben, ehe sie noch von Experten katalogisiert werden können.

Jede neue archäologische Entdeckung verschiebt die Menschheitsgeschichte weiter zurück in die Vergangenheit. Das heißt, daß wir die Geschichte der Welt ständig von neuem schreiben müßten, weil sogar die neuesten Epochen in dieser immer weiteren Perspektive eine andere Position, andere Proportionen und Bedeutungen einnehmen als bisher angenommen.

Etwas vorherzusehen bedeutet oft, sich zu irren. Das ist eine Regel, die nur wenige Ausnahmen kennt. Wer sich in die Zukunft vorwagt, wird meist bestraft. Doch Prognosen bereiteten immer schon Probleme.

Noch im Jahre 1903 verlieh der polnische Soziologe Ludwik Krzywicki in seinem Buch *Die Agrarfrage* seiner Verwunderung darüber Ausdruck, »wie weit der zivilisierte Mensch die Fähigkeit verloren hat, etwas vorherzusehen, was das Morgen im Strudel des ökonomischen Lebens mit sich bringt«. Als Beispiel nannte er die Überschwemmung des europäischen Marktes mit billigem amerikanischen Weizen, die die europäischen Landwirte überraschte, da ihnen alle Experten versichert hatten, der Weizen von jenseits des Atlantik werde nie nach Europa kommen, weil es in Amerika zu wenig davon gebe, nicht einmal genug, um den Bedarf der wachsenden Massen von Einwanderern zu stillen, die nach Amerika strömten. Krzywicki erinnert in diesem Zusammenhang daran, daß einzig Friedrich Engels Amerika als realen Konkurrenten für Europa bezeichnet hat.

Ein treffendes Wort des englischen Essayisten Simon Jenkins, ehemals Chefredakteur der »Times« (21. 2. 2002): »Was immer wir über den heutigen Tag sagen, wir müssen damit rechnen, diese Ansichten schon morgen zu revidieren.«

Die Historie notiert im Allgemeinen nur Ereignisse, in denen sich der Mensch, die Gesellschaft, die Nation über die Durchschnittlichkeit und Alltäglichkeit erheben, mit einem Wort, sie verewigt nur das Ungewöhnliche und Erhabene, Begeisterung und Emotionen, oft auch Verblendung und Wahnsinn. Den abgearbeiteten Händen, verschwitzten Leibern, geschwollenen Stirnadern, gekrümmten Rücken schenkt sie keine Aufmerksamkeit. Sie schätzt die Mühe gering und wendet sich achtlos von denen ab, deren einzige Sorge darin besteht, den nächsten Tag zu überleben.

Ich wende mich noch einmal dem Thema meines Buches *König der Könige* zu. In der feudalen Gesellschaft gab es eine minutiöse Arbeitsteilung. Dieses Prinzip galt vor allem für die Paläste, Höfe und ihre Bediensteten, also alle jene, deren Existenzberechtigung einzig darin bestand, zu dienen. Rilke erwähnt in seinem *Malte* einen Lakaien, dessen einzige Pflicht es war, den Lehnsessel seines Herrn, eines Schloßbesitzers, hin und her zu schieben. Marie Luise Kaschnitz schreibt in *Gustave Courbet* über eine Dienerin im Hause des Grafen de Choiseuil in Troville in Frankreich, die nur eines zu tun hatte: sie zerstäubte Parfum in den Zimmern. Diese leichten und unwichtigen Pflichten verlangten keinerlei Fähigkeiten und Qualifikationen – die einzige Eigenschaft, die diesen Dienern die Geneigtheit ihrer Herren sicherte, war ihre absolute, unverbrüchliche Loyalität, ihre demütige, blinde Hingabe. Mit einem Wort, es war eine Situation, in der der Einzelne froh war, die Rolle des Objektes einnehmen zu dürfen und nur als Abbild, als Trugbild, als Phantom oder Schatten zu existieren.

In der liberalen katholischen Wochenzeitung »Tygodnik Powszechny« (17. 3. 2002) schreibt Jacek Kubiak über die Krise der katholischen Kirche in Frankreich: leere Kirchen, immer weniger Gläubige, immer weniger Priester.
  Der Soziologe Jean-François Barbier-Bouvet nennt dafür drei Gründe:
  – Die Menschen haben Angst vor den Religionen, weil diese die Tendenz zeigen, die Seelen

zu beherrschen, und das riecht nach Totalitarismus.
- Sie argwöhnen, die Kirche wolle ihr Bewußtsein manipulieren.
- Außerdem hat die Demokratisierung des Lebens mit sich gebracht, daß die Menschen jede Einmischung großer Institutionen in ihr Privatleben ablehnen.

Der Zaddik im Judaismus und der Scheich im Islam stehen für das Bedürfnis nach einem lebenden Vorbild, einem Beispiel, jemand, der Quelle und Verbindung zwischen dir und der Gemeinschaft, dem Glauben, der Kultur sein kann. Mein Bekannter aus Kairo, Achmed, hat nach eigenen Worten jahrelang auf der ganzen Welt seinen Scheich gesucht, die jungen Chassidim aus Pinsk sind Hunderte Kilometer zu ihrem Zaddik in Kozienice gepilgert.

In solchen Fällen genügt es nicht, zu wissen, daß man einen geistigen Führer hat, ihn zu hören und zu sehen, sondern man möchte ihn auch berühren, weil man der Berührung eine mystische Kraft beimißt, der eine Magie, ein Segen innewohnt.

Im Islam gibt es die Überzeugung, nur ein Bekenner Allahs sei im Besitz der Wahrheit, alles andere sei falsch, und dieses Falsche sei bedrohlich und gefährlich.

Diese Ansicht hat ihre Wurzeln in der Geschichte. Als Mohammed seine Weissagungen zu verkünden begann, war die traditionelle Glaubenswelt der Araber voller Gottheiten, Idole und Geister. Um siegen zu können, mußte Mohammed diesen überfüllten, tief im Denken der Gläubigen verankerten Pantheon in Trümmer schlagen und vernichten, um den Boden für den Islam frei zu machen. Daher gibt es im Koran und den Hadithen so viele Aufrufe zum Kampf gegen die falschen Götter und ihre frevlerischen Diener, also gegen alle Ungläubigen.

In unserer Epoche der elektronischen Revolution, in der alle paar Jahre neue Technologien und Kommunikationssysteme eingeführt werden, sind die Generationsunterschiede gleichzeitig Zivilisationsunterschiede.

Ich höre oft Klagen über die Jugend: Sie wisse nichts, habe zum Beispiel noch nie von Himmler oder Beria gehört. Dabei ist ihr Wissen umfassend, wenn auch auf anderen Gebieten. Jede Generation verfügt auf Grund ihrer unterschiedlichen Erfahrungen über ein anderes Wissen. Die Mitglieder verschiedener Generationen interessieren sich für andere Dinge, wollen etwas anderes erfahren und begreifen. Das fällt vor allem dann auf, wenn es infolge historischer Erschütterungen zu einem Abreißen der Kontinuität zwischen den Generationen kommt, zu einer radikalen Änderung des Denkens und sogar der Sprache.

Der Fall von Dariusz Ratajczak, jenem jungen Historiker aus Opole (Oppeln), der die Existenz von Vernichtungslagern und Gaskammern leugnet. Die Presse schreibt, die Vorlesungen, in denen er seine erschreckenden Thesen verkündete, hätten sich bei den Studenten großen Zuspruchs erfreut. Menschen der älteren Generation erstaunt und empört das. Aber so ist der Mensch nun einmal, der in einer Kultur aufgewachsen ist, die unablässig nach Kuriosa sucht und Sensationen als Wert an sich betrachtet, ohne jeden axiologischen Sinn. So ein Mensch sucht die billige Unterhaltung, wichtig ist ihm nicht die Wahrheit, sondern das Spektakel, nicht das Wissen, sondern der Spaß, die Aufregung, der Knalleffekt.

1997 bekam ich von der Schlesischen Universität den Titel Doktor honoris causa verliehen. Aus diesem Anlaß hielt ich am 17. Oktober in Katowice einen Vortrag. Ich begann mit der Episode, die Antoine de Saint-Exupéry einmal in seinem Buch *Wind, Sand und Sterne* erzählte:

Es war in den zwanziger Jahren des 20. Jahrhunderts, zu Beginn der Epoche der Flugzeuge, als mutige Männer die ersten interkontinentalen Flüge wagten. Ein junger französischer Pilot namens Saint-Exupéry erhält den Auftrag, von Toulouse nach Dakar zu fliegen. Für die damaligen Aeroplane war der Flug über die spanischen Berge besonders gefährlich. Der spätere Autor des *Kleinen Prinz* ahnt die Gefahr und ist besorgt. Er studiert die Karte der vorgegebenen Route, doch die sagt ihm nichts. Er holt daher den Rat eines älteren, erfahrenen Kollegen, Henri Guillaumet, ein. Nun beugen sich beide über die Karte. »Was bekam ich da für eine sonderbare Erdkundestunde!« erinnerte sich Saint-Exupéry später. »Guillaumet paukte mir Spanien nicht ein, er machte mir das Land vertraut ... Er erzählte nicht von Guadix, sondern von den drei Apfelsinenbäumen an einem Feldrand vor Guadix: ›Nimm dich vor denen in acht! Zeichne sie auf deine Karte ein!‹ ... Er erzählte auch nichts von Lorca, sondern nur von einem schlichten Bauernhof nahe dabei, ... vom Bauern und von der Bäuerin. Dort saßen sie und waren ... unter ihren Lichtern bereit, wie Leuchtturmwächter Menschen Hilfe zu bringen.« Er sprach nicht über den großen Fluß Ebro, sondern über einen kleinen, auf der Karte nicht eingezeichneten Bach, der ein Feld bei Motril durchschneidet. ... »Vor dem Bach mußt du dich hüten; der verdirbt den Grund. Zeichne ihn ein!« »So zogen wir aus seinem Dunkel,« schreibt Saint-Exupéry, »aus seiner unbegreiflichen Ferne allerlei Wissen, das den Erdkundlern in aller Welt unbekannt ist.«

Als ich vor Jahren diese Geschichte las, dachte ich, daraus könne man mindestens zwei Lektionen ableiten. Die erste: Der beste Weg, um die Welt kennenzulernen, liegt darin, sich mit der Welt anzufreunden. Die zweite: Es besteht eine Verbindung zwischen unserem persönlichen Schicksal und der Existenz Tausender Menschen und Dinge, von deren Existenz wir nichts wußten oder wissen, die jedoch auf verblüffende Weise auf unsere Existenz, den Verlauf unseres Lebens einwirken können, weshalb wir zumindest im eigenen Interesse bemüht sein sollten, nicht nur das kennenzulernen, was wir direkt vor uns sehen, sondern auch das, was weit weg ist.

Der beste Weg zum Kennenlernen führt über die Freundschaft. Das ist die Lektion Saint-Exupérys, dessen ganzes Schreiben getragen ist von einem tiefen, mitreißenden Humanismus. Es ist freilich nicht leicht, sich mit der Welt anzufreunden, und es ist nie zur Gänze möglich. Die Welt ist ein komplexes, widersprüchliches, paradoxes Gebilde, das viel Gutes, aber auch viel Böses in sich trägt, und nicht jeder kann sich immer und überall zum Heroismus durchringen, den es braucht, um das Böse mit Hilfe des Guten besiegen wollen.

Meine Reisen durch die Welt habe ich vor knapp einem halben Jahrhundert begonnen. Ich verbrachte über zwanzig Jahre auf Reisen, die mich durch alle Kontinente führten. Die meiste Zeit lebte ich in der sogenannten Dritten Welt, in Ländern Asiens, Afrikas und Lateinamerikas. Warum habe ich mich ausgerechnet für das Schicksal dieses Teils der Welt interessiert? Dafür gibt es zwei Gründe – einen emotionalen und einen sachlichen.

Ich stamme aus Polesie, dem östlichsten und ärmsten Teil Polens und vielleicht Europas in den Jahren der Zwischenkriegszeit. Ich habe das »Land meiner Kindheit« früh verloren und durfte vierzig Jahre lang nicht dorthin zurückkehren. Es war wohl die Sehnsucht nach dieser einfachen, unterentwickelten Region, die meine Beziehung zur Welt geprägt hat: Ich lebte gern in armen Ländern, weil sie etwas von Polesie an sich hatten. Wenn ich als Reporter die Wahl zwischen der Schweiz und dem Kongo, Paris und Mogadischu hatte, zögerte ich keinen Moment. Ich entschied mich für den Kongo und Mogadischu – dort war mein Platz, dort war mein Thema.

Es gibt noch einen zweiten Grund. Als ich das Studium der Geschichte an der Universität Warschau abschloß, stand ich vor der Wahl, meine Interessen weiter zu verfolgen, indem ich viel Zeit in Archiven verbrachte, oder zu versuchen, die Geschichte im Lauf ihres Entstehens zu erleben, die Geschichte zu beobachten, wie wir sie schaffen und wie sie uns prägt. Ich entschied mich für die zweite Option, weil das damals, Mitte des 20. Jahrhunderts, ein außergewöhnlicher Moment war, eine Ausnahmesituation: wir erlebten die Geburt der Dritten Welt.

Wenn wir heute über das vergangene 20. Jahrhundert sprechen, beschreiben wir es als finstere Epoche der beiden großen Weltkriege und der beiden zerstörerischen Totalitarismen, die Epoche von Auschwitz und Workuta, Hiroshima und Tschernobyl. Doch im 20. Jahrhundert gab es auch eine in der Geschichte bislang nicht dagewesene Entwicklung: die Geburt der Dritten Welt. Ganze Kontinente, Dutzende Länder, Milliarden Menschen erlangten ihre Unabhängigkeit und schufen neue Staaten. Eine Entwicklung dieses Ausmaßes hat es in der Menschheitsgeschichte zuvor nie gegeben und wird es auch nicht mehr geben. Ich hatte das Glück, Augenzeuge und Chronist dieser Ereignisse zu werden.

Das Streben der kolonialen Völker nach Unabhängigkeit und Befreiung wurde noch begleitet von einer anderen Bewegung: von einer massenhaften Migration der ländlichen Bevölkerungen in die Städte. Anfang des 20. Jahrhunderts wurde unsere Erde überwiegend von Bauern bewohnt – diese machten 95 Prozent der Weltbevölkerung aus, gegen Ende des Jahrhunderts wohnten bereits über die Hälfte in Städten.

Was ist heute für die Lage in der Welt am charakteristischsten?

Erstens, daß wir in Frieden leben. Wenn ich das sage, erheben sich sofort Proteststimmen: Was soll das heißen?! Und Ruanda? Und Bosnien? Und Belfast? Diese Proteste sind berechtigt. Jeder Tote ist eine Tragödie, jeder Krieg ein Unglück, eine Katastrophe. Doch wir sprechen hier von der globalen Skala, deshalb sind die Proportionen wichtig. Es gibt gegenwärtig auf der Welt ungefähr dreißig bewaffnete Konflikte, doch die Menschen, die unmittelbar von diesen Konflikten betroffen sind, machen weniger als 1 Prozent der Weltbevölkerung aus. Es ist zweifellos tragisch, daß 1 Prozent der Menschheit unter Kriegen leidet, doch es ist positiv, daß 99 Prozent in Frieden leben. Es gibt heute keinen Kalten Krieg mehr, der uns mit der totalen Vernichtung bedrohte. Die meisten bewaffneten Konflikte haben heute den Charakter von Bürgerkriegen, internen Auseinandersetzungen. Mehr noch: Wenn früher jeder lokale Konflikt die Gefahr einer Ausweitung zum Weltkrieg in sich trug, ist das heute umgekehrt – wenn ein solcher Konflikt ausbricht, ist die internationale Gemeinschaft bemüht, ihn einzudämmen und den Brandherd zu löschen.

Wie gelangen wir aber dann zur Überzeugung, daß wir in einer Welt leben, dominiert von Massakern, Raketen und Ruinen? Dazu müssen wir uns die Entwicklung der letzten Jahrzehnte bewußt machen. Früher stützten wir unser Wissen von der Welt auf eigene Erfahrungen, auf Berichte von Bekannten, vielleicht auch auf Druckwerke. Zu dieser traditionellen, beinahe selber überprüfbaren Wirklichkeit ist in der Epoche der elektronischen Medien nun eine zweite, parallele Wirklichkeit gekommen, geschaffen von den Medien. Wir erleben eine Verdoppelung der Geschichte: Da ist einmal die Geschichte, die irgendwo weit weg passiert, und die andere, die gleich nebenan, gleichsam vor unseren Augen abläuft. Obendrein wird die von den Medien geschaffene Geschichte, da sie leicht vermittelt werden kann, zur einzigen, die wir kennen. Bei der von den Medien kreierten Geschichte handelt es sich jedoch um das verräterische Resultat von Selektion, Manipulation und irreführenden Simplifizierungen. Ein Ereignis, das ein paar Stunden dauerte, muß in wenigen Sekunden gezeigt werden. Und so werden wir alle zu Opfern der Entscheidung, nach welchen Kriterien die Auswahl getroffen wird.

Die zuvor erwähnte Tendenz zum Frieden ist nicht nur deshalb so wichtig, weil sie die Zahl der Opfer, der Zerstörungen und anderer Katastrophen sinken läßt, sondern auch, weil die gesamte Entwicklung des Menschen, Freiheit und Wohlstand und seine schöpferische Existenz nur unter friedlichen Bedingungen möglich sind.

Die zweite heute dominierende Tendenz ist das Streben der Welt nach Demokratie. Die Demokratie ist zur Losung des Tages, zum erstrebten Ziel, dem herrschenden Vorbild geworden. Heute geben sich sogar spießige und chauvinistische Parteien wie die von Schirinowski in Rußland die Bezeichnung liberal-demokratisch. Als ich vor zwanzig, dreißig Jahren durch die Welt reiste, herrschten überall Diktaturen. Militärdiktaturen, Polizeidiktaturen, Einparteien-Diktaturen regierten in Lateinamerika, Afrika, Asien und in weiten Teilen Europas. Heute ist der Typ der Diktatur schon selten geworden, eine Ausnahme, ein ins Auge springender Anachronismus. Keiner strebt mehr danach, eine Diktatur zu errichten. Ihre Zeit ist vorbei, das sehen und spüren wir. Überall wo Demokratie herrscht, können wir eine Verbindung zwischen Demokratie und Kultur beobachten. Die Demokratie ist überall dort schwach, wo das kulturelle Niveau der Gesellschaft niedrig ist. Wenn daher jemand behauptet, er trete für die Demokratie ein, und gleichzeitig fordert er eine Reduzierung der Ausgaben für Bildung, Wissenschaften und Kultur, dann kann man ihn nicht ernst nehmen. Wissenschaft und Kultur werden eine zunehmende Bedeutung bekommen, weil mit der fortschreitenden Entwicklung die Abhängigkeit der Menschen von der Technik, und damit von der Wissenschaft und dem geistigen Potential der Gesellschaft, immer größer werden wird. Dieses Kriterium unterscheidet heute entwickelte Gesellschaften von unterentwickelten: Nicht die Menge von geschmolzenem Stahl zählt, sondern die Zahl von Studenten und Hochschulen.

Die dritte in unserer Zeit vorherrschende Tendenz ist der unablässige Fortschritt, die ungeheure Erweiterung der Welt, das allgemeine Gesetz, daß sich alles vermehrt und vergrößert. Es gibt immer mehr Menschen. Und immer mehr Dinge – Fernseher, Autos, Flugzeuge und Telefone, Uhren, CD-Player, Medikamente und Schuhe, von allem und jedem gibt es mehr. Auch die Entdeckungen und Erfindungen mehren sich. Wir dringen immer tiefer in den Kosmos vor, erforschen präziser die Strukturen der Quarks. »Ich sehe kein Ende dieses Entwicklungs- und Differenzierungsprozesses«, schrieb kürzlich der amerikanische Physiker Freeman Dyson in seinem Buch mit dem bezeichnenden Titel *Infinite in All Directions,* »und es wäre sinnlos, sich vorstellen zu wollen, wie unendlich verschieden die physikalischen, geistigen und religiösen Erfahrungen sein werden, die die Menschheit zu erwarten hat.« Die Welt wird nämlich, so schreibt er, »vom Prinzip der Maximalisierung der Differenzierung« beherrscht, sowohl was die physische als auch die geistige Sphäre betrifft. Leider, so schließt Dyson, »hat das Prinzip der Maximalisierung der Differenzierung oft eine Maximalisierung des Stresses zur Folge«. Wir sollten also wachsam sein und auf warnende Stimmen hören. T. S. Eliot schrieb vor Jahren in dem religiösen Festspiel *The Rock*:

Endloser Ring von Idee und Tat,
　endlose Erfindung, endloser Versuch
　bringt Wissen von Wallung, doch nicht von Stillung:
　…
　Wo ist die Weisheit, die wir im Wissen verloren haben?
　Wo ist das Wissen, das wir in der Information verloren haben?

Diese kritische Reflexion erscheint um so treffender, als das Bild der Welt zahlreiche Mängel, Risse und Schatten aufweist. Wenn wir durch die Welt reisen, fallen uns die krassen Ungerechtigkeiten auf. Die einen leben im Wohlstand, die anderen in ständigem Elend. Das gilt für ganze Gesellschaften, Nationen und Kontinente. Und es ist kein Ausweg, keine Rettung in Sicht. Als ich in den Ländern der Dritten Welt zu arbeiten begann, gab es zu diesen Fragen optimistische Theorien, etwa von Dumont, Rostow oder Galtung. Sie erklärten, die Überwindung der weltweiten Ungleichheiten sei bloß eine Frage der

Zeit, sie werde bald (man dachte an das Ende des 20. Jahrhunderts) verschwunden sein, und dann würden die Menschen überall leben wie in Holland oder in Schweden. Bald darauf setzte eine allgemeine Enttäuschung ein. Die Ungleichheit zwischen dem entwickelten Norden und dem unterentwickelten Süden wurde nicht überwunden, im Gegenteil – sie wird immer größer. Es handelt sich um eine Ungleichheit auf zwei Ebenen. In globalem Maßstab vertieft sich die Kluft zwischen dem reichen Westen und der übrigen, viel größeren Welt, in der zwei Drittel der Menschheit leben. Gleichzeitig vertiefen sich die Ungleichheiten innerhalb der Länder und Regionen. Das ist eine globale Tendenz. Diese Kluft hat längst monströse Ausmaße angenommen: die 368 reichsten Personen der Welt verfügen über ein Vermögen, so groß wie das Einkommen knapp der Hälfte der Bevölkerung unseres Erdballs!

Die Reichen und Armen leben in verschiedenen Welten. Die Reichen meinen, sie könnten das Problem des Armen lösen, indem sie ihm eine Schale Reis geben. Die reiche Welt sieht in der armen Dritten Welt ausschließlich ein biologisches Problem: Wie kann man diese Menschen ernähren? Nicht, wie kann man sie denken lehren, an Bildung heranführen und ihnen Arbeit geben, nur – wie man sie ernähren kann. Doch eine Schüssel Reis ändert nichts am Schicksal des Armen. Armut ist nicht nur ein leerer Magen. Armut ist eine Situation, eine Kultur. Der arme Mensch wird erniedrigt und degradiert. Er sieht keinen Ausweg, keine Zukunft. Orwell untersuchte einmal an sich selber die Folgen des Hungers. Er wohnte in Obdachlosenquartieren und aß tagelang nichts. Später schrieb er, in Folge des Hungers habe er die Fähigkeit zu denken verloren, er sei außerstande gewesen, etwas zu planen, sich zu etwas aufzuraffen. Sein geschwächter Geist war nicht in der Lage, über den Horizont der leeren Schüssel hinauszuschauen, sein Denken beschränkte sich auf die Frage, was er in einer Stunde essen werde. In Afrika war ich oft in Flüchtlingslagern und zog mit Massen hungernder Menschen umher. Eine solche Menge ist wehrlos, passiv. Sie bittet um nichts. Sie beklagt sich nicht. Sie zieht schweigend dahin, apathisch, gleichgültig. Ich sah ganze Stämme, die verhungerten, obwohl die Märkte voller Lebensmittel waren. Doch ein chronisch hungriger Mensch wird sich nie zum Kampf aufraffen.

Wäre es nicht möglich, das Problem des Hungers und der Armut, der Entbehrung und des massenhaften Elends zu lösen, diese Schande und diesen Albtraum der Welt, die mehr als die Hälfte unserer Schwestern und Brüder heimsuchen? Theoretisch schon.

Erstens erzeugt die Welt heute genügend Nahrungsmittel, um die Bedürfnisse von sechs Milliarden Menschen zu befriedigen. Das Problem liegt jedoch in der eklatant ungleichen Verteilung der Güter. Wenn ich in New York bin, läutet vom Morgen bis zum Abend das Telefon: Freunde fragen mich, wo und was ich essen möchte – die Möglichkeiten sind unbegrenzt. Ein paar Tage später irren wir hungrig und schwach durch ein Dorf in Uganda. Wir wissen, daß es nichts zu essen geben wird.

Zweitens könnte man in der Dritten Welt bereits dadurch viel verbessern, daß man Meerwasserentsalzungsanlagen errichtet und die Entwicklung ertragreicherer Reis- und Maissorten fördert sowie wirksamerer Mittel gegen Malaria usw. Doch es findet sich niemand, der das finanziert. Das Großkapital ist auf große und rasche Profite aus, doch in der Dritten Welt läßt sich nicht viel verdienen, und schon gar nicht rasch.

In den letzten Jahren entstanden zwei große Visionen der Zukunft. Sie sind unterschiedlich, ja gegensätzlich, weil darin die Ambitionen und Bestrebungen von zwei verschiedenen Kulturkreisen zum Ausdruck kommen. Die erste Vision beschreibt der Harvard-Professor Samuel Huntington. Im Sommer 1993 publizierte er in der Zeitschrift »Foreign Affairs« einen Essay mit dem Titel *The Clash of Civilisations*. Darin kritisiert er die Ignoranz und den Hochmut der Amerikaner, die überzeugt seien, die ganze Welt steuere auf den amerikanischen Weg zu und sei bereit, die amerikanischen Vorbilder, Institutionen und Werte anzunehmen. Diese Überzeugung bezeichnet er als arrogant und falsch. Das Gegenteil sei richtig. Die modernen nicht-westlichen Zivilisationen zeichne große Lebendigkeit aus. »Sie haben«, so schreibt Huntington, »eine größere demographische Dynamik, es sind kohärentere Gesellschaften, aber mit anderen ethischen Ansprüchen als der dekadente Westen.« Wenn viele meinen, eine Modernisierung auf dem Gebiet der Technik und das massenhafte Angebot von Artikeln der Massenkultur bedeute automatisch eine Verwestlichung der Prinzipien und Ansichten, sei das ein Irrtum. Die Terroristen tragen Jeans, trinken Coca-Cola und bringen im Namen ihrer düsteren Ideale mit den modernsten Waffen unschuldige Menschen um. Die Zivilisation des Westens, so Huntington, ist einmalig und unwiederholbar. In seiner Konzeption kommen vor allem amerikanische Ängste zum Ausdruck: Die beiden größten Bedrohungen für Amerika sind China – demographisch der mächtigste Staat der Welt – und der Islam, der das Erdöl besitzt, ohne das Amerika nicht existieren kann. Beide Gesellschaften erweisen sich als ungemein widerstandsfähig gegen die Einflüsse der amerikanischen Kultur. Huntington meint, der Ausweg für den Westen liege darin, sich nach außen abzuschotten. Sonst werde es zu Kriegen zwischen den Zivilisationen kommen, deren Vorboten seiner Meinung nach die Konflikte in Bosnien oder Afghanistan sind. Die Kritiker warfen Huntington eine »Bunkermentalität« vor, die heute typisch sei für den Westen, der sich zunehmend von der übrigen Welt abzugrenzen versuche.

Eine diametral entgegengesetzte Vision der Zukunft beschreibt der malaysische Intellektuelle Anwar Ibrahim, Autor des 1997 erschienenen Buches *The Asian Renaissance*. Im 21. Jahrhundert, so meint er, werde der Schwerpunkt der Welt in Asien liegen. Hier verbinden sich uralte staatliche Traditionen, lebendige und tiefe ethische Werte, die Kultur ausdauernder Arbeit, die Achtung für Autoritäten, starke Familienbeziehungen und gegenseitiges Vertrauen – alles Bedingungen für Entwicklung und Fortschritt. Das neue Asien sei bereits postnationalistisch – es suche gemeinsame Banden und Interessen. Ibrahim entwickelt eine optimistische Konzeption der künftigen Welt: Die Zivilisationen werden keine Kriege mehr gegeneinander führen. Statt Konflikten wird es Austausch geben, statt Zusammenstößen – Dialog. (Eine ähnliche Konzeption des Kontakts zwischen den Zivilisationen, Kontakt als Austausch, verkündeten vorher Simmel und Mauss.)

Wenn wir heute über die Sicht auf die moderne Welt und über Zukunftsvisionen sprechen, müssen wir uns vor Augen halten, wen wir lesen und hören. Wenn wir eine pessimistische Stimme hören, voll Verbitterung und Enttäuschung, ist das sicher eine Stimme aus Europa. Es ist unmöglich, sich von den tragischen Erfahrungen Europas frei zu machen. Wenn wir jedoch positive Prognosen vernehmen, dynamische, kühne und zuversichtliche Bilder sehen, helle Töne und Farben, stammt der Autor aus Asien oder Lateinamerika.

Es fällt nicht leicht, sich bewußt zu machen, daß wir nicht allein auf der Welt sind. Und daß die Anwesenheit anderer, auf fernen Kontinenten wohnender Menschen einen Einfluß auf uns und unser Schicksal haben wird. Dem Denken, das diese Tatsache ignoriert, fehlt eine wichtige globale Perspektive. »Unsere Veränderung liegt darin, daß wir erstmals seit Jahrhunderten aufgehört haben, uns nach Europa, nach dem Westen zu orientieren. Wir beginnen uns selber zu sehen und zu entdecken«, schreibt Anwar Ibrahim.

Durch die Weltpresse geht ein Bild des Papstes vom Weltjugendtreffen in Paris. Wir wissen, wie sehr Johannes Paul II. auf die Symbolik seiner geistlichen Diener Wert legt. Auf dem Bild sieht man den Heiligen Vater in Begleitung von acht Jugendlichen zum Altar gehen: vier Mädchen und vier Buben. Nur einer von ihnen ist weiß.

Was läßt sich über diese Welt sagen? Vielleicht, daß sie heute, an der Schwelle des 20. zum 21. Jahrhundert, in ihren fundamentalen Grundlagen, ihren Grundstrukturen, im Verhältnis der Kräfte und in der Richtung ihrer Entwicklung sehr stabil erscheint. Vielleicht wird in den nächsten Jahren nichts wirklich Wichtiges geschehen. Die Welt steuert auf keinen großen Krieg zu, auf keine Revolution, keine globale Katastrophe. Die großen Presseagentur klagen über den Mangel an sensationellen Nachrichten. Wir dürfen aber nicht vergessen, daß alles brüchig ist, weil das Leben brüchig ist; seine schwache Struktur wird von zahlreichen Übeln belastet: von den Übeln des Nationalismus und Chauvinismus, des Hasses und der Aggression, der Gleichgültigkeit und Brutalität, der Gemeinheit und der Dummheit.

Es fällt schwer, über unsere Welt zu sprechen, weil sie von jedem Punkt aus anders aussieht – und die Zahl der Blickpunkte ist groß.

In der Welt hat sich eine neue Form des Tourismus entwickelt, betrieben von Einzelnen, Paaren, manchmal Gruppen. Diese reisen um des Reisens willen, wobei es ihnen nur darum geht, unterwegs zu sein, sich anderswo aufzuhalten – ohne konkretes Ziel. Diese neuen Touristen wollen niemand kennenlernen, sie wollen nichts erfahren, sie wollen einfach irgendwo sein, zum Beispiel in Indien, Argentinien oder Marokko – das genügt ihnen. Sie sind globale Flaneure, moderne Weltenbummler. Sie reisen, um von Punkt A zu Punkt B zu gelangen, mehr wollen sie nicht.

Die Monatszeitschrift »Podróże« (Reisen). Eine Preisverleihung für junge Reisende. Einer erzählt seine Eindrücke von der ersten Reise in die große Welt: »Ich fuhr mit dem Fahrrad rund um die Welt. Auf Grund dieser Erfahrung kann ich sagen, daß die Menschen überall gut sind. Doch eines fiel mir auf. Wir kamen zu einem Ort. Dort umringten uns herzliche, gastfreundliche Menschen. Bei uns wird man euch gut behandeln, sagten sie, doch überlegt euch, ob ihr wirklich weiterfahren wollt, denn im nächsten Ort wohnen böse, gefährliche Menschen. Wir fuhren trotz der Warnungen weiter. Als wir den Ort erreichten, empfingen uns wieder herzliche, gastfreundliche Menschen, die jedoch gleich wieder sagten: Bei uns wird man euch gut behandeln, aber dort, wohin ihr noch wollt, müßt ihr euch in acht nehmen, denn dort sind die Menschen böse und gefährlich.«

»Man läßt unterwegs immer ein Stück von sich zurück.«
Tadeusz Makowski, *Erinnerungen*

In den vergangenen fünfhundert Jahren erlebte Afrika zwei unterschiedliche Historien: die der Küstenstriche (die Geschichte des Handels, des Raubes, interkultureller Kontakte und Konflikte) und die der im Landesinneren gelegenen Gebiete, in die nur selten Fremde gelangten, weshalb das Leben traditionell, unabhängig von der Außenwelt ablief. Dort überdauerten alte Königreiche und soziale Strukturen, blieben ursprüngliche Sitten und Religionen erhalten.

Gibt es in den afrikanischen Religionen ein Gebet? Eher magische Riten, Gesänge, ekstatische Tänze. Die Religionen Afrikas haben ihre Wurzel nicht in einer Heiligen Schrift. Ihre Rituale werden von den Alten weitergereicht – daher die wichtige Rolle, die die Stammesältesten in diesen Gesellschaften spielen, die Achtung, die man ihnen entgegenbringt. Der Alte ist derjenige, der etwas bewahrt, etwas weitergibt, etwas weiß. Obendrein glaubt man, wenn jemand in diesen elenden, lebensfeindlichen Bedingungen ein hohes Alter erreicht, müsse er in der Gunst der Götter stehen, von ihnen auserwählt sein. Dadurch gewinnt er an Bedeutung und wird über die anderen gestellt.

Mizumu nennt man in der Gesellschaft der Baganda die Geister der Vorfahren. Wenn die Lebenden sich nicht um sie kümmern, werden sie böse, rufen Krankheiten hervor, bringen sogar den Tod. Die Gottheit der Baganda heißt Katonda. Geheimnisvolle Kräfte können auch Bäume, Felsen und Flüsse besitzen. Ein Rinderhorn kann ein heiliger Gegenstand sein. Bei Hirtenstämmen herrscht ein Rinder-Kult. »Gott wurde im Herzen einer Kuh geboren«, schreibt der Anthropologe Luc de Hensch.

Afrika: »You eat!« Diese Aufforderung richtet man an einen Kranken. Die Art der Krankheit ist unwichtig. Jede Krankheit läßt sich heilen, wenn man ißt. Essen kräftigt dich, und wenn du kräftiger wirst, kannst du jede Krankheit besiegen. Es herrscht die Überzeugung, Armut und Hunger seien die Wurzel der Krankheiten. Wer arm ist, hungert, und der Hungrige ist schwach, daher wird er krank. Das Essen hat noch einen anderen Vorteil. Der satte Mensch erscheint würdevoll, trägt eine stolze Miene zur Schau und geht selbstsicher. Noch besser ist es, wenn er einen großen Bauch hat. Ein großer Bauch wird von allen bewundert. Was für ein Gegensatz zu einem Armen! Der Arme ist hager, er schleicht schüchtern und verschämt dahin, als wolle er nicht gesehen werden, als wolle er sich dafür entschuldigen, daß er lebt.

Die afrikanische Politik wird oft ausschließlich negativ gesehen und mit Korruption und Verbrechen in Verbindung gebracht, weil man Schlächter und verrückte Regenten wie Idi Amin, Mobutu, Nguema oder Doe als Symbole des ganzen Kontinents ansieht. Dabei hat Afrika auch hervorragende Politiker und kluge Staatsmänner hervorgebracht. Wir brauchen nur an Julius Nyerere, Nelson Mandela, Agostinho Neto, Amical Cabral, Thomas Sankara, Léopold Senghor und viele andere zu denken.

Der ugandische Soziologe Mahmood Mamdani sagte mir, die Ursache allen Elends in Afrika sei die Schwäche des postkolonialen Staates. Dieser Staat war von Anfang an unfähig zu funktionieren. Obendrein hat der junge, aufrührerische afrikanische Nationalismus, statt den Staat zu reformieren, zu korrigieren, zu verbessern, alles getan, um dieses unförmige bürokratische Gebilde zu bewahren. Er hat keinem gestattet, Hand an ihn zu legen.

Bevor der guineische Autor Manthia Diawara in seinem Buch *In Search of Africa* über die Ansichten eines Autors schreibt, informiert er uns, welcher Rasse dieser angehört und ob es sich um einen Mann handelt oder eine Frau. Nach diesen Kriterien beurteilt er Wert und Bedeutung seines Standpunktes. Zum Beispiel Jean Paul Sartre. Ein weißer Mann. Ihr seid euch nicht immer darüber im klaren, scheint uns Diawara zu sagen, wie wichtig für unser Denken und Fühlen Hautfarbe und Geschlecht sind.

Ruanda. Wenn ich hierher komme, bekomme ich jedesmal zu hören: »Es waren die Kolonialisten, die uns den Unterschied zwischen Tutsi und Hutu einbleuten. Wir haben diese Unterscheidung vorher nicht gekannt.«

In traditionellen afrikanischen Gesellschaften verwendet man viel Energie darauf, Harmonie und Eintracht zu bewahren. Wenn ein Streit ausbricht, versuchen die Menschen nicht, die Wurzeln des Konflikts, die Ursachen und das Wesen des Haders zu ergründen, sondern bemühen sich nach Kräften, wieder Eintracht und Ordnung herzustellen, die Streitparteien auszusöhnen, einen Kompromiß zu finden, wobei sie stundenlang diskutieren.

Tansania. Im Landesinneren traf ich einen alten Mann. Er saß vor seiner Hütte auf einem Holzklotz. Er tat nichts. Sein Enkel diente als Dolmetscher. Er sagte: »Der Großvater hat gesagt, daß er von der Welt nur sein Dorf und das nächste, gleich nebenan, kennt. Das zweite Dorf kann man von hier aus sehen, es liegt dort auf dem Hügel. Was weiter ist, weiß der Großvater nicht, doch er sagt, weiter entfernt sei es sicher ähnlich wie hier.«

Als der Kleine geendet hatte, lächelte mir der Mann zu und deutete mit der Hand auf den Hügel und das Dorf – den Ort, wo die Welt endete.

Afrikanische Schriftsteller wie Ngugi wa Tiongo oder Chinua Achebe kritisieren Joseph Conrad, Tania Blixen und andere wegen dem, was sie über Afrika geschrieben haben (*Herz der Finsternis, Jenseits von Afrika*). Sie werfen ihnen vor, sie seien genau wie andere weiße Autoren nicht nach Afrika gereist, um den Kontinent kennenzulernen und sich in dessen Welt zu vertiefen, sondern um sich mit privaten, subjektiven Problemen auseinanderzusetzen, um sich einer Last zu entledigen, zu vergessen usw. Mit einem Wort, Afrika sei für sie bloß ein Hintergrund, eine Szenerie, in der sich die Bewohner des Kontinents als anonyme, kaum sichtbare Schatten bewegen.

Noch einmal Afrika:

Mauretanien. 1963 fuhren wir mit einem Franzosen aus Senegal durch die Wüste von Mauretanien. Wir kamen zu einem sterbenden Dorf. Tote saßen an die Lehmwände der Hütten gelehnt, lagen in den Höfen. Offenbar hatte es im Dorf eine Epidemie gegeben, Cholera, *cerebral malaria*, ich weiß nicht, was. Die Tropen bringen zahllose Krankheiten hervor. Zwischen den elenden Hütten liefen aufgeregt und ziellos Hunde herum, sie wirkten wie betäubt, verrückt. Auf der Schwelle einer Lehmhütte hockte ein hagerer Alter. Er lebte noch, denn er streckte uns die Hand entgegen. Der Franzose hatte ein paar Aspirin dabei, die er dem Alten gab. Der nahm sie, hatte jedoch nicht mehr die Kraft, sie festzuhalten, so daß die Tabletten auf den Boden fielen. Wir fuhren weiter, nach Nuakschott. Vor dem Ort gab es einen Gendarmerieposten. Aus einer Blechbaracke trat ein schlampig gekleideter Gendarm. Der Franzose erzählte ihm von dem sterbenden Dorf. Der Gendarm hörte gleichgültig zu, zuckte die Achseln, bat um eine Zigarette und kehrte rasch in den Schatten der Baracke zurück, da die Sonne unbarmherzig niederbrannte.

Uganda. Die mystisch-militärische Bewegung von Joseph Kony. Seine Leute entführen Kinder, schlagen sie, lassen sie hungern und machen sie zu Kindersoldaten. Eine der Torturen besteht darin, daß die Armee der geknechteten und verwirrten Kinder in der entsetzlichen Hitze, die in diesem Grenzgebiet zwischen Uganda und dem Sudan immer herrscht, den ganzen Tag marschieren muß, vom Morgen bis zum Abend. Die Folge sind totale Erschöpfung, Abstumpfung, Niedergeschlagenheit, Apathie, Desorientierung. Manchmal kommt es zu Anfällen kollektiver Raserei: Die Kindertruppen Konys überfallen Dörfer und bringen alle Bewohner um, brennen alles nieder und rauben, was es noch zu rauben gibt.

Die Tropen: In der Trockenperiode sind die Menschen mobiler, es ist die Zeit der Besuche und Reisen. Anders in der Regenzeit – die Wanderungen der Menschen lassen nach, die im Schlamm versinkenden Wege sind leer, die angeschwollenen Flüsse machen ein Überqueren unmöglich. Die Regenzeit ist auch die Zeit vermehrter Krankheiten und Epidemien.

Die Schwäche der europäischen Anthropologie liegt darin, daß sie außereuropäische Gemeinschaften als Forschungsobjekte betrachtet und nicht als kulturelle Partner.

Wenn wir uns in die Welt der alten Mythen und Legenden vertiefen – hinduistische, tibetanische, aztekische, afrikanische – erstaunt uns ihre Fülle, die schier unerschöpfliche Kreativität der menschlichen Vorstellungskraft, die erzählerische Kraft, farbliche Sensibilität, psychologische Intuition. Diese Vorstellungskraft hat zahllose Götter und Gottheiten geschaffen und diese mit den unwahrscheinlichsten Eigenschaften versehen, ihnen die unglaublichsten Schicksale zugesprochen! Doch ihre Quellen sind offenbar versiegt, die Vorstellung hat sich erschöpft, denn seit über einem Jahrtausend ist keine universale Religion mehr entstanden.

23. Juli 2001

Radio Swoboda sendet ein Interview mit Alexander Jakowlew. Jakowlew war früher Mitglied des Politbüros des ZK der KPdSU, dann ein Ideologe der Perestroika und einer der engsten Mitarbeiter Gorbatschows. Nun sagt er in seinem Interview, das kommunistische System habe sich in seiner letzten Phase, unter Chruschtschow und Breschnew, vor allem durch Rituale erhalten. Wer die Rituale befolgte, konnte ungestört leben. Es gab allerdings zwei Formen des Lebens: das wirkliche, private, und das offizielle, eben das rituelle.

Weiter sagt er, er habe nie an die Chancen der Dissidenten geglaubt. Er sei der Meinung gewesen, das System könne nur von innen heraus verändert werden, durch eine »schweigende Front der Reform« – innerhalb der Partei. Und noch mehr: Nach Jakowlews Meinung wurde das System mit seinen eigenen Waffen geschlagen – es stürzte, zerfressen von Zynismus. Der Parteiapparat war überzeugt, die Prophezeiungen und Versprechen der Führer würden nie in Erfüllung gehen. Deshalb hörten sie auch ruhig zu, als Gorbatschow Reformen und eine Demokratisierung verkündete, und gaben ihm sorglos ihre Stimme. Sie waren der Meinung, er werde die Versprechen der Perestroika ohnehin nie einlösen.

Und die Zukunft? Jakowlew fürchtet die russische Klasse der Bürokraten. Die Beamten vertilgen jede Reform, prophezeit er. Sie werden sie vertilgen, und es wird nichts übrigbleiben von ihr.

20. August 2001

Es ist immer noch heiß. Der aufgeheizte Himmel hat die Farbe von Perlmutt. Bei mir war Sławek Po-

powski, der Korrespondent der »Rzeczpospolita« in Rußland. Morgen kehrt er nach Moskau zurück. Er sagt, Putin habe seine Position gefestigt, es gebe keine Opposition, die ihm gefährlich werden könne. Die Opposition wurde marginalisiert. Ich frage ihn nach Namen, die in den Jahren der Perestroika bekannt waren. Diese Leute gibt es nicht mehr, antwortet er, er wisse nicht, was mit ihnen geschehen sei. Das Rad der Geschichte dreht sich schnell, viele Menschen kommen nicht mit bei dem Tempo, sie fallen zurück, bleiben hinten, man sieht sie noch einige Zeit, dann verschwinden sie spurlos.

22. Juli 2001

Ich habe mir eine Etappe der Tour de France angesehen (nach Saint-Lary in den Pyrenäen). Der Amerikaner Lance Armstrong hat gewonnen. Eine Minute hinter ihm kam ein Deutscher ins Ziel, und nach diesem zwei Spanier. Doch die Reihenfolge erfuhr ich erst am nächsten Tag, als ich die Zeitung las, denn auf dem Bildschirm war es unmöglich festzustellen, wo welcher Fahrer fuhr. Auf der Rennstrecke herrscht Gedränge, überall bunte, grell bemalte Motorräder und Autos, begeisterte, auf die Fahrbahn drängende Zuschauer, so daß es nicht leicht ist, in diesem Gewühl den in die Pedale tretenden, sich förmlich durchkämpfenden Rennfahrer auszumachen. Er verschwindet wie ein Schauspieler auf einer riesigen, mit Kulissen vollgeräumten Bühne. Im übrigen erscheint es so, als seien alle nur mit sich selber beschäftigt, nur daran interessiert, sich auf diesem lebhaften, lärmenden Corso zu vergnügen. Man muß schon ganz genau hinschauen, um in diesem Trubel die erschöpfte Gestalt eines Rennfahrers zu entdecken, der sich mit letzter Kraft auf den Gipfel schindet, wo sich – endlich! endlich! – das Etappenziel befindet.

Paris. Ein sonniger Morgen. Die Menschen eilen zur Arbeit. Autos und Motorräder jagen dahin. Gleich nebenan, auf dem Place Saint-Germain-des-Prés, ist es ruhiger. Auf einer Seite des Platzes steht im Grün der Bäume der Sandsteinblock der Église Saint-Germain-des-Prés. Gegenüber, im Schatten von Markisen, eine Reihe von Stühlen des Café Les Deux Magots. Das Café von Sartre und Simone de Beauvoir. Etwas weiter die Libraire La Hune und dann das Café de Flore. Die französische Literatur der Mitte des 20. Jahrhunderts kreiste um diesen Ort.

Ewa Garlik, die seit einem halben Jahr in London wohnt und arbeitet, erzählt ihre Eindrücke:
London ist riesig, grenzenlos. Erschreckende Entfernungen. Ewa braucht eine Stunde zur Arbeit, doch sie kennt Leute, die zwei Stunden und noch länger in eine Richtung zur Arbeit fahren: das bedeutet, den halben Tag in Schlangen und im Verkehr, in der Metro, im Autobus zu verbringen, begleitet vom monotonen Pochen der Zugräder, unter gleichgültigen, erschöpften Gesichtern einer apathisch schaukelnden Menge – und das Monate, Jahre. Wie wirkt sich das auf das Denken eines Menschen aus, auf seine Empfindsamkeit, seine Energie? Alle zusammengedrängt, aneinandergepreßt, einer neben dem anderen, so daß jeder die Wärme des Nächsten spürt, und doch sind sie einander fremd, interessieren sich nicht füreinander, ja hegen sogar Abneigung.

Globalisierung und Internet bedeuten angeblich Gemeinschaft und Annäherung, allerdings nur scheinbar, denn wenn wir einander körperlich begegnen, Auge in Auge, dann spüren wir gleich die Andersartigkeit, die Fremdheit des Gegenübers – und fühlen uns abgestoßen.

Ich fahre mit dem Zug von Bologna nach Mailand. Vor dem Fenster zieht das flache Land vorüber, gepflügte Felder, die ausgefransten Linien der Raine, kotige Feldwege, Vogelschwärme, einmal in Bewegung, dann wieder reglos unter den Wolken schwebend, mit einem Wort, ein Anblick wie in Masowien oder Kujawien, sehr polnisch.

Zuvor am Bahnhof von Bologna. Reisen bedeutet oft eine ungeheure Zeitvergeudung. Warten, überall Warten: auf den Stationen, den Flughäfen, in den Hotels und Häfen. Das Schlimmste am Warten ist, daß man nicht weiß, wie lang es dauern wird. Daß man keinen fragen kann, weil die Menschen um einen herum es auch nicht wissen. Langsam versinken wir in Betäubung, wir spüren und denken nichts mehr. Die Zeit, für gewöhnlich gezählt, pedantisch gemessen, aufmerksam auf der Uhr verfolgt, wird relativ und dehnbar, ihre sonst scharfen und ausgeprägten Züge verschwimmen, sie wird schwer, zähflüssig, bis sie uns schließlich mit ihrer unerträglichen Klebrigkeit vollends übermannt.

»Le Monde« vom 22. April 2000:
Brasilien: Vor fünfhundert Jahren gab es hier fünf Millionen Indianer, heute sind es nur mehr dreihunderttausend. Vielleicht werden noch vor dem Ende

des 21. Jahrhundert auch diese restlos ausgerottet sein.

1. Mai 2000

Am Morgen kehrte ich aus New York zurück. Ich war dort eine Woche. An einem Abend traf ich meine iranische Übersetzerin, Roshan Vaziri. Sie war in Begleitung ihrer Tochter Miriam, die in New York als Dentistin arbeitet. Miriam sagt, es falle den Amerikanern schwer, sich auf gemeinsame Probleme zu konzentrieren, weil die Gesellschaft *very community minded* sei. Jeder ist Mitglied irgendeiner *community* und denkt nur an deren Probleme. Es gibt die *community of black blind women* und die *community of white blind women* usw. Ein anderes Problem, so Miriam, besteht darin, daß die Medien die Aufmerksamkeit von den wichtigen Dingen ablenken, indem sie Pseudohelden schaffen, die Millionen von Fernsehzuschauern in Bann halten: O. J. Simpson, Monica Lewinsky, der kleine Gonzalez aus Kuba, eine ganze Schar gestern noch unbekannter Gestalten, die unsere Aufmerksamkeit in Anspruch nehmen, um am nächsten Tag für immer vom Bildschirm zu verschwinden.

20. November 2001

Ein Tag mit Francis Fukuyama. Seine Denkweise, seine Sicht der Welt interessieren mich.

Fukuyama ist mittleren Alters, bescheiden und umgänglich. Während er sich im normalen Umgang als ruhig und höflich, um nicht zu sagen schüchtern erweist, ist der Autor von *Das Ende der Geschichte* in der Diskussion ein schwieriger Partner, ja man kann kaum mit ihm diskutieren, da er keinen Meinungsaustausch zuläßt. Für jede Frage hat er eine Antwort parat, die er unverzüglich, ohne zu zögern äußert, selbstsicher, keinen Widerspruch duldend. In seinem Denken ist kein Platz für Zweifel, für Fragezeichen oder Skepsis. Wenn es ein Problem gibt, dann wird das früher oder später gelöst werden. Die Armut? Die wird liquidiert werden. Krankheiten? Man wird Mittel dagegen finden. Die Luftverschmutzung? Man wird Filter installieren, usw. Die Wirklichkeit leistet keinen Widerstand, und wenn sie den leistet – dann muß er überwunden werden. Auch in Fukuyamas Welt können Probleme auftauchen, doch sie können mit Sicherheit gelöst werden. Ein allumfassender, siegesgewisser Optimismus.

Diese Art des Denkens bietet keine Anhaltspunkte für ein echtes Gespräch, einen Dialog. Die Oberfläche des Diskurses ist glatt, aerodynamisch, so daß Fukuyama mühelos alle Schwierigkeiten überwindet.

»Ich muß einmal irgendwo sagen,« schrieb Mircea Eliade im Jahre 1952, »daß nicht die Revolution des Proletariats das wichtigste Phänomen des 20. Jahrhunderts gewesen ist – und vor allem nicht sein wird, wie es die Marxisten vor siebzig, achtzig Jahren voraussagten –, sondern die Entdeckung des nichteuropäischen Menschen und seiner geistigen Welt. … Es wäre interessant zu sehen, was Marx die exotischen und traditionellen (primitiven) Kulturen bedeuten. Heute fangen wir nämlich an, uns der Noblesse und geistigen Eigenständigkeit dieser Kulturen bewußt zu werden. Der Dialog mit ihnen erscheint mir viel bedeutsamer für die Zukunft des europäischen Denkens als die geistige Erneuerung, welche die radikale Emanzipation des Proletariats bringen könnte.«

24. Juni 2001

Nach jahrelangen Reisen durch die Welt sehne ich mich heute nach einer Klosterzelle. Leere Wände, eine Tür, ein Fenster, ein Bett, ein Tisch, ein paar Bücher, Papier, ein Bleistift. Ein Fenster hinaus zum Klostergarten. Dieser ist leer bis auf einen Baum. Ein Stück Wiese, Berberitzensträucher. Sonst ist nichts zu sehen. Von draußen dringen keine Stimmen herein. Manchmal verirrt sich ein Vogel ins Zimmer. Manchmal regnet es. Im Winter wird es weiß.

Am Morgen verkündet eine Glocke die Stunde des Gebetes. Das Gebet ist eine Aufforderung zur inneren Sammlung. Es erinnert daran, wie wichtig diese ist. Es erinnert auch an die Demut, an das Wissen um die Grenzen: wir können nicht alles erfassen. Wir können nicht ans Ziel gelangen. Wir können uns ihm bloß annähern. Das ist schon viel, es ist zwar nicht alles, aber sehr viel.

Dann gehen wir zum Frühstück ins Refektorium. Während der Mahlzeit schweigen wir. Anschließend suchen wir unsere Zellen auf. Man hört das Geräusch der zufallenden Türen. Nun haben wir bis zum Mittagessen Ruhe. Ich kann mich hinsetzen und schreiben.

11. September 2001

Jeder Tag, jede Stunde ist wichtig. Ich fühle, wie mich die Zeit antreibt, ich spüre ihren Druck. Ich verspüre Unruhe. Ständige Gewissensbisse, weil ich die Zeit vergeude. Einen Unwillen allem gegenüber, was nichts mit dem Schreiben zu tun hat, mit dem Nachdenken über einen neuen Text, ein neues Buch.

Dieses Thema verdanke ich meiner Erfahrung als Reporter. Ich reise nun seit bald einem halben Jahrhundert durch die Welt, es ist also Zeit, meine Eindrücke zusammenzufassen.

Die Feststellung, daß die Welt mannigfaltig ist, erscheint banal, dennoch muß man damit beginnen, weil die Mannigfaltigkeit ein konstitutives Merkmal der menschlichen Familie darstellt, ein Merkmal, das sich in Jahrtausenden nicht verändert hat.

Obwohl diese Mannigfaltigkeit sofort ins Auge springt, fällt es unserem Denken nach wie vor nicht leicht, sie zu begreifen und zu akzeptieren. Unser Denken weist apodiktische, vereinheitlichende Tendenzen auf, es will alles identisch und gleich haben, nur unsere Kultur, unsere Werte seien von Bedeutung, die wir – ohne die anderen zu fragen – als die einzig vollkommenen und universalen betrachten.

Darin liegt die ganze Widersprüchlichkeit der Welt: die Widersprüchlichkeit zwischen ihrer faktischen, objektiv existierenden Mannigfaltigkeit und dem hartnäckigen Streben unseres Denkens, diese durch die Sicht einer einheitlichen, homogenen Welt zu ersetzen. Dieser unüberbrückbare Widerspruch hat zahlreiche Konflikte, auch blutige Auseinandersetzungen hervorgebracht.

Wie war das früher? Wenn man nicht allzu weit in der Vergangenheit zurückgeht, gab es in den letzten fünfhundert Jahren, also ungefähr seit den Entdeckungen von Kolumbus, eine gewisse »ungleiche Ausgeglichenheit« in der Welt, die für die kulturelle Situation kennzeichnend war: in diesem Zeitraum dominierte die europäische Kultur. Ihre Muster, Maße und Symbole galten als universale Kriterien. Europa beherrschte nicht nur politisch und wirtschaftlich, sondern auch kulturell die Welt.

Es genügte die Kenntnis der europäischen Kultur, ja es genügte, ein Europäer zu sein, um sich überall als Herr, als Besitzer, als Beherrscher der Welt fühlen zu können. Der Europäer brauchte dafür keine Qualifikationen, kein zusätzliches Wissen, keine geistigen oder charakterlichen Eigenschaften. Das konnte ich in den fünfziger und sechziger Jahren in Afrika und Asien beobachten. Ein Europäer, der zu Hause höchstens eine durchschnittliche Position einnahm, wurde in Malaysia oder Sambia gleich zum Hochkommissar ernannt, zum Vorsitzenden einer großen Gesellschaft, Direktor eines Spitals oder einer Schule. Die Einheimischen hörten sich demütig seine Belehrungen an und versuchten, sich seine Ansichten und Theorien möglichst rasch anzueignen. In Belgisch-Kongo schufen die Kolonialbehörden die Kategorie der sogenannten *evolués* – zu denen wurden alle jene gerechnet, die den Zustand der ursprünglichen »Wildheit« bereits abgelegt hatten, aber noch nicht die Bezeichnung europäisierter Menschen verdienten: *evolués* verkörperten einen Zustand dazwischen, auf dem Wege nach Europa. In Brüssel meinte man, es könne ihnen durch eifrige Bemühungen, große Anstrengungen, Geduld und guten Willen einmal gelingen, sich auf das Niveau der Europäer zu erheben, das heißt: die Höhen der Menschlichkeit zu erreichen. Den schmerzlichen und erniedrigenden Prozeß, dem die *evolués* unterworfen wurden, beschrieb Albert Memmi, ein Tunesier jüdischer Herkunft, in seinem Buch *The Colonizer and the Colonized*. In einem anderen Werk mit dem Titel *Portrait d'un Juif* schreibt Memmi, das traditionelle Schicksal des Juden »war kaum eine Stufe besser als das Schicksal der Moslems« – derselbe Wunsch, ihn ins Getto zu treiben, derselbe Verdacht, er plane eine Verschwörung mit dem Ziel, die Weltordnung zu zerstören, dasselbe Elend des Sündenbocks, der Schuld trägt an allem Unglück und allen Tragödien. Und dasselbe Gefühl der Erniedrigung und Ablehnung.

Das 20. Jahrhundert war nicht nur ein Jahrhundert der Totalitarismen und Kriege. Es war auch das Jahrhundert der Entkolonialisierung, der großen Befreiung. Drei Viertel der Bewohner unserer Welt entledigten sich der kolonialen Abhängigkeit und wurden, zumindest formal, zu vollwertigen Weltbürgern.

Bei der Beurteilung der Entkolonialisierung konzentriert man sich vor allem auf politische und wirtschaftliche Aspekte, auf Fragen der Regierungssysteme in den neuen Staaten, der Auslandshilfe, der Verschuldung oder auch des Hungers.

Die rasche Bewegung der abhängigen Kontinente in Richtung Freiheit war gleichzeitig ein wichtiges zivilisatorisches Phänomen, das den Beginn einer neuen, multikulturellen Welt signalisierte. Natürlich hat es die Wahrnehmung der Verschiedenheit der

Kulturen immer schon gegeben: die Archäologie und Ethnographie, die schriftliche und mündliche Historie liefern dafür zahllose Zeugnisse. Doch in der Neuzeit war die Vorherrschaft der europäischen Kultur so umfassend, daß sich andere, nicht-europäische Kulturen, wie die arabische oder die chinesische, entweder in einem Schlafzustand zu befinden schienen oder in einem Zustand der völligen Marginalisierung und Abkoppelung, wie die Kultur der Bantu oder die Andenkultur.

Erstmals wurde dieses eurozentristische Monopol, die beinahe totale Vorherrschaft der europäischen Kultur, zu Beginn der Ära der Entkolonialisierung, also Mitte des 20. Jahrhunderts gebrochen.

In der Folge wurde dieser Prozeß durch den Kalten Krieg jahrzehntelang gebremst. Die brutalen Gesetze dieses Krieges ließen keine Entwicklung dieser Kulturen zu – diese Erfahrung machte man überall in den abhängigen Ländern.

Dabei zeigte sich, daß die gerade erst wieder erwachten und noch wenig gefestigten Kulturen, trotz aller Beschränkungen und Hindernisse, durchaus lebens- und entwicklungsfähig waren. Als der Kalte Krieg zu Ende war, erwiesen sich die Kulturen als so selbständig und dynamisch, daß sie die zweite Etappe in Angriff nehmen konnten, die bis heute andauert: Ich würde sie als Etappe eines ausgeprägten Selbstbewußtseins, eines wachsenden Selbstwertgefühls bezeichnen. Die Vertreter dieser Kulturen fordern laut und unmißverständlich den ihnen zustehenden Platz in der neuen, demokratischen, multikulturellen Welt.

Die Veränderungen in der Welt außerhalb Europas waren gigantisch! Früher einmal war die Position

Europas in der Welt unumstritten. Selbst wenn man in die fernsten Länder reiste, konnte man den Eindruck gewinnen, man habe Europa gar nicht verlassen, weil es überall war. Wenn ich nach Morondava in Madagaskar kam, erwartete mich dort ein europäisches Hotel, wenn ich von Salisbury nach Fort Lamy flog, waren die Piloten der lokalen Fluglinie Europäer, wenn ich Lagos besuchte, konnte ich am Kiosk die Londoner »Times« oder den »Observer« kaufen. Heute ist das anders. In Morondava gibt es nur mehr einheimische Hotels, die Piloten sind Afrikaner, und in Lagos bekommt man ausschließlich die nigerianische Presse zu kaufen. Die Veränderungen in den kulturellen Institutionen sind noch größer. An den Universitäten von Kampala, Varanasi oder Manila wurden die europäischen Professoren durch einheimische ersetzt, und auf der internationalen Buchmesse in Kairo dominieren eindeutig Bücher in arabischer Sprache. Im übrigen hat das Wort »international« in Europa eine völlig andere Bedeutung als in der Dritten Welt. Wenn wir zum Beispiel in Gabrone, der Hauptstadt von Botswana, die Fernsehnachrichten sehen, bringen diese im Auslandsteil Berichte aus Mosambik, Swaziland oder Zaire – das ist alles. Wenn ich in La Paz, der Hauptstadt von Bolivien, die Nachrichten sehe, beschränken sich die Auslandsberichte auf Argentinien, Kolumbien oder Paraguay. Von jedem Punkt der Erde sieht die Welt anders aus. Wenn wir diese einfache Wahrheit nicht akzeptieren wollen, wird es uns schwerfallen, das Verhalten anderer Menschen, ihre Motive und Ziele zu begreifen.

Trotz aller Fortschritte in der Kommunikation und im Nachrichtenwesen ist unser Wissen von den anderen, entgegen der allgemein herrschenden Meinung, sehr oberflächlich, in vielen Fällen sogar nichtexistent. Ein enthusiastischer Verkünder der medialen Revolution, Marshall McLuhan, meinte, das Fernsehen mache unsere Erde zu einem »globalen Dorf«. Heute wissen wir, daß diese Metapher grundfalsch ist. Denn das Wesen des Dorfes liegt vor allem in der emotionellen und verwandtschaftlichen Nähe, der menschlichen Wärme, der intimen, persönlichen Kenntnis, der Gemeinschaft und dem gemeinsamen Erleben. Nein, wir leben in keinem globalen Dorf, sondern eher in einer globalen Metropole, auf einem globalen Bahnhof, durch den die »einsame Masse« von David Riesman strömt, eine Masse von gleichgültig, eilig und übel gelaunt aneinander vorbeihastenden Menschen, die einander nicht kennenlernen, nicht näherkommen wollen. In Wahrheit verhält es sich eher so: Je mehr Elektronik, desto weniger menschliche Kontakte gibt es.

Europa verschwindet aus vielen Gebieten unseres Erdballs.

Der italienische Reporter Riccardo Orizio gab vor einiger Zeit ein Buch mit dem Titel *Die verlorenen weißen Stämme* über die aussterbenden Gruppen von Europäern heraus, die er in Sri Lanka, auf Jamaika, in Haiti, Namibia und Guadeloupe noch angetroffen hat. In der Regel sind das ältere, einsame Menschen, die Jungen sind ausgewandert, und aus Europa kommen keine neuen Generationen mehr nach. In den letzten Jahrzehnten hat sich die europäische Kultur wieder aus Gebieten zurückgezogen, die traditionell im Einflußgebiet der chinesischen, hinduistischen, islamischen oder afrikanischen Zivilisation lagen.

Europa hat dort kaum mehr politische und auch immer weniger wirtschaftliche Interessen. Und hat es auch bisher nicht verstanden, einen neuen Platz zu finden, eine Koexistenz mit diesen Zivilisationen.

In den letzten drei Jahren unternahm ich einige längere Reisen nach Asien, Afrika und Lateinamerika. Ich wohnte unter lateinamerikanischen Christen, asiatischen Moslems, unter Buddhisten und Animisten, Bewohnern von Guyana und Sudan, Indianern aus Puno und Hindus. Zum ersten Mal war ich mit diesen Menschen vor Jahrzehnten zusammengetroffen, als sie gerade begonnen hatten, ihre jahrhundertelange Abhängigkeit abzuschütteln. Was fiel mir jetzt an diesen Menschen auf?

Vor allem ihre würdige Haltung, ihr Stolz auf ihre Kultur und ihren Glauben, auf die Zugehörigkeit zum eigenen Zivilisationskreis. Da gab es keine Minderwertigkeitskomplexe, die man früher so deutlich und schmerzlich spürte, im Gegenteil – da war nur der Wunsch zu erkennen, respektiert, als gleichwertig anerkannt zu werden. Früher hatte ich als Europäer zahlreiche Privilegien genossen. Auch jetzt wurde ich gastfreundlich aufgenommen, doch Privilegien wurden mir keine zuerkannt. Früher hatten mich die Menschen mit Fragen nach Europa überschüttet, heute interessieren sie sich vorrangig für ihre eigenen Angelegenheiten. Ich war immer noch ein Europäer, aber ein entthronter Europäer.

Diese Revolution der Würde und des eigenen Wertgefühls ist zweifellos rasch erfolgt, aber nicht blitzartig, nicht von einem Tag auf den anderen. Warum hat jedoch der Westen davon nichts bemerkt? Weil er sich, statt sich für die Entwicklungen in der

Welt zu interessieren, die er fünfhundert Jahre lang beherrscht hatte, den Freuden des Konsumismus hingab. Um sich diesen Freuden voll hingeben zu können, schottete er sich nach außen ab und konzentrierte sich nur auf sich selber, ohne auf das zu achten, was außerhalb seiner Grenzen lag. Auf diese Weise entging ihm, daß eine neue Welt entstanden war – gestern noch unterdrückt und demütig, heute zunehmend unabhängig, herausfordernd und mutig. Diesen Prozeß der Abschottung des Westens von den unterentwickelten und ärmeren Ländern beschrieb der französische Reporter Jean-Christophe Rufin in seinem Buch *L'empire et les nouveaux barbares. Rupture Nord-Sud*. Der Westen, so Rufin, möchte sich mit einem Limes, wie einst Rom, oder mit einer unüberwindlichen Grenze der Apartheid abschotten, wobei er allerdings vergißt, daß die »Barbaren« heute mehr als 80 Prozent der Menschheit ausmachen! Die erste Reaktion des Westens auf die Renaissance mancher Völker in der Dritten Welt besteht darin, sich gegen sie abzuschließen. Doch wohin sollen dieses Mißtrauen und diese Ablehnung führen in einer Welt, die von Waffen starrt; noch dazu von Waffen, über die alle verfügen?

Die Strategie des sich Lossagens und Abschottens ist also kein guter Ausweg. Welche Lösungen bieten sich sonst an? Begegnung, Kennenlernen, Dialog? Das sind heute keine Vorschläge mehr, sondern Anforderungen, welche die Realität der multikulturellen Welt an uns stellt. Europa steht vor einer großen Herausforderung. Es muß einen neuen Platz für sich in einer Welt finden, in der es einst von seiner bevorzugten Position profitierte. Es muß lernen, in einer

Familie mit vielen anderen Kulturen zu leben, die nach oben streben (etwa durch die wachsende Emigration in europäische Länder).

Dieses neue, globale kulturelle Umfeld kann für Europa allerdings auch inspirierend, vorteilhaft und fruchtbar sein. Denn die Berührungen von Kulturen und Zivilisationen müssen nicht unbedingt zu Zusammenstößen führen. Die Berührung kann auch, wie Marcel Mauss, Bronisław Malinowski oder Margaret Mead nachwiesen, gegenseitigen Austausch, positive Kontakte und eine Bereicherung mit sich bringen.

Georg Simmel meinte sogar, es sei ein wichtiger Prozeß im Leben der Gesellschaften, daß Werte aus dem Geist des Austausches entstehen. Der Austausch schafft ein günstiges Klima für das gegenseitige Kennenlernen, Verstehen, für Kompromisse.

Das eröffnet Europa neue Chancen. Die Kraft der europäischen Kultur lag immer in ihrer Fähigkeit zur Veränderung, zu Reformen, zur Adaption – Eigenschaften, die heute unabdingbar erscheinen, damit Europa eine wichtige Rolle in der multikulturellen Welt spielen kann. Das ist nur eine Frage des Willens, der Lebenskraft, der Vision.

Europäische Denker der ersten Hälfte des 20. Jahrhunderts dachten oft über die künftige Zivilisation der Welt, ihre Gestalt und ihren Inhalt nach.

So schrieb zum Beispiel der polnische Soziologe Florian Znaniecki in seinem in den dreißiger Jahren erschienenen Buch *Die Menschen von heute und die Zivilisation von morgen*: »Wir stehen vor der Alternative: Entweder entsteht eine alle Menschen umfassende Zivilisation, die alles rettet, was von den nationalen Zivilisationen rettenswert erscheint, und die Menschheit auf ein Niveau hebt, das die kühnsten Träume der Utopisten noch übertrifft, oder die nationalen Zivilisationen zerfallen, das heißt, die Kulturwelt wird zwar nicht vernichtet, doch ihre wichtigsten Systeme, ihre wertvollsten Vorbilder verlieren jeden Sinn ...«

(Aus einer Vorlesung, gehalten in der Fundacja Judaica in Krakau im Herbst 2001)

Die Diskussion darüber, was die Zivilisation ist und was die Kultur und welche Unterschiede zwischen diesen Begriffen bestehen, dauert seit Jahren an. Der deutsche Philosoph Norbert Elias versucht in seinem Buch *Über den Prozeß der Zivilisation* einen Abriß dieser Diskussion zu geben. Hier eine kurze Zusammenfassung:

Die Zivilisation ist ein westlicher Begriff. Für die Deutschen umfaßt der Begriff Zivilisation alle äußerlichen, materiellen Errungenschaften der Menschheit, alles, was man sehen, vielleicht berühren kann. Die Kultur hingegen stellt für die Deutschen den tiefsten geistigen Wert des Menschen dar.

In der französischen und englischen Tradition hingegen erfaßt man mit dem Begriff Zivilisation alle Errungenschaften und Verhaltensweisen des Menschen. Im deutschen Verständnis ist der Begriff Zivilisation zweitrangig gegenüber dem Begriff Kultur, der die höchsten geistigen Produkte bezeichnet. Diese Unterscheidung ist in der französischen und englischen Tradition weniger deutlich.

Nach Elias verringern die englischen und französischen Vorstellungen von Kultur die nationalen Unterschiede, sie betonen die Vereinheitlichung, die Unifizierung (heute würden wir sagen: die Globali-

sierung der Welt), während die Höherstellung von
»Kultur«, wie sie die Deutschen betonen, die nationalen Unterschiede, die Verschiedenartigkeit, die
Einmaligkeit, die Unwiederholbarkeit jedes Individuums hervorhebt.

Wenn du einer fremden Kultur begegnest, verhalte
dich besonnen und vorsichtig. Du mußt wissen, daß
dich ein Labyrinth unsichtbarer Mauern umgibt, die
du nicht durchstoßen kannst. Verharre besser und laß
dich vom unsichtbaren, doch spürbaren Rhythmus,
dem Pulsieren dieser neuen Kultur mitreißen, von
ihren verborgenen, doch mächtigen Wellen, die dich
von selber in die gewünschte Richtung des Erken-
nens tragen.

In der Welt der Symbole gibt es fundamentale Veränderungen. Früher waren Lumpen und bloße Füße
Symbole des Elends. Ich erinnere mich, daß ich in
Kalkutta oder Kairo Massen solcher Armer gesehen
habe. Heute sind Lumpen verschwunden, weil jeder
für ein paar Groschen oder gratis ein Hemd, Jeans,
Sandalen bekommen kann. Man kann am ausge-
streckten Handgelenk eines Bettlers eine Uhr sehen.
Die Märkte der Welt werden überschwemmt mit billigem, fast kostenlosem Tand. Aber hat deswegen das
Elend aufgehört, Elend zu sein?

Es genügt heute nicht, eine Idee zu äußern, etwas
Wesentliches und Wichtiges zu sagen zu haben. Es
braucht auch Mechanismen (und Kapital), um sie zu
verbreiten, ihnen Gehör zu verschaffen. Manchmal
meint man, eine Ansicht stoße wegen ihrer Originalität und Tiefe auf so ein großes Echo, dabei geschah

das nur, weil dem Autor dieser These die wichtigsten Medien und finanzielle Mittel zur Verfügung standen.

Alle Utopien, die anziehenden ebenso wie diejenigen, die Furcht verbreiten, sind Ausdruck des menschlichen Strebens nach Ordnung. In einer Utopie ist alles geordnet, in Reih und Glied ausgerichtet, numeriert. Es gibt kein Chaos, keine Unordnung, kein Wirrwarr. Dabei erlauben uns nur ein gewisses Durcheinander, eine Unordnung, eine Lockerung normal zu leben, zu atmen, zu existieren.

Überhöhte Geschwindigkeit ist nicht nur ein Grund für Straßenunfälle. Erhöhte Geschwindigkeit führt auch zu einem Niedergang der Kultur, weil es ihr an der Zeit für Reflexion fehlt.

Hans Magnus Enzensberger in einem Interview mit der italienischen Tageszeitung »La Stampa« (10. Juli 2001):
»Pessimismus und Optimismus sind ziemlich primitive Kategorien ... Ein Mensch, der ausschließlich Optimist ist, ist nicht besonders intelligent. Die Welt ist viel komplizierter, wie wir alle wissen.«

18. Dezember 2000
Am Abend feiern wir im Kazimierz-Palais den 70. Geburtstag des bekannten Historikers Professor Jerzy Holzer. Es haben sich alle Kollegen aus der Abteilung für Geschichte der Universität Warschau der fünfziger Jahre versammelt: Geremek, Mączak, Samsonowicz, Tazbir, Wyrobisz. Und auch die jüngere Generation ist da: Michnik, Roszkowski. Ich treffe

Mirosław Maroda. Wir sprechen über die blühende Kultur des Feierns, des feierlichen Begehens von Jubiläen und Jahrestagen, aber nicht von Jahrestagen großer Aufstände oder Schlachten, sondern privater, verbunden mit dem gesellschaftlichen und familiären Leben. Ein paar Tage zuvor hat mir mein Freund, der österreichische Schriftsteller Martin Pollack, von einer Angewohnheit der jungen Generation in Wien erzählt. Dort ist es Mode, zum Beispiel den ersten Jahrestag zu feiern, an dem man jemand kennengelernt hat, oder den dritten Jahrestag einer Freundschaft. Nachbarn von ihm haben vor kurzem den ersten Monat nach der Geburt ihres Sohnes gefeiert, andere Bekannte den sechsten Jahrestag, an dem sie in eine neue Wohnung gezogen sind. Nach Martins Ansicht unterstreicht das das Bedürfnis nach etwas unveränderlich Dauerhaftem, nach dem Erhalt gewisser sicherer Elemente in diesen hektischen Zeiten, denn mit dem Begehen dieser privaten Jahrestage verleihen wir unserem Wunsch Ausdruck, alles solle so bleiben wie bisher, mit einem Wort, der Verlauf der Zeit soll im Summieren, im Addieren zum Ausdruck kommen, und nicht in der Veränderung: der erste, der dritte, der siebte, der zwölfte Jahrestag desselben Ereignisses. Kurz gesagt, wir sind heute konservativ und versuchen in dieser stürmischen, unpersönlichen, sich gewaltsam verändernden Welt etwas Eigenes zu bewahren, ein Stück Leben, in dem wir uns noch wie wir selber fühlen können.

Samstag, 18. August 2001

Abends im Fernsehen ein Volksmusikkonzert aus Deutschland. Singende, lachende, zufriedene Deutsche. Wieviele Sänger, Chöre, Tanzensembles, Orchester bei einem solchen Konzert auftreten! Offenbar kommen in Deutschland in jedem Dorf und jeder Kleinstadt die Menschen systematisch zusammen, um zu singen, zu spielen und zu tanzen. Die Deutschen spüren und wissen, daß die Musik integriert, daß sie die Schaffung der Gemeinschaft fördert, lebendiger, starker, beinahe familiär tiefer und dauerhafter Bande.

Volkslieder sind so etwas wie Landkarten der Kulturen – an den Worten und Melodien der Lieder konnte man erkennen, von wo sie und auch die Sänger kamen, aus welcher Region, aus welcher Umgebung, sogar aus welchem Dorf. Heute ist diese Geographie im Verschwinden begriffen, von überall dringen dieselben Töne, dieselben Rhythmen, dasselbe Dröhnen, derselbe Lärm auf uns ein.

Der Schweizer Schriftsteller und Reporter Nicolas Bouvier:
– »Die Kultur des Westens versucht nur das zu schaffen, was angenehm ist, das heißt etwas Beliebiges.«
– »Es gibt Städte, die von der Geschichte zu sehr gezaust wurden, als daß sie auf ihr Aussehen achten könnten.«
– »Die Mobilität des Reporters erleichtert es ihm, objektiv zu sein.«

Das Mobiltelefon befriedigt unsere egozentrischen Instinkte. Das beobachte ich immer wieder auf Flughäfen. Wir haben kaum die Maschine verlassen, da holen die Leute schon das Mobiltelefon aus der Tasche. Ich höre, wie jemand den Gesprächspartner informiert: Wir sind schon angekommen. Der Flug war sehr angenehm. Dann: Jetzt warte ich aufs Gepäck. Im nächsten Moment: Ich bin schon in der Halle. Wozu sagen sie das alles? Warum stören sie die anderen damit?

Drei Mädchen gehen nebeneinander. Doch sie unterhalten sich nicht miteinander, jede spricht übers Mobiltelefon mit jemand, der weit entfernt, nicht anwesend ist.

»Die wahre Kunst ist nicht Nachahmen, sondern Entdecken der Wirklichkeit.«
Ernst Cassirer

Die modernen Technologien des massenhaften, raschen und billigen Kopierens erleichtern auch das Vervielfältigen von Meisterwerken der Literatur, der Malerei und Musik, und das wirkt sich sehr negativ auf die Chancen und Schicksale von Werken aus, die heute entstehen und sich nicht mit diesen großen Werken messen können. Die Verlage wollen sie nicht herausgeben, die Museen wollen sie nicht ausstellen, die Orchester nicht aufführen. Obwohl man im allgemeinen davon ausgeht, daß die Massenkultur die Hochkultur verdrängt, gibt es auch andere Fälle, nämlich daß die Hochkultur, da man ihre Werke massenhaft und billig vervielfältigen kann, moderne Werke verdrängt und marginalisiert, auch wertvolle und ambitionierte, die jedoch nicht den Rang von Meisterwerken erreichen.

Kunst ist Dialog – das ist natürlich eine banale Feststellung, doch man sollte in diesem Kontext daran erinnern: Wenn wir einen Text lesen, ein Bild betrachten, ein Konzert hören, ist es gut zu wissen, mit wem der Künstler während des Schaffensprozesses sprach, mit wem er diskutierte und sich stritt, worum er sich bemühte und worauf er beharrte, um so das Werk besser verstehen zu können. Auch in diesem Fall ist der Kontext wichtig!

Mai 2000

Nach der Rückkehr aus den Vereinigten Staaten. In der Kunst und Literatur gibt es zunehmend Erscheinungen, die man als verrückt, als *crazy* bezeichnen könnte. Man verwendet eine Sprache, in der man alles sagen kann, aber nichts ernst und seriös. Man kann über jedes Thema reden und schreiben, doch nichts davon weckt Emotionen, man darf sich für nichts engagieren. Im übrigen geht das Gesagte ohnehin im allgemeinen Rauschen, in dem von allen Seiten andröhnenden, unbestimmten, aufdringlichen Lärm unter, der in den Kopf dringt, erschöpfend und betäubend.

Wir trafen uns in Washington, im eleganten, von Bäumen bestandenen alten Viertel Mintwood Place. Es war ein warmer, ruhiger Abend. Leon Wieseltier, Chefredakteur der Wochenzeitschrift »The New Republic«, lobte Washington, er sprach von seinen Vorzügen gegenüber dem erdrückenden, gigantischen New York. New York, so sagte er, sei zwar eine Weltstadt, doch eigentlich sehr provinziell. Seiner Meinung nach gibt es zwei Arten von Provinzialismus: den Provinzialismus der Provinz, oft entlegen und vergessen, und den der großen Städte – in sich geschlossen, nur auf sich konzentriert. Für ihre Bewohner existiert nichts außer ihrer Stadt – diese Mißachtung, dieses Ignorieren anderer Welten ist das Hauptmerkmal ihres Provinzialismus.

George Andreu vom Verlag Knopf spricht mit mir über die Lage der amerikanischen Kunst: es dominiert weitgehend eine Pseudokunst, der Geschmack der Mittelschicht, die sich nicht zur Massenkultur herablassen möchte, aber auch nicht bereit ist, die wirklich hohe Kunst zu akzeptieren. Sie sucht also eine Pseudokunst, um den Snobismus des Umgangs mit der wahren Kunst zu befriedigen, ohne den nötigen Aufwand, den dieser Umgang verlangt. Das entsprechende Angebot ist riesengroß, es herrscht ein solches Gedränge, daß immer weniger Platz für wirklich hervorragende, wertvolle Dinge bleibt.

In dieser Situation ist es schwierig, glaubwürdige Kriterien zu erstellen – wir bewegen uns in einer Welt des Scheins und der Täuschung, des Chaos und des Getöses, der verwischten Konturen, der vergänglichen und verwaschenen Pseudowerte, also in einer Pseudowelt.

Dazu kommt, daß die Amerikaner keine gemeinsamen kulturellen Wurzeln besitzen, die einzige Ideologie, die alle verbindet, ist der Konsumismus.

Der Direktor des Louvre, Pierre Rosenberg, sagt im Gespräch mit Daniel Thomas, dem Korrespondenten von »Newsweek« (2. Juli 2001), daß die sechs Millionen Besucher nicht wegen des ästhetischen Erlebens in den Louvre kommen, sondern »weil es sich gehört, den Louvre zu besuchen«. »Warum bereitet ihnen das kein Vergnügen?« – fragt Thomas. »Weil es nicht leicht ist, ein Kunstwerk zu verstehen«, antwortet Rosenberg und fügt hinzu, dieses Verständnis setze gewisse Vorbereitungen und Studien voraus, doch das Wissen um die Kunst sei auf der ganzen Welt im

Verschwinden begriffen (»Now this knowledge is lost all over the world«).

Sich begeistern können – das ist vielleicht am wichtigsten, weil es bedeutet, daß wir lebendig sind, bereit, etwas aufzunehmen, imstande, das Ungewöhnliche und Schöne in den banalsten Dingen zu entdecken. »Etwas klar zu sehen«, schrieb Proust, »in Begeisterung.« In Zusammenhang damit stoße ich auf ein Gedicht von Michelangelo, das mit den Worten beginnt:
»Eine neue Freude ist es begeistert zu sehen
wie mutige Gemsen die Felsen erklettern ...«
Der hervorragende Maler Jerzy Wolff schreibt in seinem Buch *Auserwählte der Kunst* (1982):
»Das Bild ist ein Organismus und wird nur dann es selber, wenn es sein eigenes Leben führen kann, in sich geschlossen ...«
»Vor allem das Auge ist für den Betrachter der Kunst unerläßlich. Das kühle Auge, das sensible Auge, das Auge, das man dahingehend schulen muß, daß es zu urteilen vermag.«
»Die Form des Erlebens ist in großem Maße abhängig davon, was man über die Kunst weiß ...«
»Die Wahrheit muß man in den wechselseitigen Beziehungen der Elemente suchen, und nicht in diesen selber ... Daher entscheiden eben diese Beziehungen über alles in der Kunst; von ihnen hängt auch ihr Charakter ab. Jede Neuerung beruht darin, neue Beziehungen zwischen alten Elementen zu entdecken.«

Der große Courbet. Wie wenig er für sich selber brauchte! Es ist Winter 1864/65. Eines Tages bricht

Courbet auf: »Er fuhr mit einem Eselkarren über die Grenze«, schreibt Marie Luise Kaschnitz, »um in der Schweiz seinen zur Verbannung verurteilten Freund Buchon zu besuchen ...«

7. April 2002

Ikonen: In der byzantinischen Tradition war es nicht wichtig, wer der Autor eines Bildes, einer Plastik, eines Bauwerks oder eines Liedes war. Das Produkt wurde als offenes Werk betrachtet, das man umarbeiten, verändern, ergänzen konnte. Daher kennen wir die Autoren der meisten Ikonen nicht, wir wissen höchstens, aus welchem Kloster oder welcher Ortschaft sie stammen. Millionen Ikonen wurden in Öfen verheizt, verbrannten in Feuersbrünsten, wurden vom Holzwurm zerfressen.

Wenn eine Ikone die Farbe verlor oder der Stern des Heiligen aufhörte zu leuchten, wurde über das alte Bild ein neues gemalt, und dann darüber wieder ein neues: es gibt viele solcher vielschichtiger Ikonen, Ikonen-Palimpseste.

In Rußland hatte das Theater immer große Bedeutung. Stanislawski, Wachtangow, Meyerhold – das Theater war für sie ein Ort der Suche, der Unruhe, des Schaffens.

Heute ist das ähnlich. Die neue Methode im Theater nennt man *verbatim*. Da es zu wenig fertige Theaterstücke über die Gegenwart gibt, schafft man ein Theater, für das man die Texte zusammenträgt wie für eine Reportage. Zuerst haben Schauspieler und Autoren die Aufgabe, Interviews mit verschiedenen Menschen zu führen. Dann schreiben sie die Texte um und erstellen auf dieser Grundlage den

Bühnentext. Auffallend daran ist die Umgangssprache, ihr Hyperrealismus. Das ist das neue Stückeschreiben, das ist *tschernuschka*, das heißt die reine Düsternis. Keine Nacktheit, keine Gewaltszenen, nur Narration, Wort. Text. Und nach der Aufführung hitzige Diskussionen auf der Bühne. An den Stücken nehmen häufig Journalisten teil. Sie sind es, die sich zusammen mit den Autoren und Regisseuren ins Terrain aufmachen, zum Beispiel in ein Flüchtlingslager, und Interviews mitbringen, Videofilme, eigene Eindrücke, aus denen sie dann das Theater schaffen – *verbatim*.

Ein treffender Vergleich der englischen Schriftstellerin Jeanette Winderson in ihrem Essay *Über die Kunst*: Das Betrachten eines Kunstwerks »erinnert an die Situation, wenn wir uns plötzlich an einem fremden Ort befinden. Langsam, getrieben von unserem Verlangen und der Verzweiflung, lernen wir ein paar wichtige Wörter und Wendungen, die eine Schneise in das dichte Schweigen schlagen. Die Kunst, die ganze Kunst, nicht nur die Malerei, ist so ein fremder Ort: Wir belügen uns selber, wenn wir meinen, wir würden ihn gut kennen.«

In den seit Jahren währenden Auseinandersetzungen über den Postmodernismus lassen sich viele Mißverständnisse auf die Tatsache zurückführen, daß man den Postmodernismus als Ideologie nicht vom Postmodernismus als Bezeichnung für diverse neue Erscheinungen unterscheidet, die die moderne Zivilisation charakterisieren.

Der Postmodernismus als Ideologie ist eine Weltanschauung, geprägt von Relativismus, Nihilismus,

der Geringschätzung, der Verachtung für Tradition, Werte und Prinzipien. Der Postmodernismus als Bezeichnung ist ein ideell indifferenter und brauchbarer Begriff für heute objektiv zu beobachtende Erscheinungen, wie:
– das Ersetzen hierarchischer Strukturen durch eine Netzstruktur,
– die Anerkennung der Ratio des Anderen als gleichberechtigte Ratio,
– die allgemeine Vervielfältigung aller Erscheinungen, Haltungen, Ansichten, Schulen und Tendenzen.

Nach der Besetzung der Gebiete von Polesie in Ostpolen durch die Rote Armee im September 1939 wurden die Paläste und Gutshöfe der Großgrundbesitzer – der Radziwiłłs, Ordas, Skirmuntts – von den örtlichen Bauern geplündert. In wenigen Tagen verschwanden aus den Salons und Schlafzimmern seltene und wertvolle Möbel, Uhren, Plastiken und Bilder, die die Bauern in ihre ärmlichen Hütten, Scheunen oder verrottenden Schuppen schleppten.

Als ich viele Jahre später durch Polesie fuhr, versuchte ich etwas von diesen Schätzen zu finden.

Vergeblich, alles war spurlos verschwunden. Dinge, die man gewaltsam aus ihrer Umgebung reißt, kommen noch eher um als die Menschen. Damit die edlen Möbel existieren und ihre Funktion erfüllen, die ihnen zugewiesene Rolle spielen können, brauchen sie eine würdige, elegante Umgebung. Sie brauchen den nötigen Raum, die Luft, das Licht, ständige, aufmerksame Fürsorge. Jemand, der sorgsam die Spiegel putzt, die Kästen lüftet, die Kanapees abstaubt, das Silber und Messing pedantisch poliert, sich um die Oberfläche der Politur sorgt, die Sauberkeit des Kristalls, den Glanz und die Glätte des Firnis.

Zum ersten Mal dachte ich damals an die Kommoden und Chaiselongues, die Etageren und Glasschränkchen als Lebewesen von einer delikaten und gebrechlichen Empfindlichkeit, die eine freundliche Umgebung brauchen, damit ihnen ein langes Leben beschieden ist. In einer anderen Umgebung verlieren sie ihren Sinn, ihre Gestalt und Farbe und verkommen nutzlos in zusammenbrechenden Schuppen, auf Müllhalden oder Misthaufen.

Damit die Literatur uns zur Gänze verständlich wird, müssen wir in ihren Texten unsere eigenen Erfahrungen wiederfinden. Unsere Erfahrungen dienen als Übersetzer des Textes, ohne sie bleibt er uns unverständlich und fremd.

Die Krise des gedruckten Wortes führt sich auch darauf zurück, daß die Perzeption des Textes langsamer erfolgt als die des Bildes, und daß die Information, die eine Fotografie liefern kann, rascher und expressiver sein kann als ein langer Zeitungsartikel. Da wir in einer eiligen, gehetzten Welt leben, schauen wir, wenn wir die Zeitung aufschlagen, unwillkürlich zuerst auf die Bilder, und erst dann lesen wir – vielleicht – die Berichte und Kommentare.

Was schadet der Literatur? Daß der Leser den literarischen Text immer öfter wie einen Zeitungsartikel liest: er sucht darin Informationen, einen klaren Kommentar über die Welt. Dem Stil und der Sprache, der Form, der Tiefe der psychologischen Analysen schenkt er wenig Beachtung. Es ist also nicht so, daß die Medien die Literatur zerstören, vielmehr deformieren sie den Leser. Der Leser sieht den literarischen Text mit Augen, deren Empfindsamkeit von der schablonenhaften, seichten, banalen und unkomplizierten Welt der Medien geformt wurde.

Lesen bedeutet, etwas entdecken, was sich außerhalb des Textes befindet oder in seiner Tiefe, unter seiner sichtbaren, »greifbaren« Oberfläche, es bedeutet, einen Sinn zu entdecken, zu dem man nicht vordringen kann, wenn man nur liest.

Die moderne Literatur zieht sich zunehmend in die Privatheit zurück, die Abgeschiedenheit, den Minimalismus. Sie verzichtet auf das Panorama, die Synthese, die Vision.
Heidegger spricht an einer Stelle von der »psychologisch-biographischen Inklination unserer Epoche«.

Die Situation in der Essayistik ist heute gekennzeichnet von der Angriffslust und Frechheit der Ignoranten und der Ratlosigkeit und Verbitterung der Gelehrten und Weisen.

»In unserer Zeit«, so klagt Sören Kierkegaard im Jahre 1843, »hat das Schreiben von Büchern einen argen Niedergang erlebt, die Menschen schreiben über Dinge, über die sie nie nachgedacht und die sie noch weniger erlebt haben.« Es vergehen achtzig Jahre, doch die Klagen über die Situation des Buches wollen nicht verstummen. Im Jahre 1926 schreibt Jerzy Stempowski, daß in diesem Jahr »der hervorragende Schriftsteller, Herr Juliusz Kaden-Bandrowski, seinen Lesern bittere Vorwürfe machte. Sie wollen keine Bücher lesen, sie nicht unterstützen. Wegen ihrer Gleichgültigkeit gehen Buchhandlungen zugrunde und Verlage bankrott. Es gibt Geld für Essen und Wodka, aber für Bücher fehlt es.« Usw. usf. Und es vergehen wieder Jahrzehnte, doch Inhalt und Ton der Ansichten über Bücher bleiben unverändert.

Nicht die Außergewöhnlichkeit des Themas, sondern die Veränderlichkeit, die Originalität, der Blick auf dasselbe Ding, entscheiden über den Wert eines Werkes.

Februar 2002

Ich las zwei wichtige Texte:

Schreiben von Marguerite Duras:
– »Schreiben bedeutet, einsam zu leben, in ständiger Isolation von den Menschen.«
– »Schreiben bedeutet auch, nichts zu sagen. Zu schweigen.«

»Allein Schreiben bringt Befreiung.«

Den zweiten Text finde ich im »Economist«. Die australische Autorin Mari Rhydwen und ihr Mann fuhren mit einer Yacht von Australien nach Afrika. Dafür brauchten sie zwei Jahre, doch unterwegs trafen sie Menschen, die schon seit zehn Jahren unterwegs waren. Mari preist ein Leben ohne Uhr und Kalender, ohne Termine, ohne Tempo. Beeile dich nicht! Jage nicht dahin! Mach dich nicht verrückt! »*Just ramble*«, das heißt: flaniere nur, streife dahin. »*Take your time!*« – Ruhig! Langsam! Verharre! Wenn du dich beeilst, siehst du nichts, erlebst du nichts, erfährst du nichts, denkst du nicht! Das rasche Tempo trocknet die tiefsten Schichten deines Geistes aus, dämpft deine Empfindsamkeit, sterilisiert und entmenschlicht dich.

Wenn man Literaturzeitschriften liest, die in New York, London oder Paris erscheinen, fällt einem auf, wie sehr sich die westliche Welt abschließt und nicht einmal den Versuch macht, andere Gebiete unserer Erde zu erfassen und einzubeziehen, sich für sie zu interessieren und Kontakt zu ihnen aufzunehmen. Das Ende des Kalten Krieges hat in dieser Hinsicht nichts geändert.

Mircea Eliade – *Im Mittelpunkt. Bruchstücke eines Tagebuches:*
»Balzac bekannte einst: ›Ich kann nicht arbeiten, wenn ich in absehbarer Zeit das Haus verlassen muß, ich setze mich nie nur für ein, zwei Stunden zur Arbeit.‹ Das ist auch mein Problem.«

Über das Tagebuch von André Gide: »Die Masse banaler Details und trivialer Beobachtungen wird veredelt allein dadurch, daß sie jemand niederschreibt und dadurch festhält.«

»Unter der Oberfläche der Ereignisse verbergen sich Geheimnisse. Ich muß daher die Doppeldeutigkeit jedes ›Ereignisses‹ aufzeigen, das heißt die Aufmerksamkeit darauf lenken, daß ein scheinbar banales ›Geschehnis‹ einen ganzen Kosmos transzendentaler Bedeutungen beinhalten kann.« Das heißt, daß »ich das *sacrum* entdecken muß, daß sich im Gewöhnlichen versteckt«.

»Sie haben uns zu einer Institution gemacht«, sagt mir in Konstancin Tadeusz Różewicz. »Sie versuchen aus einem Autor einen Bühnenstar zu machen, einen Liebling der Massen, einen Prestidigitateur, einen Gaukler, dabei braucht er – im Gegenteil – Einsamkeit, Ruhe und Stille.«

Julian Krzyżanowski schreibt in seinem Buch über Henryk Sienkiewicz (1956): »Fünf Jahre nach Erscheinen von ›Mit Feuer und Schwert‹ erinnerte Sienkiewicz an die Probleme mit den Titeln seiner Werke. Den Titel ›Mit Feuer und Schwert‹ erfand Olendzki, ›Die Sintflut‹ – Henkiel, ›Die Dritte‹ – sicherlich Wolff.« (Das waren Journalisten, Kollegen von Sienkiewicz).

Und im selben Buch erwähnt der Autor, daß der siebzigjährige Sienkiewicz 1914, ein paar Monate vor seinem Tod, schrieb: »Wenn ich mich von meinen Sorgen, alltäglichen Angelegenheiten und Belastungen freimachen und völlig und ausschließlich auf die Arbeit konzentrieren könnte, wäre ich wahrscheinlich imstande, einen ganz ordentlichen Roman zu schreiben. Aber wegen der Dummheit und Aufdringlichkeit der Menschen ist das unmöglich.« (Das schrieb er schon damals, als es noch nicht diese Verbreitung und Masse von Medien gab. Was soll man da erst heute sagen?)

Katherine Mansfield in ihrem *Tagebuch*:
10. I. 1915. Sie kehren abends von einem Treffen zurück. Es ist dunkel und windig. Sie fühlt sich schwach, ihr Herz schlägt kaum mehr: »Wir sangen ein Lied, um weitergehen zu können.«
12. II. 1915. Über einen Tag, an dem sie schreiben konnte: »Ich war heute im Zustand der Gnade.«
10. V. 1915. Sie ist in Paris: »Ich entdeckte wunderbare Winkel ... kleine Plätze ... schmale Gassen ...«

Die Welt von Gabriel Garcia Márquez: die provinzielle Kleinstadt. Hitze. Die Leblosigkeit des tropischen Tages. An den abbröckelnden Fassaden der

Häuser erkennt man Spuren einstigen Glanzes. Auf diese Kleinstadt stürzt jäh, wie ein Habicht, der Tod herab (jemand wird umgebracht, ein anderer stirbt). Der Tod belebt die Szene, er weckt das Gedächtnis der Menschen, erfüllt es mit Erinnerungen. Es kehren Szenen aus der Vergangenheit wieder, für einen Moment wird die Vergangenheit realer als die Gegenwart.

Dazu kommt, daß der Tod die Einsamkeit des Opfers hervorhebt. Diese Einsamkeit ist gleichsam eine Vorankündigung, ein Vorhof des Todes, des Todes zu Lebzeiten.

Die Kleinstadt ist abstrakt. Selbst wenn im Text die Namen von Orten auftauchen, sagen sie uns nichts. Das geschieht irgendwo – nirgendwo – überall. Alles in dieser Welt ist unbestimmt, unsagbar, nebelhaft, verwischt.

Es herrscht eine Atmosphäre klebriger Schläfrigkeit, das Leben hält immer wieder inne, verharrt im Schatten, versinkt in Schlaf. Hier geschieht nichts, und dieses *Nichts* schabt der Autor geduldig und aufmerksam aus, um darin die Geschichte zu suchen.

In »Le Monde Diplomatique« (August 2001) ist ein bisher nicht gedrucktes Interview mit Jorge Luis Borges erschienen, das Ramón Chao 1978 in Paris führte.

Zu Beginn warnt der Autor der *Fiktionen*: »Ich bin mir nie dessen sicher, was ich sage. Ich stelle nichts fest, sondern schlage höchstens gewisse Möglichkeiten vor. Daher bitte ich Sie, zuerst ein paar Wendungen wie ›vielleicht‹, ›wahrscheinlich‹, ›es ist möglich, daß‹ auszusuchen, damit der Leser sie dann an den ihm geeignet erscheinenden Stellen einsetzen kann.« Der große Autor ist vorsichtig, voller Zweifel, Ambivalenzen. Dieser Zustand verläßt ihn auch nicht, wenn er über die Sprache redet: »Mein Vater war Spanier, ich sprach mit ihm spanisch. Die Mutter war Engländerin, daher sprach ich mit ihr englisch. Als ich ein Kind war, schickte man mich in die Schweiz, wo ich mit der Gouvernante französisch sprach. Daher glaubte ich als kleines Kind, jeder Mensch besitze seine eigene Sprache, es gebe also Hunderte Millionen Sprachen. Das dürfte vermutlich sogar der Wahrheit entsprechen, da die Menschen außerstande sind, sich miteinander zu verständigen.«

Im selben Interview erinnert Borges daran, daß er in der Jugend ungern reiste. Im Alter hingegen, als er erblindete, begeisterten ihn Reisen. Der Verlust des Augenlichts macht ihm nichts aus. Er muß die neuen Orte nicht sehen, es genügt, daß er »*sie fühlt*«.

Der Mißbrauch und Nonsens der Werbung. Der Warschauer Verlag Amber spricht in der Werbung für den eben erschienenen Roman von Howard Fast (Jahrgang 1914), *Moses,* von der »genialen Prosa« Fasts, »Autor von über 70 Romanen«.

»Über 70« – wieviel sind das? 71 oder 79? Das ist ein Unterschied von acht Romanen. Das ist schließlich nicht belanglos – acht Romane! Und hier wird das so nebenbei abgetan mit dem Wörtchen »über«.

Doch es geht mir um etwas anderes. Wie kann man 70 Romane in »genialer Prosa« schreiben? Dazu ist kein Autor imstande! Wenn man bedenkt, daß Fast 1931 debütierte und gegen Ende des Jahrhunderts aufhörte zu schreiben, mußte er mehr als einen Roman pro Jahr publizieren, noch dazu verfaßt in

»genialer Prosa«! Ein in der Weltliteratur nie dagewesenes Phänomen! Warum hat niemand schon früher diese Sensation verkündet?

30. März 2001

Robert Ludlum, einer der meistgelesenen Autoren der Welt (zu seinen Lebzeiten wurden knapp 300 Millionen Exemplare von seinen 22 Titeln verkauft), ist im Alter von 73 Jahren gestorben. In den Nachrufen hebt man seinen unermüdlichen, systematischen Arbeitseifer hervor, er stand täglich um 4.30 Uhr auf und schrieb mit der Hand zweitausend Wörter. Er war ein Meister im Konstruieren sensationeller Geschichten, die den Leser von der ersten bis zur letzten Seite in Atem hielten.

Ich las *Über die verwirrten Gattungen* von Clifford Geertz, einen Essay von Anfang der achtziger Jahre. Es gibt immer mehr Bücher, die sich nicht in die traditionellen Gattungen einordnen lassen. Nach Ansicht von Geertz kann man die Welt, die Wirklichkeit, auf drei Weisen interpretieren:
– die Welt als Spiel,
– die Welt als Szene,
– die Welt als Text.
Das alles ist noch dazu in Bewegung, durcheinander, schwer zu definieren.

Juni 2002

Buchmesse in Saint-Malo in Nordwestfrankreich. Von morgens bis abends Massen. Bei den Lesungen sind die Säle gefüllt, die Menschen stehen die Wände entlang, sitzen auf Fensterbrettern. Sie hören aufmerksam zu, in völliger Stille.

In den Gebäuden und riesigen Zelten endlose Reihen von Ständen mit Unmengen von Büchern. Die seit Jahren hierher kommenden Besucher äußern sich über die ständig wachsende Zahl der Autoren. Man hat den Eindruck, daß heute alle Bücher schreiben und sie irgendwie herausgeben. Dutzende, Hunderte neuer, unbekannter Namen. So viele, daß man sie sich unmöglich merken kann. Andere Besucher beruhigen einen, man brauche sie sich gar nicht zu merken, weil die meisten in einem Jahr ohnehin vergessen sein werden und an ihrer Stelle andere auftauchen. Es fehlt an Schriftstellern mit gesicherten Positionen, einem großen Werk, einer echten Reputation. Es dominieren Autoren von einem, zwei Titeln, die plötzlich auftauchen und ebenso rasch wieder verschwinden. Es herrschen die Gesetze des Marktes, die Konkurrenz der Kioske, in denen man ständig neue Bücher auslegen muß, um sie nach einiger Zeit wieder durch andere zu ersetzen. Es herrscht der Moment, attraktiv ist nur das Neue. Die moderne Literatur hat keine großen Herrscher mehr, ihren Platz haben anonyme Massen von Autoren eingenommen, die ihr Glück versuchen, und wenn sie es nicht finden, sich mit etwas anderem beschäftigen, mit Werbung, der Börse, der Akquisition, es gibt zahlreiche Möglichkeiten.

Da sich die Gegenwartsautoren nicht als Menschen präsentieren, deren einziges Lebensziel das Schreiben ist, ihr Ein und Alles, sondern bloß etwas, was man versuchen kann, vielleicht gelingt es ja und zahlt sich sogar aus, kann einen die Rückkehr zu den Klassikern nicht erstaunen, zu den großen, erprobten Namen, die immer ernsthaft waren, denn diese Ernsthaftigkeit, diese Erhabenheit sucht man, man kehrt also zurück zu Proust, Joyce, Eliot, Musil, Sartre, Camus. Ihre Werke werden ständig neu aufgelegt, finden immer neue Leser.

1. August 2001
Wie der Rundfunk meldet, sind in China kürzlich ein Roman von Saddam Hussein und eine Erzählungssammlung von Gaddafi erschienen. Heute schreiben bereits alle Bücher, na ja, fast alle.

In einem Beitrag in der Monatszeitschrift »Odra« (3/2001) schreibt Stanisław Lem, »das Angebot an Büchern hat weltweit längst die Aufnahmefähigkeit überschritten«. Lem erinnert daran, daß wir in einem »Jahrhundert des einmaligen, sofortigen Gebrauchs« leben, in dem »sogar Meisterwerke rasch verblassen ... Moderne Meisterwerke stellen sich nach ein, zwei Dekaden als Eintagsfliegen heraus. Das Gedränge ist der schlimmste Feind der Schreibenden ...«

Ich las die *Gespräche mit Cioran*. Eine interessante und tiefe Lektüre. Er hat keine Illusionen. »Am Ende wird nur ein Dutzend Sätze übrig bleiben ...«, sagt er über sein eigenes Schaffen.

Eines der Merkmale des Reporters ist seine Empfindsamkeit für Ereignisse, die sich in der Nähe, aber auch in weiter Entfernung abspielen. Er reagiert sofort auf ein Ereignis, es ist wie ein Signal, ein Befehl: »Aufgesessen! Zu den Waffen!« In solchen Situationen fällt das Verhalten des Reporters sofort auf. Seine vermehrte Betriebsamkeit, seine Bemühungen, sich Informationen zu verschaffen, an den Ort des Geschehens zu gelangen, auch wenn der am anderen Ende der Welt liegt. Der Wunsch, ans Ziel zu gelangen, läßt ihm keine Ruhe, er nimmt sein ganzes Denken in Beschlag, er läßt ihn nachts nicht schlafen.

Diese angeborene, natürliche Sensibilität für die Geschehnisse der Außenwelt, für Vorfälle, für die Geschichte, die hier und jetzt abläuft, hat allerdings auch negative Seiten, weil sie ihn ablenkt und daran hindert, sich zu konzentrieren, weil sie ihn ablenkt und ihm nicht gestattet, ein nüchternes Urteil zu fällen. Das Denken des Reporters ist wie die Bewegung eines unruhigen und herumhüpfenden Vogels, der von Ort zu Ort springt, entlang einer chaotischen Zickzacklinie, ohne bestimmte und eindeutige Richtung.

Der Reporter sollte vom Aussehen und Benehmen her ein gewöhnlicher Mensch sein, durchschnittlich, nicht auffallend. Das macht es ihm leichter, sich der Umgebung anzupassen, keine Aufmerksamkeit auf sich zu lenken, sich nicht hervorzuheben, keine Neugierde durch seine Person, sein Aussehen und Benehmen zu wecken.

In der mexikanischen Presse las ich die Meinung, ein Reporter sei jemand, der auf den verschiedensten Feldern wildere: auf dem Gebiet der Soziologie, der Psychologie, der politischen Wissenschaften usw. In diesem Sinn sei der Reporter ein *casador furtivo* (was auf spanisch so viel wie Wilderer bedeutet).

Professor Tomasz Maruszewski in der Zeitschrift »Charaktery« (Mai 2002) über die Anforderungen, die man erfüllen muß, um Psychologe zu werden (und ich würde hinzufügen: auch Reporter). Dafür braucht es dreierlei:
– Wissen,
– Geschicklichkeit,
– die Fähigkeit, sich an andere anzupassen.
»Das Erwerben von Geschicklichkeit verlangt, aus Erfahrung zu lernen.« Und weiter: »Man muß lernen, Gespräche nicht aufdringlich zu führen«. Wichtig ist auch Empathie, das heißt »die Fähigkeit, Emotionen zu empfangen, die andere fühlen«. Und das Verhältnis zu den anderen? Das erfordert »Offenheit gegenüber Problemen und Fragen, mit denen andere kommen, eine Beziehung, getragen von Achtung, Einfühlsamkeit und Aufmerksamkeit.«

Der Unterschied zwischen dem Authentischen, dem Ereignis, dem Faktum und der imaginierten Wirklichkeit ist in der modernen Prosa fließend und undefinierbar.

Die Medien sind die Leinwand der Welt, auf der unablässig immer neue Bilder erscheinen. Doch wer wählt diese aus und nach welchen Kriterien?

Das Buch von Daniel J. Boorstin, *The Image*, 1962 erschienen. Seine These: Wir erfahren und sehen die Welt nicht mehr direkt, sondern durch eine verzerrende, falsche, trügerische und deformierende Widerspiegelung in Zeitungen, im Fernsehen, in der Reklame. Die natürliche Welt hat sich entfernt, ist verschwunden, ihren Platz hat die imaginierte Welt eingenommen, die wir beliebig verändern können, je nach unseren Interessen und Wünschen.

Die Medien werden immer mehr zur wichtigsten Macht, um deren Gunst sogar die höchsten Politiker buhlen. Das ist verständlich, weil die Menschen ihre Ansichten und Überzeugungen nicht mehr auf eigene Erfahrungen stützen, sondern auf die Informationen und Meinungen, die sie den Medien entnehmen.

In Bogotá traf ich den kolumbianischen Dichter und Essayisten William Ospina. Wir sprachen über die Medien. »Die Medien«, sagte er, »sollten nicht nur informieren, sondern auch zivilisieren. Diese zweite Rolle ist in unterentwickelten Gesellschaften sogar die wichtigste!« Dann fügte er hinzu: »Die Modernität beweist sich nicht in der Technik, sondern in den Ideen. Jemand kann über die neueste Technik verfügen, doch mental, kulturell in der Steinzeit zuhause sein.«

Gibt es niemand mehr, der gern nach Afrika fahren würde, um dort Material für Reportagen über das Leben dort zu sammeln? Natürlich gibt es solche Journalisten! Es gibt Dutzende, Hunderte, die sich dafür interessieren. Nur daß die Auftraggeber in den Medien dafür kein Geld ausgeben wollen, um nicht das Gewissen der Konsumenten zu wecken, die ja zufrieden sein und in der egoistischen Sicherheit gewiegt werden sollen, das Ziel ihres Lebens sei der ruhige, grenzenlose Konsum, der nicht durch Bilder des Hungers, Szenen der Armut und Zerstörung gestört werden soll.

21. August 2000
Bei der Lektüre amerikanischer Wochenmagazine notierte ich mir dort gefundene Wendungen:
- *fast food culture,*
- *get big or get out,*
- *publish or perish.*
Und auch die (bereits übersetzten) Begriffe:
- der Sieger nimmt alles,
- wir leben in einer Kultur der Nachahmung der Sieger,
- eine Überfülle an Daten ebnet der Dummheit den Weg.

Die modernen Medien erinnern manchmal an einen Rauschgiftsüchtigen – so wie er, um leben zu können, Rauschgift nehmen muß, müssen sie sich, um sich auf dem Markt behaupten zu können, immer neue Schockerlebnisse, Erschütterungen, Horrorszenarien in die Adern spritzen.

»Loft Story«, die französische Version von »Big Brother«, gesendet von Canal M6. Bei meinem Aufenthalt in Paris sehe ich, wie die Nachfahren von Abélard und Pascal, von Descartes und Diderot, von Renan und Proust in Massen vor den Fernsehern sitzen und mit angehaltenem Atem zusehen, wie ein Mädchen mit einem Burschen nackt unter die Dusche springt, wie sie schnauben und prusten und sich vor Lachen ausschütten.

Die Medien formen unser Konsumverhalten nicht allein durch die Werbung, sondern auch, weil das Wesen ihres Agierens darin besteht, uns alles zu reichen, zu liefern, aufzudrängen. In der Tatsache, daß man uns ständig etwas gibt, liegt der wichtigste Grund für unsere Passivität, unsere geistige Trägheit, das passive Wiederkäuen von Worten und Bildern. Der Mensch muß sich nicht mehr anstrengen und sorgen, um nichts mehr kämpfen (was schließlich immer das Wesen der menschlichen Natur ausmachte) – weil ihm alles bereits in ordentlicher, vorbereiteter, gebrauchsfertiger Form verabreicht wird.

La médiologie – Mediologie, die Wissenschaft von den Medien, entwickelt, wenn nicht sogar erfunden von Régis Debray. Seine These lautet, die Medien seien die Kirche der Gegenwart, die mit den Mitteln der Werbung und Promotion »in den Himmel loben«, mit negativen Kampagnen und Anschwärzungen ihre Opfer »in die Hölle stürzen« und den Gläubigen – das heißt: uns allen – die Ansichten und

Überzeugungen vorgeben, genau wie dies jahrhundertelang die Priester gemacht haben.

Der Professor für Orientalistik, Krzysztof Byrski:
Wenn man die technischen Mittel der Kommunikation besitzt, heißt das noch nicht, daß man sich verständigen kann. Dafür braucht es noch Bedingungen, welche die Hindus *Upanishada* nennen, das heißt – »nahe sitzen«, also den Dialog lebender, miteinander in Kontakt tretender Personen.

Unsere Welt wird immer fotografischer, und um die richtige Wirkung zu entfalten, bemüht sie sich, immer fotogener zu sein.

Ein Kommentar zur Farbfotografie: Farbe ist geschwätzig.

Wir alle sind Fotografen, die sich unterschiedlicher Brennweiten bedienen. Die ermöglichen es uns, durch ein Drehen des Objektivs jeden Gegenstand und jede Szene zu vergrößern oder verkleinern, herauszugreifen oder auszublenden. Mit Hilfe dieses Mechanismus manipulieren wir die Bilder der Welt. Die einen bewahren wir, andere löschen wir. Weil aber jeder von uns in jedem Moment und an jedem Ort, unablässig, dieses Veränderliche bedient und einstellt, sieht jedes Ding millionenfach verschieden aus und wird von uns unterschiedlich gesehen und erlebt.

Während einer einzigen Nachrichtensendung verbindet sich das Studio von CNN in Washington direkt mit Paris, Kigali, Saratow und Miami.

Die Welt ist geschrumpft, der Raum wurde erobert, hat seine Geheimnisse verloren. Man braucht nichts mehr zu beherrschen, zu erobern, zu erreichen – alles ist in Griffweite, wird nach Hause geliefert, an den Tisch, ans Bett. Aber wird dadurch das »alles« besser erkennbar, leichter verständlich?

Polen, das sind, je nach Jahreszeit, vier verschiedene Länder. Es ändert sich das Aussehen der Städte, es verändern sich die Landschaften und die Kleidung der Menschen und auch ihre Stimmung.

Montag, 1. Januar 2001
Ein trüber Morgen, leichter Frost, es schneit etwas. Leere. Eine Tramway mit einer einzigen Frau als Fahrgast, zwei Autos. Auf der frisch renovierten Mauer entlang der Filtrowa zahlreiche neue Graffiti. Es ist nicht ihr Inhalt, der auffällt, sondern das Bild der Buchstaben – sie haben scharfe, aufdringliche, aggressive Formen. Sie irritieren, versuchen uns aus der Fassung, in Rage zu bringen. Sie sind wie eine herausgestreckte Zunge, wollen uns zum Angriff reizen. Es sind Grafiken mit bösen Absichten, als hätten uns ihre Autoren den Krieg erklärt und würden nun von einem Versteck aus beobachten, wie wir darauf reagieren.

Ein hervorragender Reportagenband von Beata Pawlak mit dem Titel *Mammuts und Knallkapseln* (2001). Die Ausländer, mit denen die Autorin spricht, beklagen sich über die Unfreundlichkeit in

Polen. Diese sei schrecklich und allgemein verbreitet. Brutal, rücksichtslos und gefährlich. Was daran auffällt: Seit Jahrzehnten unterliegt diese Grobheit in unserem Land keiner Veränderung. Es ändern sich die politischen Systeme, es ändern sich die Epochen, es ändern sich die Generationen, doch die Grobheit bleibt – zeitlos, unabhängig von den Systemen, unfreundlich und aggressiv. Warum? Was ist es, das da in uns steckt? Welcher Teufel reitet unseren Geist, provoziert dieses abstoßende, schändliche Verhalten?

In der Zeitschrift »Nowa Res Publica«, April 2001, finden sich treffende Anmerkungen von Marcin Król über das Verhalten der polnischen Autofahrer: »Vor allem fehlt jeder Gedanke eines Gemeinwohls oder gemeinsamer Interessen. Ja es fehlt sogar die Idee eines Eigeninteresses ... es fehlt jede vernünftige Selbsteinschätzung ... das Verhalten der Autofahrer ist unvorhersehbar. Insgesamt fehlen auf den polnischen Straßen alle Regeln, jegliche Vernunft, es herrscht das Gesetz des Stärkeren, aber bietet nicht ganz Polen dasselbe Bild?«

Ein Essay von Mirosław Pęczak mit dem Titel *Nur die Unsrigen*, »Polityka« 9/2001).
Der moderne Pole liebt das »heimelige Klima«: »Immer deutlicher zeichnen sich scharfe Trennungen in Unsrige und Fremde, Lokales und Universales ab. ... Die Opposition zwischen den Unsrigen und den Fremden nimmt am deutlichsten in Stammeskulturen und traditionellen Kulturen Gestalt an, das heißt überall dort, wo das einzig begreifbare Universum durch die direkte Erfahrung bestimmt wird. ... Alles Äußerliche wird als Gefährdung der bestehen-

den Ordnung angesehen, und die Beziehung zur fremden Welt wird bestimmt durch Mißtrauen und Ablehnung. Unser heimischer Versager kennt die Regeln der fremden Welt nicht, und er will sie gar nicht kennen. Wissen ersetzt er durch Stereotypen und Vorurteile. Insgesamt wird heute das Anspruchslose, Eklektische, Heimelige und Lokale vorgezogen.«

Das polnische Denken dreht sich um das Problem der Freiheit, nicht der Demokratie. Daher fehlt es in unseren Werken über die Demokratie an Tiefe und Gewicht.

28. März 2001

Am Nachmittag eine Versammlung des Kuratoriums der Erolex-Stiftung. Nach zwei Stunden ging ich (die Sitzung dauerte an). Die Fähigkeit, stundenlang, ja tagelang in Sitzungen auszuharren, in denen nichts passiert, ist bewundernswert. Jemand sagt etwas, dann sagt ein anderer etwas, aber meist sind das leere Phrasen. Es herrscht keine Disziplin, man hat kein Gefühl für den Wert der Zeit. Es kümmert mich nicht, daß jemand die eigene Zeit mißachtet. Aber warum will er anderen die Zeit stehlen? Warum nimmt er uns mit seinem sinnlosen Geschwätz gefangen und foltert uns?

27. Januar 2001

Konstancin. Samstag. Kein Frost. Kein Schnee. Windstill. Die Sonne ist nicht zu sehen. Ein zweistündiger Spaziergang durch den Ort, dann auf Pfaden durch den benachbarten Wald.

Die Kontraste.

Auf der einen Seite der Reichtum, und gleich daneben, hinter dem Gitter der Abzäunung, die Armut. Alle Neubauten sind luxuriös, es gibt keine gewöhnlichen Häuser, keine Wohngebäude. Überall Warntafeln, dieses oder jenes Objekt werde von einer Agentur bewacht. Die Autos des Wachdienstes fahren durch die Straßen. Überall bellen Hunde, durchdringend, wütend.

Und gleich daneben, gegenüber dieser weißen Herrenhöfe, Paläste, ja Schlösser, kotige, ungepflasterte Straßen, krumme, löchrige Gehsteige, Haufen von Abfällen, Plastikflaschen, verrostete Dosen. Zerschlagene Laternen, zerkratzte Wegschilder.

Eine Entwicklung wie in Lateinamerika, wie in der Dritten Welt. Eine Entwicklung in Richtung von Enklaven, wie ich das nenne: Oasen hell leuchtenden Reichtums in einem Meer der Dunkelheit, der Verlassenheit, des Elends. Leider wird diese Art von Pseudofortschritt nie eine richtige und einheitliche Entwicklung mit sich bringen, weil unter den Bedingungen der strukturellen Ungleichheit immer jemand arm sein muß, damit andere reich sein können.

Die glühende, leuchtende Kugel der Sonne näherte sich meinem Fenster. Sie hatte die Farbe von flüssigem Metall, das als glühende Lava aus dem Hochofen strömt. Der Anblick zog mich an, doch gleichzeitig trat ich unwillkürlich ängstlich in mein Zimmer zurück.

Der Kampf zwischen der Technik und der Natur, oder präziser: wie die Technik die Natur umbringt. Im Sommer fuhr ich in die Gegend von Lublin. Früher einmal wuchsen entlang der Straßen Büsche, auf den Feldern standen Bäume, der Wind rauschte leise durch die Haine und Wälder. Nun haben die rasch und leicht zu bedienenden Motorsägen die Dörfer erobert, und die jungen Bauern haben eine neue, grausame und lärmende Unterhaltung gefunden – sie gehen mit den Sägen in der Hand durch die Gegend und schneiden unter Kreischen und Jaulen gedankenlos alles Buschwerk auf ihrem Weg um, einzelne Bäume, ganze Wälder.

Die ersten paar Seiten von Faulkners *Licht im August*. Irgendwo im Süden Amerikas macht sich ein schwangeres Mädchen auf den Weg, um den jungen Mann zu suchen, der der Vater ihres Kindes ist. Sie ist barfüßig, obwohl sie Schuhe dabei hat. Doch die zieht sie nur ausnahmsweise, in wichtigen Situationen an.

Die Schuhe sind überall wertvoll, ein Symbol für Bedeutung und Prestige. Auch in Polen gingen die Menschen in den Dörfern am Sonntag barfuß zur Kirche und zogen die Schuhe erst an, wenn sie sich der Kirche näherten. In Rußland war es ähnlich. Auch auf dem Balkan.

August 2001

Ein Brief von Zosia Gebhard, Dichterin in Wrocław: »In meinem Garten verbreiten sich krankhafte Hitze, krankhaftes Grün, eine krankhafte Fülle aller möglichen Insekten – überall bauen Hornissen und Wespen ihre Nester, gibt es Ameisen, Schnecken, Spinnen. Ich möchte mich in das alles gar nicht hineinbegeben.«

8. August 2001

Als ich am Morgen durch den Park ging, spürte ich zum ersten Mal, daß sich der Herbst nähert. Es gab noch keine sichtbaren Zeichen – keinen Bodennebel, kein Gelb in den Bäumen. Und doch spürte man in der Luft einen Hauch von Kälte, und sie war von einer leuchtenden Klarheit, die typisch ist für Herbstmorgen.

Herbst. Bald beginnen die Kastanien zu fallen. Im Park haben sie eine riesige, ausladende Linde gefällt, den Stamm in dicke Scheiben geschnitten, die Scheiben in schwere Scheiter zerteilt. Was vorher eine lebende, nach oben strebende Konstruktion war, liegt nun wie ein Haufen Schutt auf der Erde, eine Erinnerung an etwas, das die Menschen erfreute und nun keine Existenzberechtigung mehr besitzt, keinen Nutzen, keinen Sinn.

Aus dem *Tagebuch* von Anna Iwaszkiewicz.
Im Jänner 1945 kam die Autorin in den bei Warschau gelegenen Ort Koluszki. Es herrschte noch Krieg. Es war ein dunkler Abend, und es wehte ein eisiger Wind. Anna und ihre Bekannte kamen zur der angegebenen Adresse, doch als sie an die Tür klopften, »verhielt sich die Hausfrau uns gegenüber feindselig und erklärte, sie wolle keine Unbekannten aufnehmen«. Die Frauen gingen also zum nächsten Haus, und »hier erfuhren wir eine berührend herzliche Aufnahme«. Das ist so polnisch! Feindseligkeit und Freundlichkeit. Grobheit und Höflichkeit – unmittelbar nebeneinander, nur durch eine dünne Linie getrennt. Der Mensch weiß nie, auf wen er trifft, was ihm begegnet. Doch diese unberechenbare, unwäg-

bare, unausgeglichene Umgebung wirkt sich fatal auf die Psyche des Menschen aus. Er hat kein Gefühl der Sicherheit, der Ruhe, des Vertrauens. Beim Anblick eines Unbekannten ist er gespannt, wachsam, nervös, da er nicht weiß, was ihn erwartet. In seinem Inneren sitzt Furcht, lauert Angst. Da kommt jemand. Vielleicht sollte ich ihm besser ausweichen, einen Kilometer weit aus dem Weg gehen, damit er mich nicht sieht. Was für eine Erleichterung, allein zu sein!

Die letzte Eintragung im *Tagebuch* aus dem Jahre 1951:

»Die größte Errungenschaft im Leben ist es, seine Einsamkeit zu erlangen. Selbst im Leiden, in den Zeiten der schlimmsten Leiden muß die Einsamkeit nicht zu etwas werden, vor dem man flüchtet, sie muß im Gegenteil immer eine Zuflucht darstellen ... der Mensch ist glücklich, wenn er sich glücklich alleingelassen fühlt. Das Wichtigste im Leben und jedermanns Pflicht ist es, bis zur tiefsten Schicht des Inneren vorzudringen, wo nur mehr das Glück wohnt.«

Ehre, Würde, Ehrlichkeit, Gewissen, Wahrhaftigkeit – wann habe ich diese Worte in meinem Land zuletzt in einem alltäglichen Gespräch gehört?

»Jedes Ding hat seine eigene geheimnisvolle Sprache, seine Färbung und Verschiedenheit.«
Virginia Woolf

Die Sprache ist Ausdruck, aber gleichzeitig Beschränkung, sie beschreibt die Darstellung der Wirklichkeit, aber auch ihre Interpretation.

Ein anderes Thema, ein anderer Gegenstand, das bedeutet auch eine andere Sprache, die diese Andersartigkeit und Verschiedenheit unterstreicht und verinnerlicht.

Der Optimismus erscheint immer flacher, oberflächlicher als der Pessimismus. Der Optimist vermittelt den Eindruck von jemand, der über die Oberfläche gleitet, die trügerischen Wirbel und Tiefen meidet, die Dunkelheit nicht sieht, nicht an die Hölle glaubt. Der Pessimist hingegen erscheint tiefer, fähig, die Geheimnisse des Lebens zu ergründen, zu seinem schmerzlichen und tragischen Kern vorzudringen. Da wir nach Trost verlangen, hören wir gern auf die Worte des Optimisten, doch in unserem Innersten glauben wir dem Pessimisten.

Beim wiederholten Durchblättern von *Kummer mit dem Sein* von Henryk Elzenberg sprang mir eine Aufzeichnung vom 27. September 1942 ins Auge. Der Autor notiert unter diesem Datum, die Kunst der Verhandlung bestehe »oft einfach in der Kunst, Schwierigkeiten zu verlagern«, und erläutert das so: »Es gibt in gewissen Dingen eine unfaßbare Reserve der Unbegreiflichkeit, die von der menschlichen Intelligenz weder entfernt noch verringert werden kann ...«

Der Gedanke, daß das Quantum des Übels trotz Beratungen, Verhandlungen und Verträgen gleich bleibt und nicht verringert, sondern nur verlagert wird, seine Position und vielleicht auch die Form ändert, ist ungemein fatalistisch.

Wir leben unter verschiedenen Himmeln mit unterschiedlichen Intensitäten von Blau und einem unterschiedlichen Grad der Bewölkung. Das läßt einen an die Worte von Ludwik Koniński denken, daß es keine gemeinsamen Grundsätze geben kann, da es »keine gemeinsame Wirklichkeit gibt«.

Jede Erscheinung, jedes Phänomen der Modernität beinhaltet eine Zweideutigkeit, einen Dualismus, positive und negative Merkmale gleichzeitig.

Das heute überall in Wort und Schrift verwendete Präfix »post-« ist ein Beweis dafür, wie rasch sich in unseren Zeiten alles ändert, wie schnell sich alles verbraucht, wie es altert und verschwindet. Daß wir allerdings mit immer neuen solchen Präfixen konfrontiert werden, hat zur Folge, daß unsere Urteile und Ansichten eine große Dosis von Relativismus enthalten – wir nehmen die Dinge nicht mehr ernst, da wir wissen, daß jede Idee, Doktrin und Mode schon morgen »post-« sein wird.

Im Vorwort zu seinem Hauptwerk *Die Welt als Wille und Vorstellung* schreibt Arthur Schopenhauer: »Wie dieses Buch zu lesen sei, um möglicherweise verstanden zu werden, habe ich hier anzugeben mir vorgesetzt. – Was durch dasselbe mitgeteilt werden soll, ist ein einziger Gedanke. Dennoch konnte ich, aller Bemühungen ungeachtet, keinen kürzeren Weg, ihn mitzuteilen, finden als dieses ganze Buch.« Und das Buch zählt gut 700 Seiten. 700 Seiten, um einen einzigen Gedanken darzulegen.

Oft begegne ich in den Überlegungen diverser Autoren Fragen nach dem Schema »entweder – oder«, »Fortschritt oder Rückschritt?«, »Gut oder Böse?«, dabei sollte man vielleicht in vielen Fällen dieses »oder« durch ein »und« ersetzen – »Fortschritt und Rückschritt«, »Gut und gleichzeitig Böse« – dieses »und« gibt besser die Komplexität, Vielseitigkeit und die inneren Widersprüche der verschiedenen Erscheinungen wieder.

10. April 2001
Ich lese den *Sündenbock* von René Girard. Die Macht des Vorurteils ist groß! Man fürchtete sich davor, das Wort Pest auszusprechen. Es nur auszusprechen! Man war überzeugt, das genüge, um die Seuche heraufzubeschwören.

Die Menschen vergeuden zu viel geistige Kraft und Energie, um gegen Absurditäten und Dummheiten anzukämpfen, die unverantwortliche Dummköpfe verkünden, statt sich der Entwicklung und Verbreitung kluger und wichtiger Gedanken zu widmen. Mit einem Wort: Laß dich nicht aufs Niveau primitiver Menschen herab, hör nicht auf das, was sie sagen – sei aristokratisch in deinem Denken.

»Das Denken auf fremde Kosten findet heute immer weitere Verbreitung.«
   Ryszard Nycz

Im europäischen Schrifttum spricht man vom Menschen, als handle es sich um den Menschen im allgemeinen, obwohl die Autoren nur an den Menschen des Westens denken, dem sie, freilich irrigerweise, universale Merkmale zuschreiben. Dabei sind die beiden großen Erfahrungen, die Mentalität und Empfinden des westlichen Menschen geprägt haben, die Renaissance und die Aufklärung, Menschen aus nicht-europäischen Zivilisationen völlig fremd.

Der Briefwechsel zwischen Heidegger und Jaspers. In einem der Briefe aus dem Jahre 1922 beklagt sich Jaspers über die »moderne europäische Wüste«. Dabei lebten und schufen zu jener Zeit Kafka, Joyce, Musil, Freud, Spengler, Bergson und Russell, und daneben noch Dutzende anderer Berühmtheiten und Größen!

»Alle Erklärungen eröffnen immer nur neue Abgründe.«
   M. Heidegger, *Nietzsche*

Die Kategorie der Annäherung ist die einzig wirklich mögliche. Wir sind auf keinem Gebiet imstande, das Ideal, die Ganzheit, das Absolute zu erreichen, doch mit Willensanstrengung, Intuition und Phantasie können wir uns dem Ziel annähern, und je mehr uns das gelingt, um so wertvoller ist das Erreichte.

Der amerikanische Soziologe Immanuel Wallenstein beurteilt kritisch jede Analyse, die zu sehr *event-oriented* erscheint, statt genügend *structural* zu sein.

Wenn der Mensch Fragen zur Zukunft, zu ihrem Inhalt und ihrer Gestalt stellt, geht er unbewußt davon aus, alles werde sich so wie bisher entwickeln, nach den uns aus der Erfahrung und Geschichte bekannten Szenarien und Gesetzen, nur werde es von manchem mehr geben und von anderem weniger, zum Beispiel mehr Wohlstand und weniger Kriege. Dabei kann sich die Zukunft auch in eine völlig andere Richtung entwickeln, als Resultat revolutionärer Veränderungen, die unvorhersehbare Folgen nach sich ziehen könnten, da wir den Charakter und Verlauf dieser Veränderungen noch nicht kennen oder nicht begreifen.

Max Weber sprach stets von der Notwendigkeit, Betrachtungen, Diskussionen oder Gespräche über die Ökonomie mit ethischen Überlegungen zu verbinden. Er meinte, es sei ein Fehler mit fatalen Konsequenzen, diese beiden Tätigkeitsfelder des Menschen voneinander zu trennen und die Ökonomie nur auf Ziffern, Statistiken, die Gesetze des Marktes und die Mechanismen der Börse zu beschränken.

A. B. sagt mir:
Manchmal spüre ich ohne jede Veranlassung, wie in mir Wellen der Ablehnung gegen jemand hochsteigen, den ich kenne und der mir nichts Böses zugefügt hat. Ich kann die Ursache dafür nicht erklären. Das macht mir Sorgen und Kummer. Und doch verspüre ich diese Ablehnung so stark, daß ich die Person nicht treffen, mit ihr nicht reden möchte. Gleichzeitig fürchte ich, die Wellen meiner Ablehnung könnten bis zu jener Person gelangen und bei ihr ebenfalls Widerwillen mir gegenüber erwecken – der schließlich an dieser Störung keine Schuld trägt!

Wir hassen, was wir nicht verstehen. Wir meinen, das Unverständliche bedrohe uns; aus dem, was uns unbegreiflich ist, also dunkel und düster, könne plötzlich eine feindliche und zerstörerische Kraft dringen, gegen die wir schutzlos sind. Darüber hinaus fühlen wir uns durch unser Nichtverstehen erniedrigt, weil es uns unsere Unfähigkeit, etwas zu begreifen, vor Augen führt.

Man muß sich von Streitigkeiten fernhalten, denn sie sind voller Haß, Bitterkeit und Gift. Es geht dabei nicht darum, etwas zu klären, sondern nur darum, jemand ein Bein zu stellen, ihm einen Hieb zu versetzen, ihn zu betäuben. Und dann über ihn zu lachen, ohne daß wir dabei allerdings in den Spiegel schauen, denn dort lauert uns ein Gesicht auf, das wir lieber nicht sehen möchten.

Non omne quod licet honestum est (Nicht alles, was erlaubt ist, ist ehrenwert). An dieses Sprichwort mußte ich denken, als mir jemand von der Ethik vieler Politiker sprach: Für sie existiert auf dem Gebiet der Verbote nur der Strafkodex. Alles, was nach diesem Kodex nicht verboten ist, darf man tun. Und sie sehen darin nichts Schlechtes, nichts Ehrenrühriges, Niedriges.

Der Mythos ist eine Projektion unserer Wünsche und Träume, unseres Verlangens nach Ordnung. Diese Projektion verlangt nach einer Form, nach einem Helden, der wie eine Leinwand wirkt, auf die wir unsere Erwartungen und Hoffnungen projizieren können.

Proteus – eine Meeresgottheit. Er besaß die Fähigkeit, verschiedene Gestalten anzunehmen: die eines

Tigers, eines Löwen, eines Drachen, einer Schlange, einer Eidechse, eines Stromes, eines Steines, die Gestalt von Flammen, von Holz. Wenn er drängenden Fragen ausweichen wollte, nahm er eine andere Gestalt an.

Es sind nicht die Kriegsgerichte, die die meisten Todesurteile fällen. Nicht rachsüchtige Mafien oder bedrohliche Gangs.
 Es sind die freundlichen, lieblichen Damen in weißen Kitteln, die in den Laboratorien der onkologischen Spitäler schweigend notieren, was sie in den Proben sehen, auf den Röntgenbildern, unter den Mikroskopen.

Nietzsche spricht verächtlich von der Liebedienerei des Augenblicks. Die Liebediener des Augenblicks – Politiker, Journalisten, Werbeleute. Sie arbeiten in Gebieten, in denen alles rasch vergeht. Es vergeht und hinterläßt keine Spuren.

Wenn wir sterben,
Kommt der Wind an diesem Tag,
Um uns von hier fortzuwehen,
Die Spuren unserer Schritte zu verwischen.
Der Wind weht Staubwolken hoch
Und verschüttet damit
Die Spuren, die dort waren,
Wo wir gegangen sind,
Sonst wäre es so,
Als würden wir
Weiterhin leben.
  (Das Lied der Buschmänner vom Tod)

MALIK

Ilija Trojanow und Susann Urban
Fühlend sehe ich die Welt

Die Aufzeichnungen des blinden Weltreisenden
James Holman. 320 Seiten. Gebunden

Mit 25 verliert der britische Marineleutnant James Holman
sein Augenlicht. Doch anstatt sich in sein Schicksal als Militärinvalide zu fügen, erfüllt er sich einen Kindheitstraum: die
Umseglung der Welt. Ganz ohne Helfer bricht er im Jahre
1819 auf, zur Grand Tour durch Europa, zu den neu gegründeten Kolonien an der Westküste Afrikas und bis ins Innere
Sibiriens. Zeitgenossen wie Charles Darwin und Richard
F. Burton bewunderten ihn für seine Beobachtungsgabe
und seinen Wagemut. Als vehementer Kritiker der Sklaverei
war er seiner Zeit weit voraus. Seine Reisebeschreibungen
wurden schon zu Lebzeiten Bestseller. Jetzt sind Holmans Aufzeichnungen erstmals auf Deutsch zu entdecken, ausgewählt und kommentiert von Erfolgsautor Ilija Trojanow.

02/1120/01/R

Michael Palin
Europareise

Wie ein Engländer einen alten Kontinent neu entdeckt.
Aus dem Englischen von Ulrike Frey. 400 Seiten mit
43 Farbfotos von Basil Pao und einer Karte. Gebunden

Als Mitbegründer der Monty-Python-Truppe wurde er berühmt; sein Pontius Pilatus in »Das Leben des Brian« ist ebenso Kult wie der Auftritt als stotternder Ken in »Ein Fisch namens Wanda«: Michael Palin, der große englische Schauspieler. Mit dem gleichen Herzblut bereist er seit 30 Jahren die Welt; es zog ihn in den Himalaja und die Sahara, zum Nord- und zum Südpol. Wo er auch hinfährt, danach verschlingen die Briten seine Reisereportagen. Palins jüngstes Projekt: die Entdeckung Europas, wo er mehr blinde Flecken hatte als in jedem exotischen Erdteil. Er besuchte ein Jahr lang 20 Länder, von Lettland über Kroatien, Polen, Deutschland, Tschechien bis in die Türkei. Und sprach dabei mit Fremdenführern, Holzfällern, Models, Literaten, Popstars, Bauern, Künstlern, Mönchen – und mit einer echten Schönheitskönigin.

Helge Timmerberg
Tiger fressen keine Yogis

Stories von unterwegs. Mit einem Vorwort von Sibylle Berg. 256 Seiten. Piper Taschenbuch

Daß Helge Timmerbergs Leben eigentlich ein einziger langer, wilder und bunter Trip durch innere und äußere Welten ist, davon zeugt dieses Buch. Er hat Waffenschieber, Flamencotänzerinnen und Drogenbarone getroffen, ist nach Indien, Japan, Marokko und Andalusien gereist, um in seinen Stories den Geist verschiedener Kulturen, Länder und Menschen einzufangen. Schräg, manchmal nachdenklich, aber niemals langweilig sind die erfolgreichen und abenteuerlichen Reisereportagen dieses modernen Nomaden.

»Es ist in der Tat so, daß man beim Lesen anfängt, die guten Sätze zu unterstreichen, und bald ist die Hälfte des Buchs unterstrichen, und dann schaut man sich die restlichen Sätze an und stellt fest, daß die eigentlich auch sehr gut sind.«
Süddeutsche Zeitung

Ryszard Kapuściński
Die Welt im Notizbuch

Aus dem Polnischen von Martin Pollack. 336 Seiten. Piper Taschenbuch

Kaum ein Mensch hat so viel von der Welt gesehen wie Ryszard Kapuściński. Er war einer der bedeutendsten Journalisten der Gegenwart. In »Die Welt im Notizbuch« beobachtet er globale Entwicklungen wie mikroskopische Details, stellt sie nebeneinander, verbindet oder reflektiert sie, bezieht sie in verblüffender Weise aufeinander. Aus Gedankensplittern, Reportagen, Fragmenten und Essays vieler Jahre formt sich eine Welt, die wir zu kennen meinten, die wir so aber noch nie gesehen haben.

»Manchmal ist Ryszard Kapuściński mehr als ein Reporter, sicher kein Soziologe, aber ein erzählender, reisender, phantasierender Geschichtsdenker.«
Frankfurter Allgemeine Zeitung

Ryszard Kapuściński
Die Erde ist ein gewalttätiges Paradies
Reportagen, Essays, Interviews aus vierzig Jahren. Herausgegeben von Wolfgang Hörner. Aus dem Polnischen von Martin Pollack, Renate Schmidgall und Edith Heller. 320 Seiten. Piper Taschenbuch

Ryszard Kapuściński ist berühmt für seine großen Reportagen aus Afrika, Asien, Lateinamerika und Europa. Diese Sammlung erschließt den literarischen Kosmos dieses großen polnischen Reiseschriftstellers in seiner ganzen Dimension. Neben den bekanntesten Reportagen bietet sie eine Reihe brillanter Essays und Interviews. Seine Reiseberichte sind literarische Meisterwerke, die atmosphärisch dicht die besondere Kultur und Lebensweise eines Landes und ihrer Bewohner einzufangen vermögen.

»Manchmal, in seinen besten Momenten, ist Ryszard Kapuściński mehr als ein Reporter, sicher kein Soziologe, aber ein erzählender, reisender, phantasierender Geschichtsdenker.«
Frankfurter Allgemeine Zeitung

Ryszard Kapuściński
Meine Reisen mit Herodot
Reportagen aus aller Welt. Aus dem Polnischen von Martin Pollack. 368 Seiten. Piper Taschenbuch

Schon immer war er von ihm fasziniert. Wann und wohin auch immer Ryszard Kapuściński unterwegs war – Herodot war dabei. 1955 kam der junge Reporter mit den jahrtausendealten »Historien« in Berührung, und sie erwiesen sich als Erleuchtung. Da war ein Chronist der Antike, von Neugier und Wissensdurst getrieben, aufgebrochen, die Grenzen der bekannten Welt auszuloten. Wenn ihn die Politik ermüdete, tauchte Kapuściński fortan in die Vergangenheit ab, in die Welt der Perser und Griechen. Und sie bedeutete ihm neben der räumlichen Entgrenzung, die seine eigene Arbeit mit sich brachte, auch eine Überwindung der zeitlichen Provinzialität. Und so erzählt Ryszard Kapuściński, wie er mit Herodot nach Afrika, Asien und in Europa reist, ständig getrieben von dem Wunsch, Neues zu erfahren.
Die literarische Welt

Der Weltensammler trifft den Welterzähler

Ilija Trojanow
Die Welt des Ryszard Kapuściński
Seine besten Geschichten und Reportagen
280 Seiten · gebunden/Schutzumschlag
€ 19,95 (D) · sFr 33,90 € 20,60 (A)
ISBN 978-3-8218-5823-4

»Mehr noch als ein großer Reisender und Reporter war Ryszard Kapuściński ein außergewöhnlicher Erzähler, seine Geschichten bieten nicht nur Fakten, sondern destillieren sie zu einer höheren Wahrheit.«
Ilija Trojanow

Schon früh war Ilija Trojanow von Ryszard Kapuściński fasziniert, seine Bücher verschlang er, lange war ihm der große Pole Leitstern und Idol – jetzt, nach dem Tod des großen Autors, zeigt er uns »seinen« Ryszard Kapuściński. Aus dem umfangreichen Gesamtwerk des polnischen Autors, Denkers und »Reporter des Jahrhunderts« hat er seine Lieblingsstücke ausgewählt und stellt sie – begleitet von eigenen Texten über Kapuścińskis Welt – vor.

www.eichborn-berlin.de